新·闻·传·播·学·文·库

流动的边界
基于100个家庭的媒介社会学研究

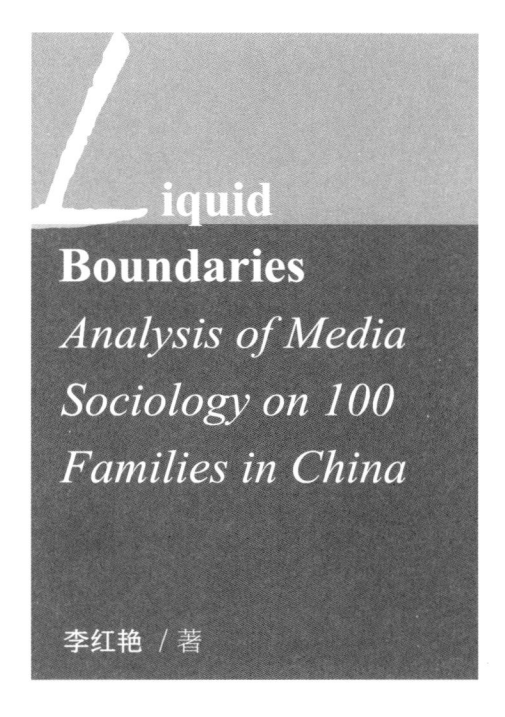

Liquid Boundaries
Analysis of Media Sociology on 100 Families in China

李红艳 / 著

中国人民大学出版社
·北京·

总　序

自 1997 年国务院学位委员会将新闻传播学擢升为一级学科以来，中国的新闻传播学学科建设突飞猛进，这也对教学、科研以及学术著作出版提出了新的、更高的要求。

继 1999 年中国人民大学出版社推出"21 世纪新闻传播学系列教材"之后，北京广播学院出版社、华夏出版社、南京大学出版社、中国社会科学出版社、新华出版社等十余家出版社纷纷推出具有不同特色的教材和国外新闻传播学大师经典名著汉译本。但标志本学科学术水平、体现国内最新科研成果的专著尚不多见。

同一时期，中国的新闻传播学教育有了长足进展。新闻传播学专业点从 1994 年的 66 个猛增到 2001 年的 232 个。据不完全统计，全国新闻传播学专业本科、专科在读人数已达 5 万名之多。新闻传播学学位教育也有新的增长。目前全国设有博士授予点 8 个，硕士授予点 40 个。中国人民大学新闻学院、复旦大学新闻学院等一批研究型院系正在崛起。北京大学和清华大学的新闻传播学教育以高起点、多专业为特色，揭开了这两所百年名校蓬勃发展的新的一页。北京广播学院（后更名为中国传媒大学——编者注）以令人刮目相看的新水平，跻身中国新闻传播教育名校之列。武汉大学新闻与传播学院等以新获得博士授予点为契机所展开的一系列办学、科研大手笔，正在展示其特有的风采与魅力。学界和社会都企盼这些中国新闻传播教育的"第一梯队"奉献推动学科建设的新著作和新成果。

进入新世纪以来，随着以互联网为突破口的传播新媒体的迅速普及，新媒体与传统媒体的联手共进，以及亿万国人参与大众传播能动性的不断强化，中国的新闻传媒事业有了全方位的跳跃式的大发展。人民群众对大众传媒的使用，从来没有像今天这样广泛、及时、须臾不可或缺，人们难以逃脱无处不在、无时不有的大众传媒的深刻影响。以全体国民为对象的新闻传播学大众化社会教育，已经刻不容缓地提到全社会，尤其是新闻传播教育者面前。为民众提供高质量的新闻传播学著作，已经成为当前新闻传播学界的一项迫切任务。

这一切都表明，出版一套满足学科建设、新闻传播专业教育和社会教育需求的高水平新闻传播学学术著作，是当前一项既有学术价值又有现实意义的重要工作。"新闻传播学文库"的问世，便是学者们朝着这个方向共同努力的成果之一。

"新闻传播学文库"希望对于新闻传播学学科建设有一些新的突破：探讨学科新体系，论证学术新观点，寻找研究新方法，使用论述新话语，摸索论文新写法。一句话，同原有的新闻学或传播学成果相比，应该有一点创新，说一些新话，文库的作品应该焕发出一点创新意识。

创新首先体现在对旧体系、旧观念和旧事物的扬弃上。这种扬弃之所以必要，人文社会科学工作者之所以拥有理论创新的权利，就在于与时俱进是马克思主义的理论品质，弃旧扬新是学科发展的必由之路。恩格斯曾经指出，我们的理论是发展的理论，而不是必须背得烂熟并机械地加以重复的教条。一位俄国作家回忆他同恩格斯的一次谈话时说，恩格斯希望俄国人——不仅仅是俄国人——不要去生搬硬套马克思和他的话，而要根据自己的情况，像马克思那样去思考问题，只有在这个意义上，"马克思主义者"这个词才有存在的理由。中国与外国不同，新中国与旧中国不同，新中国前30年与后20年不同，在现在的历史条件下研究当前中国的新闻传播学，自然应该有不同于外国、不同于旧中国、不同于前30年的方法与结论。因此，"新闻传播学文库"对作者及其作品的要求是：把握时代特征，适应时代要求，紧跟时代步伐，站在时代前列，以马克思主义的理论勇气和理论魄力，深入计划经济到市场经济的社会转型期中去，深入党、政府、传媒与阅听人的复杂的传受关系中去，研究新问题，寻找新方法，获取新知识，发现新观点，论证新结论。这是本文库的宗旨，也是对作者的企盼。我们期待文库的每一部作品、每一位作者，都能有助于把读者引领到新闻传播学学术殿堂，向读者展开一片新的学术天地。

创新必然会有风险。创新意识与风险意识是共生一处的。创新就是做前人未做之事，说前人未说之语，或者是推翻前人已做之事，改正前人已说之语。这种对旧事物旧体系旧观念的否定，对传统习惯势力和陈腐学说的挑战，对曾经被多少人诵读过多少年的旧观点旧话语的批驳，必然会招致旧事物和旧势力的压制和打击。再者，当今的社会进步这么迅猛，新闻传媒事业发展这么飞速，新闻传播学学科建设显得相对迟缓和相对落后。这种情况下，"新闻传播学文库"作者和作品的一些新观点新见解的正确性和科学性有时难以得到鉴证，即便一些正确的新观点新见解，要成为社会和学人的共识，也有待实践和时间。因此，张扬创新意识的同时，作者必须具备同样强烈的风险意识。我们呼吁社会与学界对文库作者及其作品给予最多的宽容与厚爱。但是，这里并不排斥而是真诚欢迎对作品的批评，因为严厉而负责的批评，正是对作者及其作品的厚爱。

当然，"新闻传播学文库"有责任要求作者提供自己潜心钻研、深入探讨、精心撰写、有一定真知灼见的学术成果。这些作品或者是对新闻传播学学术新领域的拓展，或者是对某些旧体系旧观念的廓清，或者是向新闻传媒主管机构建言的论证，或者是运用中国语言和中国传统文化对海外新闻传播学著作的新的解读。总之，文库向人们提供的应该是而且必须是新闻传播学学术研究中的精品。这套文库的编辑出版贯彻少而精的原则，每年从中国人民大学校内外众多学者的研究成果中精选三至五种，三至四年之后，也可洋洋大观，可以昂然耸立于新闻传播学乃至人文社会科学学术研究成果之林。

新世纪刚刚翻开第一页，中国人民大学出版社经过精心策划和周全组织，推出了这套文库。对于出版社的这种战略眼光和作者们齐心协力的精神，我表示敬佩和感谢。我期望同大家一起努力，把这套文库的工作做得越来越好。

以上絮言，是为序。

童 兵

2001 年 6 月

以他人看待我们的眼光那样看我们自己，可能会令我们打开眼界，视他人与我们拥有同样的天性，只是最基本的礼貌。然而，置身于他人之中来看我们自己，把自己视作人类因地制宜而创造的生活形式之中的一则地方性案例，只不过是众多案例中的一个案例、诸多世界中的一个世界，确实是困难得多的一种境界。此种境界，正是心灵宽宏博大之所本，苟无此，则所谓客观性不过是自矜自满，而所谓包容性不过是伪装。

——格尔兹《地方性知识》

前　言

十多年前，我刚回国，初入高校，基本处于茫然状态，以为只要读书教书就可以了。当大家都在说着如何做课题的时候，我在懵懂中连续做了两个关于健康传播的课题，都是关于农民工的。① 当我站在大街上，与当时还拿着扁担寻找工作的农民工兄弟一起交谈的时候，他们朴实的衣着、憨厚的询问，在我看来是无比自然！我原本来自农村，暗地里觉得到了城市的农民也理应如此，后来才发现这是一种错位认知。

也正是在2006年的调研中，我开始第一次接触农民工家庭，进入他们居住的房子里，与他们聊天。当他们拿着各种盗版光盘，告诉我哪些新的好莱坞电影值得看的时候，当他们发愁孩子上学的问题时，家庭这一问题开始进入我的视野中。因此，自2006年开始一直到2014年，我陆续做了几个与农民工相关的课题，调研中总会遇到一些典型的农民工家庭，他们的故事成为我持续关注农民工家庭的动力。本书关于农民工家庭的案例，是从全国各地搜集来的，主要是研究生们2007—2013年期间寒暑假做调研时的成果，此外还有一年（2015年）是专门就春节返乡这一问题做的调研。2014年下半年我出国一年，

---

① 在此，要特别感谢中国疾病预防控制中心的刘康迈教授和我的前同事及朋友刘康泰主编的建议和帮助，正是和他们的讨论使得我一开始便将关注点放在了农民工群体身上。

2015年9月回国。在这一年中，我一边阅读文献，一边思考如何将家庭这个核心概念变成集中的研究议题。我曾在2016年以农民工家庭变迁这一题目申请了研究项目，希望可以促使我将资料整理好以完成这本书，可惜没有成功。此后的2016年、2017年、2018年这三年，我给中国农业大学媒体传播系本科生讲授传播学研究方法的课程，除了让学生分成小组对青年农民工，主要是针对"95后"农民工进行调研，还让学生在小学期实践中做家庭史的个案访谈，农民工家庭的访谈是其中一个组成部分，从而将此前的研究持续了下来。2015—2017年间，我开始阅读与家庭相关的文献资料，试图就书稿的框架做一些设想，也曾经计划在2016年完成书稿，继而又计划2017年将书稿完成，但依然是事与愿违。在2018年，我延续这个调研，继续增加个案资料，尽可能丰富调研所需要的多个典型案例。

2017年底，中国社会科学出版社的编辑陈肖静询问我，是否有与改革开放40年相关的研究议题，我马上就想到了农民工家庭这个议题，就发了一个目录和大纲给她。到2018年3月初的时候，肖静说他们出版社要出版系列图书，希望在年内可以出版，我当时直接的反应是觉得任务太艰巨了，尽管资料积累了很久，下笔依然感觉心有余而力不足。后来又一想，积累文献资料和调研资料永远没有完结的时候，而这么多年过去了，不写出来也对不起那些接受调研的农民工兄弟们。于是我开始动笔，在上课之余的零碎时间里写作，竟然也是滴水穿石，总算完成了书稿，自己至今都不敢相信！

书稿完成之后，和我预想的框架有一些差距。但时间就是这样，似乎永远是不够用的，也是永远让人遗憾的。

本研究的主要内容如下：

绪论部分：首先对中西方关于家庭研究的相关观点进行论述，继而对本研究的框架、基本概念、理论基础以及资料获取路径和具体的分析工具进行描述。

上篇分为三章，第一章和第二章分别从生存本位主义和职业本位主义出发，论述农民工家庭在策略选择中曾经历或正在经历的几种变化趋势。第三章则是针对家庭的代际更替而言，侧重家庭教育问题的论述。

中篇集中探讨家庭的仪式传播、家庭迁移和家庭媒介使用等三个层面的内容。第四章从农民工家庭在春节仪式中和农忙时节城乡之间的往返行为中,从仪式的角度分析其在乡村社会关系网络中的行为。第五章在时间和空间的视角上,指出在城市时间与乡村时间、农业时间与工业时间之间,农民工家庭一部分坚守乡村时间和农业时间,一部分则基于职业的影响,形成了乡村时间与城市时间、农业时间与工业时间的融合。就空间而言,流动的家庭空间或者说迁移中的家庭空间对他们而言是一种常态。第六章,从家庭媒介变迁史的角度,论述媒介在家庭传播中扮演的角色,尤其侧重新媒体使用状况与家庭关系、社会空间之间的分析。

下篇即第七章从阶层认知的变化、阶层体验的同质性和异质性角度,分析农民工家庭在城市中对自我身份的逻辑认知与阶层体验之间的张力,解读农民工家庭作为一个基本的社会单元,在社会结构变迁中所处的位置。

终篇为初步结论和继续讨论,以及余论。本研究认为,在农民工家庭模式的变迁中,职业选择的因素比例加大,尤其是对第二代打工群体而言,他们的父母依旧在城市打工,在经济上并不需要他们来支持,第二代打工子女成年后的职业选择,带有更多的个体主义的因素;同时,家庭团结与家庭个体化之间的关系,并未因为这种个体化的趋势而发生较大的变化。新的媒介技术在重构了家庭关系的同时,对代际关系与家庭分工也带来了较大的影响。而最终的变化,则体现在家庭与社会的关系上。关于上述问题的继续探讨会在余论部分展开。

研究者的工作,是一种职业、谋生手段,但在更大的程度上是一种志业。很幸运我可以将职业和志业结合起来。

感谢一路上对这本书的资料积累付出劳动的学生们:周晓璇、蔡婧、王盛慧、邱密、马喆、曹文露、马琳、郭琼、王刚、雷特、王硕、唐芳、刘碧瑶、郭芳、程田玉秀、张永群、蔡奇云、张议文、葛瑶、杨书源、李硕、牛畅、吴州钇、汪璐蒙、韩梓纯、韩芸、张冉冉、宋佳杰、蒋知疑、余婷等同学,以及中国农业大学媒体传播系本科131、141、151、162、172全体同学。感谢收集资料期间我在北京郊区做农民培训时同事们的帮助,他们是左停教授、蒋爱群教授、李玉梅教授、何美丽教授、王智杰教授等。感谢培训期间合作的政府工作人员安虹、李琼梅、李娜、刘晓慧等。感谢农机学校的老师姜明梅、孙培、李辉、孙少博、郑立雪、彭鹏、张薇等。感谢在本书资料整理和撰写阶段与我讨论交流的黄裕生教授、朱启臻教授、任大鹏教授、蒋桂存博士、纪莉教授、吴麟教授、王斌教授、周翼虎博士等。感谢叶敬忠教授和梁永佳提供的图书资料和信息。感谢在过去的四年里以各种形式参与读书会的王海侠、曹羽南、胡震、王瑜、陈笠等同仁们。感谢我的同事兼朋友艺术家教松在繁忙的教学之余，特意为本书画了插图，他对乡村诚挚的态度与朴素的情感令我十分感动。

感谢我的导师朱立元先生的鼓励与帮助，他质朴而真挚的学者气度始终在提醒我不断自我反思，感谢我的同门在微信群里的在场与鼓励，尤其是李钧教授、苏宏斌教授的支持与鼓励。感谢传播学同仁的在场、支持与鼓励，他们是李金铨教授、陈卫星教授、吴飞教授、刘海龙教授、郭建斌教授、王金礼教授、雷蔚真教授、张毓强教授、张洪忠教授、沈菲教授、黄典林研究员、王颖吉教授、王鑫教授等。特别感谢"高深组合"中的两位好朋友吴麟教授和王斌教授，小群体的深度交流不但让我们成为好朋友，还使得我在孤独的学术道路上，因时时能感受到同道的在场而欢欣鼓舞。感谢《南京社会科学》杂志的虞淑娟老师在确定本书的题目时给予的出色建议，她温婉又严谨的学术态度令我敬佩。最后，感谢中国农业大学人文与发展学院的朴素气氛，使我可以自由选择自己的研究方向，尽管做研究是孤独的，但同时却是一个充满享受、让灵魂自由飞翔的旅途。

感谢我的家人在我撰写本书时提供的日常帮助，感谢之情无以言表，唯有以更好的努力回馈他们、回馈社会。感谢中国社会科学出版社的陈肖静编辑，没有她的督促，这本书也无法完成。最后，特别感谢2016年9月突然辞世的叶秀山先生，他曾对我的研究提出了无数个建设性意见，也给予我无数个关于如何做研究的建议，回答了我无数个无知无畏的问题。无论是在读书的路途中还是在生活的道路上，我从叶老师那里都获益良多。原本这本书我打算写好后赠予他的，总觉得依照他的身体状况，百岁应该毫无问题，也总是觉得资料不够，不愿意动笔，导致写作拖延至今。没想到只是一夜之间，斯人逝去。转眼几年过去了，我在无数个夜里辗转难眠，后悔不已，尽管这本书或许距离他的要求依然很远，但还是谨以此不成样子的书向他致敬！

特别需要补充说明的是，书稿最终并未在中国社会科学出版社出版。因为我原来提交给出版社的时间纵轴大纲，在写作中经再三思索，被我放弃了。感谢中国人民大学出版社的翟江虹女士，她看似温和、实则有力的建议，她对书稿精益求精的态度，在给予我很多启示的同时，也时时激励着我，这样的编辑既是良师，也是益友。

下面是几点关于撰写本书的说明，也是本书的几点不足，以期在未来的研究中与各位同仁继续探讨。

第一，关于家庭议题本身。本书是针对农民工家庭的传播研究，但并没有充分关注特定的微观家庭问题，比如婚姻观、爱情观等。原因在于，本书关注的重点是家庭的流动与变迁；关注的是家庭的宏观变迁史，而非集中于特定家庭的微观变化；同时，由于积累资料的时间间隔较远（从2006年开始），使得一定程度上微观资料的深度不够。此外，由于家庭这一概念涉及的内容太多，也很庞杂，很多议题也远远没有得到透彻的关注。写作中我常常暗自纠结，也试图把可以想到的问题都体现在各个章节中，尽量写清楚，但鉴于家庭史变迁的角度与多年前资料收集的局限性，写作中有深深的无力感。

第二，针对家庭传播的问题。本书没有集中在家庭成员之间的信息交互上，也没有如一般的家庭传播模式一样，集中在人与人的认知关系与知识共享上，而是侧重于更大范围内的传播概念，比如地理上的、时间上的、空间上的、组织上的、职业上的或者个人的。

第三，关于本书的案例资料处理问题。本书涉及的家庭个案，根据主题需要，保留一些典型个案的详尽叙述，还有一些个案采用前后章节对应的方式呈现出来（细心的读者可以从案例的标号中找到前后的对应）。原因如下：首先，家庭变迁史需要一个时间维度和代际维度，没有时间空间中的叙述，一些议题就会呈现得不够清晰；其次，我认为，这些活生生的资料比起一些"干巴巴"的理论叙述更有价值。因此，对书中的分析和资料在比例上做了适当的分配，试图做到原始资料和分析比例得当，但又尽可能保持案例的历史属性和家庭属性。

最后，希望这些粗糙而并不完美的文字或者表达，能够带给各位同仁一些启发，带给我一些批评与反思，以便我们共同面向那并不确定的未来。欢迎各位同仁与我交流，多多批评、多多指教，大道无言，不胜感激！书中的不当之处，由我自行承担。我的邮箱为 leehy2013@cau.edu.cn。

李红艳

2018 年 7 月 30 日完成于北京

2020 年 8 月 28 日修订于北京

目　录

绪论 ··· 1
　一、家庭研究的历史脉络 ··· 6
　二、研究框架与研究工具 ··· 17

上篇　陌生的希望：家庭迁移 VS. 策略选择

第一章　生存导向：家庭策略 ··· 25
　一、自发流动与两地长期分居模式的形成 ······················ 29
　二、血缘地缘流动中的"临时家庭" ······························· 39
　小结 ··· 43

第二章　职业导向：家庭生产 ··· 45
　一、农村与城市临时分居模式 ··· 46
　二、城市分居模式 ··· 50
　三、城市团聚模式 ··· 54
　小结 ··· 56

第三章　文化选择：家庭养育 ··· 59
　一、被托管的童年：时空距离和情感距离 ······················ 61
　二、教育：作为救赎的形式 ··· 68
　三、打工：另一种轮回 ··· 75
　四、代际关系与个体化 ··· 79
　小结 ··· 83

中篇　挪用的技术：家庭迁移 VS. 媒介选择

第四章　仪式选择：农业时间与城乡勾连 ……… 89
　　一、春节仪式与春运潮：返乡还是留守 ……… 92
　　二、农忙时节的返乡仪式：农民还是工人 ……… 101
　　小结 ……… 104

第五章　媒介"内外"：家庭场域 VS. 信息传播 ……… 106
　　一、家庭内外：工作时空还是家庭时空 ……… 108
　　二、家庭领域：家庭生产与社会再生产边界的重新设立 ……… 118
　　小结 ……… 128

第六章　媒介流变：家庭迁移 VS. 代际更替 ……… 130
　　一、"媒介挪用"中的流变史 ……… 131
　　二、虚拟与非虚拟关系场景中的媒介生活方式 ……… 134
　　三、媒介中的代际勾连 ……… 138
　　小结 ……… 142

下篇　移动的尺度：家庭单位 VS. 阶层选择

第七章　农民工家庭的阶层传播 ……… 147
　　一、阶层的自我认知 ……… 149
　　二、阶层的互斥性 ……… 154
　　三、阶层的同质性 ……… 159
　　四、阶层变动与社会再生产 ……… 162
　　小结 ……… 170

终篇　流动的边界：个人主义 VS. 家庭主义

第八章　媒介承诺：流动中的家庭生命周期 ……… 175
　　一、家庭生命周期呈现出"伸缩性"与"延展性"的特征 ……… 175
　　二、家庭团结和家庭个人主义的内在冲突与妥协构成了家庭
　　　　传播的核心 ……… 178
　　三、家庭内部的劳动分工改变了家庭原有的权力结构 ……… 180

四、媒介承诺成为重塑家庭文化的形式之一 …………… 182
　　五、家庭出身与教育获得之间逐渐形成了阶层再生产的
　　　　逆循环模式，在这个过程中仪式传播扮演了重要的
　　　　角色 ……………………………………………………… 184

第九章　余论 ……………………………………………………… 186
　　一、个体生命历程的重构与家庭生命周期的转折之间是
　　　　什么关系 ………………………………………………… 186
　　二、家庭空间与社会空间：政治抑或文化 ………………… 188
　　三、家庭"危机"：个人主义还是家庭主义 ……………… 190

参考文献 …………………………………………………………… 197
后记 ………………………………………………………………… 215

绪　论

家庭作为社会的一个基本单元，在漫长的社会历史过程，曾经、依旧扮演着不同的角色。"尽管家庭常被看作是一个激起人们感情的社会单位，但是它却是一个为更大的社会结构服务的一种功能性结构，许多其他机构都取决于家庭所作的贡献。"（古德，1986：8-9）

在全球化过程中，人口流动加速，技术带来的信息传播迅疾地改变着人与人之间的关系，也影响着家庭内外的传播模式，这些因素合力，在一定程度上重塑了家庭观念、家庭的信息传播结构和形式。在这个过程中，家庭成员之间的传播关系也在不断调整：尽管每个家庭成员在社会上有了新的角色，他们依然希望通过相互交往为其他的家庭成员提供有形和无形的帮助，传播在这个过程中扮演了十分重要的角色（Koerner & Fitzpatrick，2010）。一方面，家庭作为一个领域，是一个相对私密的空间；另一方面，家庭作为组织、家庭成员作为个体，从宏观和微观层面都自然而然地与家庭之外的领域发生关系。

就中国的家庭而言，其变迁过程与中国社会历史的进程一样，也在不断调整中。19世纪中叶以来，中国的社会变化几乎渗透在各个层面。这些变化的动因，部分来自外力的驱使，部分来自中国人自身的努力。1949年之后，随着新的社会制度的确立，家庭的变化在各个层面铺开了。1978年的改革开放，则以另一种新的变革形式，对中国社会的基本单位——家庭，形成了较大的冲击。其中，农民工家庭应该是承受这种冲击力度较大的单位之一，对其进行关注和研究，可以为中国社会变迁趋势提供一个层面的社会明证。

从劳动力角度而言，相比一个资本主义制度下的公司和个人，一个家庭生产单位对劳动力的态度很不相同。首先，一个资本主义企业不会在边际劳动报酬低于市场工资的时候继续投入劳动，而一个家庭农场，如果没有其他就业机会，依然会继续投入劳动以满足其家庭的消费需求，在经济逻辑上一直到其边际报酬为零。其次，家庭农场中的辅助劳动力不能用机会成本的概念来理解，因为这样的劳动力在市场上不能出售，但在副业生产上却可以起到关键性的作用（黄宗智，2011：96）。中国的基本国情是，人口压力与家庭经济组织结合，形成庞大的"非正规"底层社会和其家庭经济单位，认识到这一点才有可能认识并想象真正的中国。这是与现代西方不同的中国的过去和未来。不同不仅仅在于它的经济原理不同，也包括它的社会结构不同（黄宗智，2012）。因此，从家庭单位出发，而不仅仅是从西方现代"个人"的建构出发，才可以认识到中国社会变迁的深层历史动因。

从变迁而言，作为一种社会现象，农民工群体可以说是改革开放的"直接产物"。首先，尽管改革开放的政策一开始是从农村到城市，但农村的经济体制改革的实施需要的是多方位的配合，在农村集市基础上形成的地方市场、由城市改革所引发的乡镇企业的出现，以及这个过程本身对农民观念的触动所导致的行为变化，都使得人口的流动在市场的自发运作中、在城市社会的"边缘"职业需求中渐渐成为一种不得不面对的现象。其次，从城市管理的政策而言，2002年国务院颁布的《关于做好农业和农村的工作意见》中，首次涉及农村劳动力流动和进城务工的问题的议题，2003年出台了两个标志性的文件即《国务院办公厅关于做好农民进城务工就业管理和服务工作的通知》（国办发〔2003〕1号）和第381号国务院令《城市生活无着的流浪乞讨人员救助管理办法》（2003年8月1日正式施行）。前者的出台所隐含的信息指向依然是以城市管理稳定为中心的行政导向，因此在执行层面上，文字意义更大于现实运作。后者的出台导致1982年5月国务院颁布的《城市流浪乞讨人员收容遣送办法》的废止，其标志性意义在于外来者进入城市流动的行动自由权某种程度上得到了保证。2004年中央一号文件下发，第一次从理论上提出"进城就业的农民工已经成为产业工人的重要组成部分"，首次将进城务工人员列为产业工人。2005年10月，《中共中央关于制定国民经济和社会发展第十一个五年规划的建议》明确指出，逐步建立城乡统一的劳动力市场和公平竞争的就业制度，依法保障进城务工人员的权益。这个建议可以说将城乡之间的就业市场直接纳入了社会发展的整体规划中，与2004年的中央一号文件相呼应，就业和服务管理成为农民工进城需要关注的核心问题。2005年12月29日，国务院总理温家宝在中央农村工作会议上作了题为《关于当前农业和农村工作的几个问题》的报告。其中专门提到了农民工问题："农民工已成为我国产业工人的重要组成部分，是工业化、城镇化、现代化的重要推动力量。如何对待农民工，不是一件小事，而是关系全局和长远的大事。"

2006年国务院研究室课题组撰写的《中国农民工调研报告》对"农民工"的概念做了明确的界定："'农民工'是我国经济社会转型时期的特殊概念，是指户籍身份还是农民、有承包土地，但主要从事非农产业、以工资为主要收入来源的人员。狭义的农民工，一般指跨地区外出进城务工人员。广义的农民工，既包括跨地区外出进城务工人员，也包括在县域内二、三产业就业的农村劳动者。"（魏礼群，2006：4）此外，2013年6月14日国务院宣布，成立农民工工作领导小组。

概括而言，1949年以来的流动人口管理模式可以分为四个过程："自由宽松型"（1949—1957年）、"严格限制型"（1958—1978年）、"防范控制型"（1978—2000年）、"多元目标整合型"（2000年至今）（徐伟明，2009）。就地方而言，深圳流动人口管理模式可以分为三个发展历程："以治安防范为政策目标的防范型管理模式"（1984—1999年）、"多元政策目标的综合型管理模式"（2000—2005年）、"以居住证为载体，弱化户籍概念，具有广泛社会整合力的福利型管理模式"（2006年至今）（傅崇辉，2008）。北京流动人口管理工作可以分成五个阶段："户籍管理阶段"（1958—1984年）、"暂住管理阶段"（1985—1994年）、"条例管理阶段"（1995—2002年）、"调整转型阶段"（2003—2005年）、"主动创新阶段"（2006年至今）。无论如何划分，总体而言，对于农民工进城的管理，都是从限制、防范继而到多元化管理手段的实施这几个阶段。而就媒介报道而言，以《人民日报》和央视《新闻联播》为例，对这一群体的称谓从1998年到2012年"两会"期间，呈现出多样化的情形，农民工这个称谓直到2008年才获得了主导性地位。

就时间序列和空间维度而言，农民工群体的出现，与改革开放这一宏大背景的发端，并无"直接"的对应关系。

20世纪70年代末期发端的改革，从路径而言，是自农村到城市；从政策制定而言，也是从对农村社会的变革开始的，而针对城乡之间人口流动的规定直到1986年的第五个一号文件才被纳入政策视野中。自1982年开始到1986年改革初期的五个一号文件，其主题依次如下：确立包产到户合法化；放活农村工商业；疏通流通渠道，以竞争促发展；调整产业结构，取消统购统销；增加农业投入，调整工农城乡关系。直到1986年，城乡人口流动才正式被纳入改革政策合法性文本表述中。大约从这个时间点开始，部分农民离开乡村，进入了流动的生活空间中。这个流动的生活空间，或者是附近的小城镇，或者是遥远的大城市。

尽管允许城乡流动，基于20世纪上半叶以来形成的城乡二元分割的社会现实，进入城市的农民，在城市社会的空间中并没有获得合法的城市身份，同时在整个20世纪90年代他们始终是被限制在"城市之外"的。仅仅从称谓上而言，"农民工"这三个字是从1986年的一号文件提及城乡流动才开始进入官方视野的。

概括而言，20世纪80年代末90年代初的政策导向是对进入城市的农村人口采取严格控制的。80年代初期，农村劳动力主要在农村内部从事非农业劳动，亦即"离土不离乡、进厂不进城"，80年代后期，乡镇企业发展受挫，使更多的农民离开乡村进入城市谋生。同时，东部沿海地区的出口加工企业的发展也为离土离乡的农村劳动力提供了大量的就业机会。于是，大批农村劳动力流向东部，出现了空前的"民工潮"。为了控制"民工潮"，国务院在1989年初发出了《关于严格控制民工盲目外出的紧急通知》，国务院办公厅在1991年初又发出了《关于劝阻民工盲目去广东的通知》。1994年，劳动部颁发了《农村劳动力跨省流动就业管理暂行规定》，试图以行政手段来调控农村劳动力的流动（李红艳，2016：18-19）。这个时期，农民进城就业政策的特点是半开放、有计划、有限制、有歧视，并有进入行业和工种管制（杨黎源，2013）。20世纪90年代中期之后的政策导向侧重于农村劳动力跨地区流动，采取以就业证卡管理为主的强化管理，并在政府官方文件中将农民工称为"盲流人员"或"民工"。这种防范式的管理体制，不仅限制了农民工在城镇的就业机会，也严格区分了农民工和城镇居民的身份，将农民工搁置在城市居民的政治、经济和社会权利之外（李红艳，2016：19）。20世纪70年代末期发端的改革开放，与农民工的出现并无"直接对应关系"。某种程度上可以说，农民工群体是在改革开放的市场化空间中，与城乡对立的二元格局的社会背景下，依靠自发的力量，在逐步市场化的机遇中，"不顾一切地"冲到了城市社会中。"市场的力量给被政府、大众媒介及社会其他阶层边缘化的农民工群体，提供了前所未有的机遇，正是在这种机遇中，他们延续了农村经济改革中未完成的'人的改造'过程，以个体化的姿态延续了乡村社会中的变迁缺失，并且以既不同于乡村社会也不同于城市社会的方式，缓慢地'进行着'仅仅属于他们自身群体的个体化过程。"（李红艳，2016：187）

从第一批农民离开家乡开始外出打工开始，农民工群体便展开了他们在中国当代社会史发展中的生命历程，这些鲜活的个体以群体的姿态，在市场逐渐拓展的过程中，顽强不屈地寻找着自身在社会中的位置，他们隐忍而沉默，沉默而隐忍，在日常生活的庸常琐碎中，坚定地将脚步落在了城市化、工业化、信息化与市场化不断交叉的社会发展节奏上，这些脚步或许是凌乱的，或许是散漫的，甚至是断裂的、无序的，但却是毫不犹豫的、坚定不移的，也是游移不定的、满怀踌躇的，他们以自身的生命谱写着改革开放以来当代中国社会的变迁之曲。

E.P. 汤普森在《英国工人阶级的形成》一书中指出，英国工人阶级的形成是一个动态的过程，就历史而言，他们虽然貌似失败了，但却不是永恒的失败者，"他们的 50 年历程以无比的坚韧性哺育了自由之树，我们可以因为这些英雄的文化而感激他们"（汤普森，2001：981）。笔者认为，自 20 世纪 80 年代末期陆续进城的农民群体，在逐渐从盲流等称谓转变为农民工这个众所周知甚至是被泛化的概念过程中、在逐渐从非法流动到合法定居并在身份上一步步获得合法城市社会身份的过程中，他们的生活状态、工作状态、家庭生活、娱乐消费等话题在成为当代社会发展趋势重要构成部分的同时，自身也获取了一定的话语地位和经济地位。[①] 在改革开放 40 余年中，他们以无比坚韧的意志力、艰辛勤劳的行动力，奔波在乡村与城市之间，以身体和行动谱写了一部富有社会意义的改革开放发展史，而他们的家庭在这一段社会和经济变迁史中，随着他们身体的流动、行动的变化、职业的选择、居住的迁徙成为观察这种变迁史的一个重要视角。

农民工在迁移与流动中，随着身体的流动、行为的选择，必然会带来价值

---

① 这里有一个问题需要关注，就是农民工与农民的概念问题，黄宗智指出："改革之前，我们可以比较清晰地划分工人和农民，前者属于城镇和工业部门，后者属于农村和农业部门。但是今天我们已经不能如此划分，因为大多数的城镇工人已经不再是来自城镇的人员，而是来自农村的农民户籍人员。我们也不再能够简单区别工人和农民，不仅因为大部分的工人属于'农民'户籍，也因为大部分'农民'已经变成'非农'就业人员。中国社会今天的主要差别已经不再简单是工业和农业、非农就业和农业，甚至也不简单是城镇和农村间的差别，而是城镇具有法定身份和福利—待遇的正规经济人员与不具有如此身份和福利—待遇的城镇与农村非正规经济人员间的差别。"（黄宗智，2013）笔者并不完全同意黄先生的看法，就笔者长达十余年的调查显示，农民户籍在北京打工的人员，也即本研究所说的农民工群体，其自身在城乡之间的双向流动过程，恰恰构成了中国改革开放以来潜在的一道社会变迁趋势的暗线。这条暗线以近乎自发流动的形式，依靠群体生命的综合力量，逐渐被纳入城市综合治理的秩序中——尽管还只是部分地被纳入了这种秩序中，对这种被纳入秩序化过程本身的研究便构成改革开放宏大社会背景的一个不可或缺的组成部分。

观以及道德观的改变,这些因素集中体现在他们的家庭变迁中,正如潘光旦先生所言:"家庭之所以为社会重心者,因其自由文化以后人类情感之维系物与归宿地也。初民生活无定局,其情感之推施亦甚散漫。及后,文化渐进,其情感始集中于妻孥,集中于父母,而家庭得以成立,社会乃有秩序可言。近世家庭组织之日趋涣散与社会问题之日益复杂似不无重要之连带关系,其间变迁之迹似适与初民社会相反。初民社会之推情,由散漫而集中,今则由集中而复归于散漫。"(潘光旦,1993:217)虽然农民工并非来自初民社会,然而进入的城市社会对他们而言则相当于一个"初民社会"。作为陌生的闯入者,他们以及在遥远之地的家庭在经历了过去40余年的漫长变迁中演变成了什么样子?这不仅是中国改革开放中值得深入探究的一个学术命题,也是一个我们无法回避的生命命题,其家庭变化过程在一定意义上,不仅代表着中国乡土社会根基变化的过程,也是建构和寻觅新的社会秩序的一个重要组成部分。

因此,本研究将农民工家庭这一概念放置在研究中心,而农民工与改革开放则是围绕家庭而构成的两个研究背景:改革开放为宏观的社会背景和历史变迁背景,农民工群体则为中观的社会现实前景和历史现场,家庭是这两个大的背景下投射的一个微观视角。透过家庭这个微观与中观兼顾的视角,既可以折射出社会的中观层面,即一个群体的生命流动历程,也可以反映出宏观的层面,即一个宏观社会变革的演变过程及其对社会大众带来的广泛影响力,目的是透过家庭这个漂浮在社会层面的现象来探究社会秩序的变化是如何发生的。

鉴于此,本研究对家庭的关注并非完全从社会认知的视角进行细致的研究,也并非从爱情观、婚姻观、家庭观以及子女观等视角进行研究,而是侧重于两个焦点:一个是流动,另一个是阶层。这是由农民工家庭的特征以及家庭在改革开放40年的变化趋势决定的。

一、家庭研究的历史脉络

(一) 西方家庭研究的发展历程

从词源上来说,familia 是个拉丁词,是从 famulus(拉丁文,仆人)派生出来的,其原始含义是指生活在同一屋顶下的全体奴隶和仆人,后来扩展为包括主人以及在主人统治下的妻子、儿女以及仆人,此后其含义再度延伸,指同一祖先的所有后代组成的共同体,既包括父系亲属,又包括母系亲属,甚至包括血亲整体。这些不同的亲族单位合并起来便是家庭这一概念的基本含义,但是这一概念会随着时间、地点、社会集团或者具体情形有所变化（比尔基埃等，1998a：13-14）。就家庭起源而言，列维-斯特劳斯在《家庭史》序言中指出，关于家庭的来源在人类学家和社会学家中有两大流派：一个是纵向派，该派认为，社会是始基家庭的集合体，每一个始基家庭由一男一女及他们的子女组成，始基家庭是建立在生物及心理基础上的。另一个是横向派，横向派则强调，事实上禁婚规定普遍存在，每一个家庭都由另外两个家庭的人结合而成，即每一个家庭的组成，都来自另外两个家庭的破裂，建立家庭的根基便是通过将生物性家庭解体，形成新的横向联姻网，这个横向联姻网是一切社会政治的基础。上述二元论的观点面对的难题在于，家庭既是建立在生物性需求基础上，同时又受社会方面的限制。所以说，家庭应该是在天性与文化之间的一个妥协（比尔基埃等，1998a：序言5-序言7）。涂尔干认为，家庭并不是完全由整个世系传递下来的，不过是政治社会中人们相互吸引的群体（涂尔干，2017：28）。而政治哲学视角则是从平等角度将父权视作政治社会的靶子。比如洛克认为，孩子一出生，父亲和母亲拥有共同的权利，尽管所有人生而平等，但是孩子一出生并没有处在这种完全的平等状态中，直到他成为一个独立的成年人。父母对子女的义务，是指导子女成为自由人。对于一个人而言，他只有在成熟的境界才可以受自然法或者国家法的约束。只有达到这个境界，才可以认定他能够理解法律，能够运用自由。"在一个人尚未达到自由的状态，他的悟性还不适于驾驭他的意志之前，必须有人来管理他，作为支配他的一种意志。"（洛克，1964：37）

　　西方的家庭研究，自古希腊开始，家庭便与城邦关联在一起成为讨论核心。而把家庭作为一门学科来看待，源自19世纪中叶，工业化和城市化对家庭关系带来了深刻的影响，达尔文进化论（1859年《物种起源》）的思想带来了人们对进化论的关注，政治学则从自然权利的角度论证家庭、个人与社会之间的关系，对人们认知家庭提供了另一个视角。

　　古希腊时期，家庭与城邦的关系始终是讨论的核心之一。柏拉图认为，城邦无须有家庭的存在，没有家庭的城邦是可能的，因为私人的部分对于政治家施展抱负总是一种障碍。他认为城邦的起源在于每个人都不是自足的，匮乏和需求是城邦生成和扩大的动力，满足人的欲求因此成为城邦生成的动力。每个人在城邦里都按照自己的自然本性（kata physin）来从事不同的行业，通过分工合作，人们确立了共同生活的原则并在此基础上建立了城邦。因此，在城邦起源及其生长的论述中，柏拉图将需求和欲望放置在了最核心的位置，城邦起源于满足人们的各种需求。美好的城邦必须具备智慧、节制、勇敢和正义四种品质，这些品质对应于城邦的三个阶层：统治者、辅助者（护卫阶层）和农工阶层（生产者阶层）。因此，"社会应当被设想为一个服务体系，而在这个体系中，每个成员既为其他人提供服务，又接受其他人的服务。国家所要关注的就是这种互相交换，而且国家所要努力安排的也是以最恰当的方式去满足需要和以最和谐的方式去互换服务"（萨拜因，2015：107）。同时，在这种服务交换中，还蕴含着劳动分工和工作专业化的诉求。柏拉图在《理想国》中指出，"如果要使一切东西都生产得更容易、更丰富而且质量也更好，那么一个人就只能做一件天生适合于他的事情，而且要适时地去做，并且把其他的事情都统统放弃"。在此基础上，柏拉图论述他废除家庭的两种方式：第一种方式是禁止统治者阶层拥有私人财产，规定他们必须就寝于营房和在公共食堂就餐。第二种方式是废除固定的一夫一妻的性关系，代之以按照统治者的要求进行有节制的交配，由此而获得优秀的后代。萨拜因指出，柏拉图所说的共产主义只适合于城邦的守护者和统治者，工匠则被允许有个人的家庭、财产。柏拉图废除婚姻制度的目的是什么呢？是为了消除统治中的一个动乱因素。他认为"指向特定个人的家庭钟爱之情在争夺对统治者的忠诚方面可以说是国家的另一个强有力的对手。为儿女操心或忧虑乃是比欲求财产更隐晦的自私自利形式"（萨拜因，2015：120）。此外，家庭对孩子的训练不能很好地培养出国家有权要求的全心全意的奉献精神。究其本质而言，柏拉图对家庭以及私有财产的认知，是从国家团结角度出发的，由于私有财产和家庭是国家团结实现的两个障碍，所以婚姻和财产必须废除。

亚里士多德认为，家庭是城邦政治的核心，并将公民这一资格与家庭出身关联在一起。在《政治学》一书中他指出，互相依存的两个生物必须结合成为配偶才能延续后代，因此配偶并非是出于意志（思虑）的结合，而是出于生理的自然。与此同时发生的还有统治者和被统治者的结合，由于"自然对每一事物各赋予一个目的；只有专用而不混杂使用的事物才能有造诣最精当的形性……男女结合只是一个女奴配上了另一个男奴而已……由于男女同主奴两种关系的结合，首先就组成了家庭"。城邦是自然演化的结果，"人类自然是趋向于城邦生活的动物（人类在本性上，也正是一个政治动物）"，但是城邦虽然在发生程序上晚于家庭和个人，但是"在本性上则优于个人和家庭"。人类生来就有合群的性情，组成城邦的家庭是自然本性发展的结果，家务管理由完全家庭中的三种关系组成：主奴关系、配偶关系和亲嗣关系。此外还包括致富技术，因为财产既然是家庭的一个组成部分，获得财产也应该是家务的一个组成部分，因此就家庭的来源而言，亚里士多德认为家庭是自然而然的产物，是城邦的组成部分。家庭是"人类满足日常生活需要而建立的社会的基本形式"，没有家庭就没有城邦，不论从时间上说还是从社会的逻辑来说均是如此（比尔基埃等，1998a：239）。若干家庭为适应更大的生活需求而进行的联合组成了一种团体形式，这种团体形式就是村坊。而"由若干村坊组合而成为城市（城邦），社会就进化到高级而完备的境界，在这种社会团体以内，人类的生活就可以获得完全的自给自足"。

作为城邦一部分的家庭，是雅典人获得公民权的基础，公民权是承袭的，不是城邦赋予单个雅典人的，而是其家庭出身赋予的。根据《雅典人宪法》的规定，不是合法出生的，便没有公民权。"所以，公民首先是一个合法出生、出身清白的人，不是合法出生，便没有公民权。"（比尔基埃等，1998a：247）同时，区与镇是每个公民的原籍地，每个区镇都有公民登记簿，每个男性雅典人到18岁便登入这个簿上。"对所有雅典人的整体来说，城邦权力及其光荣伟大的合法性存在于相同的系谱原则之中：他们在希腊人当中的特权源于他们不同寻常地在这座城市中出生。这座城市不具有在征服的土地上建立起来的属性，相反，它具有就在当地诞生的属性，具有自发地和占优势成长起来的属性。"（比尔基埃等，1998a：251）如果说，家庭是城邦的组成部分的话，贵族家庭则是城邦的典范。同时，父权的确立并非是通过男性的身体，而是通过命名的行为。因此，一方面，家庭和城邦尽可能按照严格的亲情和友情标准筛选异乡人，另一方面，一旦亲戚或朋友们的资格得到承认，他们的感激就应该通过最积极的同化表现出来，即已经成为他们自己家系的家系生孩子（比尔基埃等，1998a：258）。

罗马公民的生活主要由城邦和家庭组成。一方面他们在自由的政治生活中感到很有荣耀，另一方面他们又要受制于家长制的权威。古代罗马人的家庭中，父亲的权力是核心，无论是生育的孩子还是收养的孩子，父亲的自愿接纳更重要，而非血缘关系。换言之，合法的父亲资格其界限在于婚姻、承认和意愿。只有男性所生的后代才能组成一个家庭，家庭能有多少代人在一个人的权力下共存，就会有多少代居住在一起（比尔基埃等，1998a：296）。根据罗马法，家父（pater familias）对其妻子和子女具有完全的家长权。该权利包括对处于其控制之下的家庭成员的生杀大权、责罚之权或逐出家门之权，这些处在家长权控制之下的人不是权利主体。婚姻缔结主要有两种形式，一种是古老的共食婚，是专供贵族缔结婚姻的形式，另一种则是买卖婚，主要是平民缔结婚姻的形式（孟文理，2016：21-22）。女性的流动取决于男性的权利。"13、14和15三个世纪是暴力和混乱的时代，它动摇了王公与骑士社会，城乡经济发展均有利于家庭变成规模较小而又密集的细胞。"（比尔基埃等，1998a：591）在动荡过程中，欧洲中古初期的主干家庭逐步过渡到现代欧洲的核心家庭。其间，宗教对人的意识产生了重大的影响。欧洲由此被分割成了几个区域，即拉丁语基督教区、东欧的东正教区、南欧的穆斯林教区以及犹太教区，各大教区所保留的婚姻习俗不同程度地影响着人们。拉丁语基督教区格里高利通过改革，确立婚姻等级，即婚姻等级低于教士等级，但与教士等级一样，是神造出来的。"婚姻是契约和圣事，只要双方有此意愿，婚姻便有效。对双方完全有约束力，而且永远有约束力，所以婚姻是不可解除的。"（比尔基埃等，1998a：595），同时规定了血缘之间禁婚的范围和禁止教士结婚，最后还规定了婚姻要遵守教会规定的统一节奏和仪式。

从15世纪开始，欧洲开始了漫长的现代化历程，家庭模式也随之发生了变化，变化的背景主要有经商的市民阶层地位的上升、城乡之间关系的改变、宗教改革的影响、个人主义的兴起，以及美洲的发现和欧洲国家的海外扩张等因素。比如在英国，核心家庭成为个人主义的学校，鼓励子女尽早离开家庭，一定程度上使得乡村社会的亲属网络和邻里互助的支配力量客观上被松懈下来了。而在法国，核心家庭则实实在在地镶嵌在农民共同体中，并与之结成一体。而在俄国，扩大型或复合型家庭占主导地位，这与那里连成一片的土地的经济模式有直接的关系。16—19世纪，随着人口统计学的资料和地籍资料的改造，家庭史的资料因此变得比较完备。从总体来看，家庭常常建立得晚而又过早为死亡所中断，家庭好像是人口的巨大调节器，而儿童死亡率极高又成为生殖能力强的无情矫正器。直到18世纪下半叶，这种结构才开始慢慢解体（比尔基埃等，1998c：25）。而家庭组织的巨变，归根结底在于工业化本身。原始工业时代的家庭一方面仍然从事农业劳动，另一方面作为原有制度下手工作坊的后继者的家庭（或者是工人家庭），在大工业时代成为工业化的主要补充力量。随着手工业工人走向城市，与工业化的发展阶段正好吻合的时候，工厂里工人的家庭形式成为工业化、城市化的一种新的趋势。"由劳动条件和低薪所造成的生理方面和道德方面的低下，使得家庭处于解体状态。尽管如此，作为家务组织和亲族网结构的工人家庭，并没有消失。"（比尔基埃等，1998c：554）与各种各样的工人家庭相对的是资产阶级家庭，他们把家庭模式看作价值观的体现。同时，根据生活方式、价值观和人的行为，来划分不同类型的家庭。

就西方家庭史研究文献而言，勒普莱（Frederic Le Play）1855年出版的《欧洲劳工》，通过实证研究的方法，对300多个工人家庭进行了对比分析。他认为社会的主要制度是亲属关系，家庭类型影响了社会的基本特征（赫特尔，1988：20-22），这是关于家庭研究的较早文献。同一时期的文献，比如1861年梅因的《古代法》和巴霍芬的《母权制》的出版开启了19世纪西方婚姻制度研究的热潮。此后研究古代家庭的文献不断涌现，比如《古代城邦》（库朗热，1864）、《原始婚姻》（麦克伦南，1865），以及《古代社会》（摩尔根，1877）、《家庭、私有制和国家的起源》（恩格斯，1884）等，如何理解罗马家长制及其与社会政治秩序的关系，是这些著作共同关心的问题。古代社会与现代社会之间的根本区别在于，现代社会的根本特征是个人，与之相对应的古代社会的根本特征是家庭或者氏族（孙帅，2014：9-11）。

在19世纪末期20世纪初期，出现了家庭危机论的观点。但事实上家庭并没有解体，而是发生了变迁而已。20世纪上半叶后，家庭研究从家庭制度转向了具体的家庭及其成员状况研究上。比如芝加哥学派将城市生活和乡村生活进行明确界分，符号互动论的视角则将家庭研究从宏观层面引入微观层面。帕森斯从结构功能主义视角研究家庭，认为美国的核心家庭是家庭功能分化的结果（Parsons，1943）。跨文化研究成为20世纪40年代以来的一个重要研究取向，默多克首次提出了核心家庭的概念，他从亲属关系出发将人类家庭分为核心家庭、复婚家庭、扩大家庭这三个基本单位（Murdock，1949）。列维-斯特劳斯则从横向视角研究亲属制度，他认为，婚姻是一种交换，建立在互惠原则基础上，这是一种共时整体性的亲属制度。布迪厄则针对列维-斯特劳斯的观点提出了批评，认为婚姻策略的智能是确保家族再生产，这不仅仅是一种劳动再生产的手段，也是社会资本再生产的手段之一。施耐德把亲属制度看作一套文化象征体系，从象征人类学视角将美国的亲属分为两种文化逻辑，一种是"自然秩序"（the order of nature），另一种是法的秩序（the order of law）（马春华，2013：8-9）。

（二）中国家庭研究的发展历程

中国家庭的研究与社会学研究传入中国的发展历程密切相关。1927 年燕京大学《社会学界》发表了一些关于中国婚姻家庭制度的论文（张敏杰，2001）。对中国古代家庭的研究，主要有以下几个视角：一是从家与国的关系论述家庭问题；二是从家庭结构本身论述家庭问题；三是从人格心理学和文化人类学的视角论述家庭问题；四是从中国婚姻制度角度论述家庭问题。

第一种将家庭看作礼法制度之一种，这种礼法制度从孝道出发，通过描述家与国之间的政治与文化关联性，论证家庭治理与国家治理之间的政治关系。这一视角认为，家在中国传统文化中，不仅仅是一种礼法制度，也是一种生存的选择。延续生命、哺育后代是生命的自然本能。人与动物之不同在于人有一种对生命的感恩之心，即对父母祖先的孝思。人们通过"孝"的机制，把人从自我中心中超拔出来，以对生命感恩的方式来超越自我而热爱自己最亲近的他人——父母。思考"家"的现代重建，应该把家放置在现代个体本位主义的背景中进行考量，"'家'应被视为规范性秩序的源发地"（孙向晨，2014）。从家与国的关系层面而言，家庭则是国家治理的基本单位。《大学》所言"古之欲明明德于天下者，先治其国；欲治其国者，先齐其家；欲齐其家者，先修其身；欲修其身者，先正其心；欲正其心者，先诚其意；欲诚其意者，先致其知。致知在格物。物格而后知至，知至而后意诚，意诚而后心正，心正而后身修，身修而后家齐，家齐而后国治，国治而后天下平"便是此意，也是儒家治国的政治理念。这种视角向下延展，便是家与社会制度之间的关系了。林语堂认为，家庭制度是中国社会的根基，在这个根基中才会生发出社会的诸多特点，乡村制度是家庭制度的更高阶段，由此出发可以理解中国社会的所有问题（林语堂，1994：180）。

第二种从家庭结构出发，剖析中国家庭成员之间的关系。瞿同祖认为中国家族是父系的，亲属关系只从父亲方面来计算。母亲方面的亲属是被忽略的，只能算外亲，并非本宗。"以父宗而论，则凡是同一始祖的男系后裔，都属于同一宗族团体，概为族人。其亲属范围则包括高祖而下的男系后裔。以世代言之，包含自高祖至玄孙的九个世代，所谓九族是。"（瞿同祖，2016：2）与家族相比，家庭的范围要小很多，"家应指同居的营共同生活的亲属团体而言，……通常只包括二个或三个世代的人口"（瞿同祖，2010：3）。就权力而言，中国的家族是父权家长制的，父祖是统治的首脑，也是权力的重心，家族所有人口都在其统治之下，经济权、法律权和宗教权也如是。因为中国的家族很看重祖先崇拜，"家族的绵延，团结一切家族的伦理，都以祖先崇拜为中心——我们甚至可以说，家族的存在亦无非为了祖先的崇拜"（瞿同祖，2010：6）。而父权和家长的范围也与家与族之间的范围划分有关系。家庭范围大小不同，但都有一个家长，家中男系后裔的权力是最高的，也是绝对的、永久的。父权也是家长权，只有男性才能获得此权力。族可以说是家的集合体，因此每个族也有族长。"没有族长，家际之间的凝固完整，以及家际之间的社会秩序是无法维持的。族长制在族内的行使可说是父权的延伸。"（瞿同祖，2010：21）中国古代周朝的宗法制度，是根据"同姓从宗合族属"的一种结合，"宗子权中最主要的祭祀权，……大小宗宗子实为大小宗的主祭者"（瞿同祖，2010：23）。瞿同祖先生认为，在家长或族长的权力被承认的时代中，家族实际上被看作政治、法律的基本单位，族长或者家长代表的并非是个人，而是一个单位的主权，他们对国家负责。所以说，"家族是最初级的司法机构"（瞿同祖，2010：29）。换言之，政治法律组织一定意义上便是这些家族或者家庭单位的组合，这既是家族本位政治法律理论的基础，也是齐家治国一套理论的基础。"每一个家族能维持其单位内秩序而对国家负责，整个社会的秩序自可维持。"（瞿同祖，2010：30）不仅如此，中国的政教还以伦常为本，政治家通常以政治的力量来倡导伦常，政治与家族之间的关系便在伦常的视角上亲密无间。冯尔康将三百年间中国家族的历程概括如下：传统家族形态（祠堂族长制、族老制）——族会、同宗会、联宗和传统家族形式（祠堂＋宗约会）混合体——不同类型的宗亲会、族务理事会和传统家族形式（祠堂＋宗约会）混合体（冯尔康，2002）。

　　第三种视角从人格心理学和文化人类学的角度，在论述中国社会最基本的人与人之间关系的基础上论述家庭的问题。许烺光从人格心理学和文化人类学的角度指出，中国人倾向于以亲子关系为生活核心，后天形成的责任和义务要与这个核心相适应。一般而言，中国人会从最基本的人际关系纽带里获得足够的安全感，是情境中心的（许烺光，2017：134）。因此，"在新中国成立之前，中国人不论是否加入组织，都具有以下的性质：中国人或中国社群一般不会干涉他人行动或劝其改宗，社会各阶层都没有意愿去触动现有的体制及惯例。在整个社会不作为、全凭个人洁身自好的氛围里，不公、贫穷和腐败在迅速蔓延"（许烺光，2017：340）。许烺光通过对中国云南喜洲的研究指出，在祖先庇佑下，对个体人格有重大影响的因素有权威和竞争，其中第一个因素是父子同一

（identification）的关系和大家庭理想两个概念。第二个因素则包括三点，即为共同祖先的荣耀、为宗族内某一支系的荣耀、为祖先们最喜爱最有才干的后代的社会地位。"父子同一和大家庭的理想互为支柱，二者形成了一种社会制度，这种社会制度完全剥夺了年轻一代人的独立性，但同时又使年轻一代能够承袭父辈的财富和荣耀。"（许烺光，2001：7）在大家庭理想和父子同一的文化传统下，许烺光先生对中国人的个性与家庭关系进行了概括。将中国人的个性类型特征假定为五种，其中第一个类型即恭顺、谨慎、现实、有理性、勤俭、诚实，这是穷人的个性类型，其主要的社会根源在于父亲贫穷、社会地位低。第二个类型即虚荣、极度追求名望、没有同情心、放荡、冲动、不现实、缺乏经济观念和常识、奢侈、无忧虑、不诚实、好炫耀，这是富人的个性类型，其主要的社会根源在于父亲有权势、家境富裕、社会地位较高。① 二者之间的主要差别在于经济条件和权力的差别（许烺光，2001：246 - 247）。

上述三种视角，即从家与国视角，就家的现代发展的理路进行的理论论述，从国家治理视角对家的论述以及从人格心理学视角对中国人个性的描述，前两种视角侧重对传统理念和发展脉络的分析，第三种则侧重从人类学视角的田野考察出发进行分析。总体而言，前两种是作为文化类型，后一种是作为个人类型来论述的，笔者认为，均带有概念化和功能化的倾向。

第四种视角则从中国婚姻制度考察出发，从婚姻制度视角论述国家如何将婚姻制度纳入社会规范以及社会治理的范围之内。研究指出，中国古代婚姻制度按照时间先后顺序分别是杂乱群婚、血缘群婚、氏族外婚制下的群婚和对偶婚制。在商朝前期，一夫一妻的婚姻制度已经逐渐建立起来了。但是对于商王和贵族而言，实行的则是一夫多偶制，配偶的数量与其经济地位和政治地位关系密切，他们的婚姻一般带有政治联姻的性质，婚姻六仪已见端倪。到了周代，婚姻制度已经形成了多项基本原则和一整套完整的礼制。同姓不婚开始严格实行。秦汉时期则流行早婚，上层阶层中政治权势和社会地位是首要考量的经济因素，而平民阶层中经济地位则被放置在优先位置。魏晋南北朝时期，由于当

---

① 第三个类型是恭顺、谨慎、或许懒惰、不诚实、放荡、社会和法律事务中有现实感、经济上缺乏现实感，其社会根源在于父亲富裕但社会地位居中。第四个类型是理智、诚实、勤劳、有远见、积极主动，其社会根源在于父亲富裕有权势、社会地位高。第五个类型是懒惰、颓废、不现实、缺乏经济观和普通常识、无忧虑、不诚实，其社会根源在于父亲贫穷、社会地位低、但有可能勤劳（许烺光，2001：246）。

时社会中士庶悬隔，嫁娶必求旧姓，婚姻制度中身份等级限制十分严格。但由于当时社会动荡，因环境所迫、流离失散导致离婚和再婚的现象显著增加。隋唐时期的男女交往自由度较大，妇女贞节观念淡薄，妇女再嫁在唐代基本没有法律障碍。到了宋元时期，结婚并非是一男一女之事，而是家庭和家族之间的事务。这一观念在宋明理学成为主流意识形态的背景下再度加强。明清之际，婚姻主导权依然在父母尊长手里，离婚现象十分少见，尽管从国家视角旌表贞烈妇女从汉代开始已经成为一种制度，但真正将贞节观念深化为一种社会规范的，则是明代以来的事情，清代则将其推向了极致（郑全红，2015）。

具体而言，19世纪和20世纪之交，中国社会的变革是在各个层次展开的，也是中国社会古代与近现代之间的分水岭。就社会运动而言，新文化运动对中国家庭关系的讨伐是最为犀利的。傅斯年在《新潮》第一期刊出《万恶之源》一文，指出中国家庭是万恶之源，压抑人的个性，"想知道中国家族的情形，只有划个猪圈"（丁守和，1999：69）。作家巴金的《家》《春》《秋》可谓是映射批判旧式家庭的文学作品代表之一。对于学术研究而言，不仅历史学的观念发生了变革，而且社会学、人类学等学科相继引入中国。就研究而言，20世纪20年代到40年代是中国家庭、家庭史研究的起步阶段。其研究著作比较零散，其中，潘光旦的《中国之家庭问题》（1928年新月书店出版，1934年商务印书馆修订再版）、吕思勉《中国宗族制度小史》（1929年中山书局出版）是中国研究家族制度的专著，也是中国系统研究家谱学的奠基之作。20世纪30年代国外关于家庭婚姻制度的著作被译介到中国，家庭和家庭史研究在学术界正式拉开了序幕。

潘光旦先生在1928年出版的《中国之家庭问题》一文中指出，研究家庭要遵循四个原则：第一是历史视角，即从家庭的社会发展史和血缘进化史两个角度出发进行研究；第二是价值视角，即从家庭的社会价值和种族价值出发进行研究，原因在于不应仅仅关注家庭已然的价值，还要关注家庭将然的、可能的价值；第三是文化视角，文化是累世积聚之物，变革需要慎重，中国家庭尤其如此，要采用循序渐进的视角进行研究；第四是采用社会调查的方法，关注家庭问题之现状（潘光旦，1993：69-70）。他身体力行，与《学灯》编辑部一起发起了家庭问题的社会调查。调查结论指出，家庭的分工需要有一定的协调，"男女之间不能无协进的分化，以适应其生物的本性，而使社会种族得利而用之义增进其全部之竞存力，则始终为开明社会而所不可不从长计及之一端。而此种协进的分化之中心场所无他,即家庭是也"(潘光旦,1993:232)。与潘光旦的生物学视角不同,费孝通在《生育制度》中指出,和个人生活关联性较大的是社会结构的完整,保持社会完整,就需要维持最低限度的人口,因此,社会需要有一个新陈代谢的机构。而供养社会新的成员(社会分子)则是生育制度的任务。"社会分子这一词是指一个能在社会分工合作结构里担负一定职务的人。这能力并不是天生"(费孝通,1984:115)的而需要长期的教育,生育制度包括生和育两个部分,这其中便会受到文化的干涉。潘光旦在《生育制度》的代序中指出,他们二人的不同在于,他关注的是家庭问题,而费孝通先生关注的是制度问题,其所说的生育制度其实质便是家庭制度(费孝通,1984:285)。

简单而言,20世纪上半叶的政治理论家和社会学家普遍认为,中国旧式的家族观念和乡土观念是中国社会先天不足的一种表现。"在一切同外部世界的关系上,中国人始终优先考虑相应层次的内圈,换句话说,就是以家庭来对抗相邻村社,以相邻村社来对抗城镇,用省的联合或方言地区的联合以对抗民族……以圈子套圈子式的联合来确定如何行事……"(比尔基埃等,1998c:308)费孝通先生用差序格局来定义中国乡土社会的特征,在他眼里,乡土社会不仅是地方性的,也是村落性的。"乡土社会在地方性的限制下成了生于斯、死于斯的社会。常态的生活是终老是乡。假如在一个村子里的人都是这样的话,在人和人的关系上也就发生了一种特色,每个孩子都是在人家眼里看着长大的,在孩子眼里周围的人也是从小就看惯的,这是一个'熟悉'的社会,没有陌生人的社会。"(费孝通,1984:9)这里的人与人之间,人与家庭之间,家庭与家庭之间,都处在一种不需要建立"社会关系"的状态中,村落中的家族以及家庭是社会的基本单位。

1949年以来,就家庭变革而言,标志性的变化是父权力量削弱,女性社会地位得到提升,个体权利意识增强(阎云翔,2006)。20世纪50年代中国婚姻家庭制度发生了两次变革:一次是1950年初通过的婚姻法规定了婚姻自由和离婚自由的原则;第二次是20世纪50年代中期,鉴于集体化时期对于社会稳定的核心诉求,家庭的重心开始从亲子关系转向夫妻关系,但是男性家长制依然处于家庭的核心位置(应星,2014:50)。就研究而言,20世纪50年代到70年代末期,中国家庭研究处于停滞阶段。从1979年到1988年底,婚姻家庭研究的论文,占社会学类文章的13.7%,居社会学类文章之首(马有才,1989)。

因此，有学者把这一阶段称为家庭研究的奠基阶段，1991 年到 1996 年是发展成熟阶段，1997 年到 2000 年是研究降温阶段（王金玲，2002：504-509）。2000 年之后的家庭研究，研究更为深入，数量虽少，但质量不断提升（唐灿，2010）。

改革开放以来，一方面市场化与新技术给农村社会带来的变迁对农民家庭的影响值得考量，另一方面则是外出打工的农民工群体在长期流动中对中国当代社会特别是他们自身的家庭带来的影响值得关注。这两种影响力合二为一，笔者认为可以删繁就简，集中讨论农民工家庭的变迁问题①，由此可以更为集中地探讨 1978 年以来中国家庭制度的变迁特征以及变化脉络，解释这种变迁与中国乡村社会制度、城市社会制度之间的关系。

从中西方关于家庭研究的观点概述可以看出，无论在何种意义上，家庭始终是构成社会的一个基本单位，至于我们如何看待家庭、家庭与政治之间的关系、家庭与社会之间的关系，以及家庭文化诸多问题，则呈现出多元化的趋势。本书的关注点是改革开放 40 年来作为特殊社会阶层（或许是过渡阶层）、特殊社会现象（或许已经是普遍现象）、特殊家庭形态（或许最终会成为普遍家庭形态）的农民工家庭，其在城乡流动中尤其是居住在城市中呈现出怎样的传播属性和变迁特征？流动在社会阶层上又给他们家庭带来了怎样的影响？

二、研究框架与研究工具

针对改革开放以来的农民工家庭传播研究，笔者试图探讨的是在社会变革和历史发展的环境中，作为以市场为主要导向和依托来"规避"各种流动限定性的制度与非制度性条件的农民工群体，如何伴随着社会的转型、市场的发展、大众观念的变化在家庭组成模式、家庭关系发展、家庭文化形成，以及家庭媒介使用等几个方面发生变化的？这些变化与流动群体的属性之间是什么关系？最后则要追问：农民工家庭在社会变迁中将要走向何方？本书的研究框架集中在两个视角上，一个是纵向维度即时间维度，另一个是横向维度即空间维度。时间维度在本研究中是以农民工家庭的流动为区隔的，而空间维度则是以农民工家庭的再生产为核心的。在这两个视角下农民工家庭的城乡流动则凸显出本研究的特点。

---

① 关于农民工家庭的相关研究及其主要观点，将在后面的论述中进行对比分析，这里就不再赘述了。

(一) 研究框架

涉及具体研究框架，笔者发现，关于家庭研究本身，如果只是拘泥于与婚姻观、择偶观、子女教育等相关联的系列问题上，很容易流于琐碎，而侧重于某一个地域的家庭研究时则有可能造成以偏概全的情形。笔者原本打算从时间维度进行论述，但经过分析资料发现，家庭是一个连续变化的单位，用10年或者20年为单位进行论述，对家庭边界的界定、家庭模式的解读容易出现困境。而假如从空间维度进行论述的话，可以弥补时间维度上的琐碎感和断裂感，但容易陷入人文地理学的叙述中，游离于研究主题。因此，本书经过对现有资料的整理，基于笔者十多年对农民工及其家庭的了解，认为用观点来盘活资料的研究框架，能较好地实现本书所要探索的主题。

在根据现有材料进行议题设置时，笔者遵循了两个原则：一是将家庭放置在社会变迁的情境中，这是本书的明线。根据家庭和个体的生命周期、阶层变迁、身份变迁、边界界定等几个层面进行了章节安排，具体的议题集中在策略、仪式、时空、媒介和阶层等问题上；二是始终将改革开放的时代背景看作隐蔽的线索。通过这两个原则的结合，可以在历史维度和社会环境变迁维度结合的层面上，对家庭这一中观层面的问题进行全方位的解读，最终在结论和讨论部分则从农民工家庭的探讨中将在仪式传播与代际再生产的主题放置于核心地位，并延展为对中国当代社会家庭变迁的分析与探讨。

本书具体的研究框架如下：

第一章：从家庭的策略发展视角出发，以生存本位主义这一线索，通过对农民工家庭在迁移中家庭内外关系变化的描述，集中分析城乡之间家庭团结形式差异，侧重分析第一代农民工家庭在城市社会的基本状态。

第二章：从家庭的策略发展视角出发，以职业本位主义这一线索，论述在劳动分工与协作、家庭分工与协作的背景下，三代农民工家庭，即"50后"、"60后"、"70后"（1975年之前出生），"70后"（1975年之后出生）、"80后"、"90后"家庭变迁中所形成的新家庭模式的变化，集中分析原有的农民工家庭在代际迁移中出现的一些新趋势。

第三章：从家庭的代际更替视角出发，分析农民工子女在儿童时代、少年时代和青年时代通常面临的选择，以及成年之后在读书与打工之间进行选择的行为动机，继而从家庭对教育观念的变化出发，将子女为大学生的农民工家庭与子女为非大学生的农民工家庭进行对比，将留守儿童、流动儿童以及城市长大的儿童进行对比,在历史维度、社会维度和市场维度上讨论生育、教育与农民工家庭之间的关系。

第四章:从家庭的仪式传播视角出发,借助时间社会学的相关概念,如时间等级、时间可逆性、时间循环性等概念,通过农民工家庭团聚的仪式形式,分析春节仪式和农忙仪式在农民工家庭传播中的变化及其背后的动力因素,从而进一步探讨城乡流动对乡村社会传统文化的侵蚀性作用。

第五章:从家庭的时空关系视角出发,侧重信息的公开与隐私,讨论个人边界与家庭边界,论述不同家庭模式之间的冲突,诸如大家庭与小家庭、新式家庭与老式家庭之间的冲突。本章指出,"80后"和"90后"家庭作为新型的家庭模式,恰好能说明改革开放以来农民工家庭的变迁趋势。笔者将增加分析层次,力图从多元化的家庭历史变迁视角,对这一变化趋势进行解读。

第六章:从家庭的媒介流变视角出发,具体从家庭媒介接触史的角度,论述在媒介技术的逐渐渗透中家庭成员之间关系的变化,以及由此对家庭观念重构所带来的影响,侧重从家庭成员媒介接触史的考察中分析媒介在家庭变迁中扮演的角色,以及这种角色与流动家庭的关系。

第七章:从家庭的阶层性视角出发,从阶层的自我认知、阶层体验的异质性和同质性三个视角,通过对农民工家庭在饮食、服饰、居住等层面变化的描述,在观念维度和文化维度中讨论家庭变动与阶层流动之间的关系。

第八章和第九章是结论和余论部分,主要从家庭团结和教育获得角度进行论述。本书认为,家庭团结与家庭个人主义的内在冲突和妥协构成了家庭传播的核心。家庭内部的劳动分工,改变了家庭原有的权力结构。媒介承诺成为重塑新的家庭文化的形式之一,家庭出身与教育获得之间逐渐形成了阶层再生产的逆循环模式,在这个过程中仪式传播扮演了重要的角色。最后对个体生命历程的重构与家庭生命周期的转折之间的关系、家庭空间与社会空间、"家庭危机:个人主义还是家庭主义"等问题进行探讨。

(二)相关概念界定

对家庭进行研究通常要回答三个问题:谁是家庭成员?家庭是干什么的?家庭与其他群体之间如何联系?在上述三个问题基础上可以延展出诸如家庭观念、家庭文化、家庭教育以及家庭重建等问题。

1. 家庭与家庭传播

本研究的家庭传播是指家庭成员之间、家庭之间的人际交往、信息交流,以及家庭成员与人际圈子之间的交往情况,以及由此而形成的家庭共享信息体系。同时,本书的农民工家庭概念较为宽泛,既包括离开家乡所有家庭成员在城市里居住工作生活的家庭,也包括部分家庭成员在城市里居住工作生活的家庭,还包括部分家庭成员在家乡务工而部分家庭成员在城市里上大学或者已经大学毕业工作的家庭。

2. 核心家庭

首先,本书对家庭的研究以核心家庭为主,但并不限于核心家庭,在叙述中也包括大家庭模式。比如,在城市生活的农民工家庭中核心家庭较多,而往返于城乡之间的农民工家庭则以大家庭居多。大家庭是指传统乡村社会中的家庭模式,在欧洲出现于19世纪的农村,在中国则是指家族式的大家庭。如果说大家庭的形式是传统乡村社会的模式,核心家庭则是工业化进程中出现的。帕森斯认为核心家庭的特征是:父母与一个或者多个子女组成家庭;在家庭内部存在着以性别为基础的分工;从原生家庭中分离出来。本研究所指的家庭是指由一对法律上已婚的夫妇及其子女组成的家庭。而孩子是否生活在家庭之中即是否与父母居住在一起,这个因素并非是笔者选择案例家庭的必要条件。这样选择的原因首先在于,"核心家庭被认为是进行家庭生产的最基础的单位"(切尔,2005:5)。鉴于独立的核心家庭是与基督教文化传统关联在一起的,因此笔者虽然选择了核心家庭,但是对其中的某些条件做了改变。

3. 家庭结构

在本研究中,笔者更多的是从家庭结构变化带来家庭功能变化的视角进行分析的。家庭结构是指家庭内的位置、角色以及成员之间的互动关系及其特点,家庭功能则强调人们在一起做什么,尤其是为了互相支持家庭成员做了什么。研究者指出家庭功能包括以下方面:第一,群体成员之间身体上的抚养和照顾;第二,通过生殖和收养增加新成员;第三,儿童的社会化问题;第四,对成员的社会控制;第五,对食品和劳务的生产、分配和消费;第六,通过爱来维护道德和动机(切尔,2005:9-10)。

除此之外,本书在论述中所划分的农民工家庭,是以笔者对农民工群体的三代划分为基础的,即"50后"、"60后"、"70后"(1975年之前出生的)家庭为第一代家庭,"70后"(1975年之后出生)和"80后"家庭为第二代家庭,"90后"家庭为第三代家庭。但是在研究中,鉴于不同家庭的特殊性和复杂性,论述中并不完全拘泥于这样的划分,会根据论述所涉及的主题有所调整和补充。

（三）资料获取和研究工具

本书获取资料的方式主要以家庭个案采访为主，以参与式观察为辅。具体的研究工具如下：

深度访谈法：这是本书获取研究资料的主要方法。笔者从 2006 年开始对农民工群体进行调查，开始的主题都集中在家庭成员的媒介使用上，此后逐渐拓展到城乡社会关系与家庭流变、农民工群体的代际分化上。2006 年下半年，笔者开始集中关注农民工家庭，这主要来自一个富有感情记忆的触动或者机缘：2006 年暑假，笔者在北京市丰台区京温大厦附近做农民工调查，当时的京温大厦及其周边是农民工的一个集中地和流动中心，每天上午总有来自北京其他城区的农民工来此处批发百货，他们的典型标识是每人手提三至四个黑色大塑料袋。满眼望去，来来往往中，他们拖着大袋子，沿着台阶走下来走上去，公共汽车站旁边似乎站立了无数个黑色的袋子。因为袋子有点沉，总有一些人在台阶旁边拖着袋子休息，顺便吃点面包、喝点矿泉水。而大厦里面的销售者，一般是租赁小摊位的商家或者雇员，当时笔者将注意力集中于讨论城乡之间的观念认知差异，希望以北京人与外地人二度区分的方式来进行调研。一个令人惊异的现象是：当时大厦里接受调查的群体，按照血缘关系和地缘关系组成了小群体，每一个纵向摊位系列的销售者大多是来自一个或者几个家族，或者是来自一个村落、一个镇的群体，他们很娴熟地说着方言，甚至在笔者做调研的时候，一个问卷的填写也要推举一个"有文化"的人来做，旁边的人在谈笑中围观着。相对而言，北京本地人在大厦里几乎寥寥无几，完全处于"弱势地位"。这种现象引起笔者对家庭迁移这一问题的注意。

因此，从 2007 年春节开始，调研团队开始对农民工家庭进行访谈，累计获取家庭个案 10 余个。2007 年至 2014 年，结合笔者每年关于农民工的调查项目，家庭个案数量增加到 30 个左右，2015 年、2016 年、2017 年和 2018 年笔者陆续带着中国农业大学传播学专业的学生，在"传播研究方法"课程的课堂上、小学期进行农民工家庭访谈，经过连续十余年的积累，农民工家庭个案数量超过 100 个。每个个案的文字篇幅在 5 000 字至 15 000 字左右，均采用面对面方式进行采访、用录音笔记录（并保留录音的原始记录）、再进行文本记录的形式，采访次数一般 2~3 次，每次的采访时间 4 个小时左右。需要说明的是，这些案例侧重点有所不同，因此，笔者在撰写本书的时候考虑到篇幅详略的问题，仅仅选择部分典型案例进行具体描述，其余案例仅作为背景资料或者观点呈现。为了标示资料获取的时间顺序，所有案例均依照采访年代来进行编号。还需要说明的是，部分年代久远的案例，比如2006年、2007年的案例，其中有后续跟踪采访的，则后续跟踪采访的内容依然保留了原有的案例编号。

参与式观察法：参与式观察一部分是配合个案访谈实施的，一部分是深入家庭进行记录的。这部分的材料主要来自笔者自2006年以来在做农民工调查中积累下来的资料，以及笔者在中国农业大学传播学本科研究方法授课时学生所撰写的参与式观察资料，主要集中在2012—2018年之间。

上篇

陌生的希望：
家庭迁移 VS. 策略选择

插图：敖松

我们不知道我们的孩子将继承一个怎样的世界,但我们不能再欺骗自己去假定我们的世界中令人宽慰的部分一定会在他们的世界延续。

——托尼·朱特《事实改变之后》

第一章　生存导向：家庭策略

家庭策略（family strategy）的概念来自西方家庭史的研究，是指家庭及其成员的决策过程和决策时机，家庭策略是家庭决策的表现，诸如谁在家庭决策中起主导作用？各个家庭成员在决策过程中分别在多大程度上和以什么方式最终影响了家庭策略？家庭生命历程理论（family lifecourse research）、家庭危机理论（family stress theory）和家庭生态理论（family ecology theory）都会涉及家庭策略问题（樊欢欢，2000）。布迪厄在《实践感》中指出，一些群体为了生存和延续，通常会发展出一些策略，特别是以家族、部族等血缘为基础的群体。这些策略维持着继承的权利和特权，或为了扩大传承到下一代，集团整体会采用生物学的再生产诸策略，比如结婚策略、教育策略、育儿策略和继承策略等。结婚策略是确保家系的再生产以及劳动力再生产的方式，这是最直接的角色，而教育策略是以家庭内文化资本的继承为目的的。"每一场婚姻游戏的结局取决于当事家庭拥有的物质和象征资本，以及生产工具和丁男资源，而丁男资源被视为生产力和再生产力，旧时还被视为战斗力，故而又被视为象征性力量；另一方面取决于这些策略的责任人最佳利用该经济和象征资本的能力，而对（最宽泛意义上的）经济逻辑的实践掌握则是生产被集团认为是'合理的'并得到物质和象征资产市场客观法则认可的实践活动条件。"（布迪厄，2012：268）

本书的家庭策略是指家庭成员有组织的尝试和努力，其目的是维持或者提高他们的集体状态，其中最重要的家庭策略是生存策略（切尔，2005：18）。家庭策略本身，不仅仅可以帮助家庭在一个新的环境中获得更好的发展，同时也会影响其他群体。换言之，假如有更多的家庭进行同样的选择，那么家庭就不仅仅是以单一的个体在发挥作用，也可以导致市场的变化，乃至于文化的变化。诸如家庭策略对住房市场的影响，就是一个很好的例证。

从社会历史发展来看，家庭策略的选择首先是生存选择。亚里士多德在《政治学》一书中区分了两种家计形式：一种是获得财产的自然手段，是人们凭借天赋的能力获得的生活必需品,这种财富有助于家庭团体。后一种获得财产的手段是获得金钱或者货币的技术,是人们凭借某些技巧获得的非必需品。这也是后世的人们认为财富无止境的观念的由来。梅因在《古代法》中指出,人类最初是分散在完全不同集团中的,这种集团由于对父辈的服从而结合在一起。法律是父辈的语言,但这些语言多少带有一些神秘性和自发性。除了父权之外,他们还来自一个主权者,因此这些法律语言被预设了一个联合体的存在。如何认知古代社会与现代社会的区别,可以从法律语言进行辨识。"一个古代社会的单位是家族,而一个现代社会的单位是个人……"(梅因,2015:83)由此而言,原始社会是一个许多家族的集合体,但是这里的家族与现代意义上的家族并不完全相同,是指因吸收外来人而不断扩大的团体。涂尔干认为,从前人与物缔结的关系超过了与人的关联,家庭是围绕家庭财产这一物组织起来的,对个人的考虑处于次要位置。而现在"我们与家庭捆绑在一起,只是因为我们依恋自己的父母和孩子"(桑格利,2012:4)。人与物之间的缔结关系,在传统社会中基于生存的需求和社会地位的诉求,在组成家庭的过程以及组成家庭之后家庭所采取的决策方面占据了主导地位。

追溯历史,对中国传统家庭观念冲击最大的力量来自19世纪和20世纪之交,新文化运动对于家庭本位这一观念的反思与批判较为犀利,就其表面而言,这种批判与反思似乎针对中国传统社会的弊端,但其攻击的目标在言词上多集中于旧式家庭。陈独秀在《新青年》上针对中国传统社会的家庭宗法制度进行批判,宣扬个体本位主义。他在《青年杂志》上写道:"西洋民族以个人为本位,东洋民族以家族为本位。西洋民族,自古迄今,彻头彻尾个人主义之民族也。……举一切伦理、道德、政治、法律,社会之所向往,国家之祈求,拥护个人之自由权利与幸福而已。思想言论之自由,谋个性之发展也。法律之前,个人平等也。个人之自由权利,载诸宪章,国法不得而剥夺之,所谓人权是也。人权者,成人以往,自非奴隶,悉享此权,无有差别。此纯粹个人主义之大精神也。……所谓性灵,所谓意思,所谓权利,皆非个人以外之物。国家利益,社会利益,名与个人主义相冲突,实以巩固个人利益为本因也。……宗法社会以家族为本位,而个人无权利。一家之人,听命家长。……欲转善因,是在以个人本位主义,易家族本位主义。"(陈独秀,2001:70-71)。中国以家族为本位的策略,以及家长制的权力系统对家庭中个人的选择带来了较大的控制力度,走出家庭成为近现代中国青年人与当时的中国传统社会观念之间决裂的一种形式。但是婚姻制度并没有在合法性层面得到有力的变革。出走的青年人,依然是传统家庭制度中的一员,婚姻制度以及家族制度的强有力约束,在经济、社会和文化层面的对选择的限制,并未因为个人的出走而有所触动。简而言之,20世纪前半叶的中国社会,原有的家庭制度始终处在统治地位。

1949年之后,尽管中国人的婚恋观发生了变化,但是以家庭为生产单位的形式并没有发生剧烈变动,家庭联产承包责任制的成效也论证了这一点,小农家庭是"一个集生产、消费、教育、抚养于一体的社会基本经济细胞,土地是这个细胞的经济命脉,男耕女织是它的基本经济结构,它具有持久的稳定性、分工的自然性、决策的灵活性和权威性"(应星,2014:56)。城乡的流动对小农家庭带来了预料不到的冲击。原来家庭成员之间的关系,不仅在地理空间上发生了变化,在家庭内部的交往模式上也带来了不可逆转的转型。无论是分居式的家庭还是流动型的家庭,对家庭成员而言,家庭模式的变化导致家庭文化本身发生了裂变。

就中国农民家庭来说,1950年的婚姻法与土地改革几乎是同时出现的。土地改革开始在农民家庭之间重新分配土地,婚姻法也开始实行,这一点与恢复当时农村社会秩序的行政与社会需求是相呼应的。改革开放在农村的发端,首先是通过土地承包制度尝试着恢复农民家庭作为经济决策场所的功能,这一改革尝试为后来农村家庭经济在社会层面的其他分化带来了较为长久的影响。从此,家庭取代集体,逐渐成为农民从事经济、社会、文化活动的单位。1982年的人口普查显示,97%的中国人生活在两亿两千万个家庭之中,其中60%的家庭每户至少有5人,9 000万超过退休年龄(女55岁,男60岁)的人中有400万人依然在工作,1 100万人领退休金,绝大多数中国老年人要由子女或者亲属赡养,家庭组织在当时中国人的生活和消费中依然占有中心位置。就中国农村家庭而言,2000年核心家庭比例从1990年的69.88%下降到66.27%。直系家庭和单亲家庭则有所上升,直系家庭从1990年的22.46%上升为24.83%,单人家庭从1990年的6.09%上升为7.52%(王跃生,2009)。虽然家庭组织依然占据中心位置,但家庭内部的劳动分工在社会变革的思潮中开始出现了摇晃,摇晃主要基于城乡之间人口流动的状况,其中农民离开土地,进入城市打工,对原有家庭内部的劳动分工形成了较大的冲击。20世纪80年代末期,少部分中国农民在市场化开启的潜在可能空间中,寻觅到了流动生活的机会。他们尝试着离开家乡,从乡镇再到大城市,从此拉开了农民流动的生命历程,同时也开启了逐步瓦解中国农村原有社会秩序、进而冲击中国城市社会秩序的过程。

研究表明，就迁移与家庭决策关系而言，迁移是家庭资源分配的一部分，外出流动的决策主体是家庭，外出动机是以收入为首要目标。作为利益共同体的家庭，劳动力外出就业行为主要取决于家庭决策，个体在这种决策中扮演着服从于家庭的次要因素（杜鹰、白南生，1997：43）。农村劳动力外出是解决农民就业和农户收入增长的主要途径，返乡创业对于农民工家庭而言，依然只是一种梦想（白南生、何宇鹏，2003）。谭深则不完全赞同上述观点，她认为政治、经济和社会的变迁也会引发家庭关系和性别关系的衍变，而农村劳动力大量的流动既是变迁的结果，也是变迁的动力（谭深，1997；2004）。尽管已婚农民外出打工最明显的取向是经济性的，但是打工的非经济动机却始终镶嵌在家庭之中（王绍琛、周飞舟，2016）。中国农民在外出中，其劳动力资源的配置和重新配置过程不仅仅是一种个人行为的结果，更多地表现为家庭集体行为和集体决策的结果（李实，2001）。而农民工外出的主要因素在于家庭结构、家庭经济和家庭策略的差异。对于已婚农民家庭的外出流动而言，家庭作为一个单位比起个体作为一个单位而言，在制度上和经济上更有分析的意义（罗小锋，2010：73-78）。

那么，外出打工者的经济动机主要来自个体还是家庭策略呢？从目前研究来看，家庭作为决策者占主导地位，但事实是否如此呢？格尔茨曾经说过："常识作为人类文化最古老的街区之一，它虽不是很规律、不是很一致，但却已经跨出了小胡同和旮旯角儿挤成的迷宫，开始迈向某种不再那么随性多变的形貌，我们可以说它特别清楚地揭示了推进这一发展的驱动力，那就是把世界看清楚的欲望。"（格尔茨，2016：92）因此，笔者这一部分试图拨开改革开放以来似乎人人都可以感知到，都可以触摸到，甚至都可以参与其中的农民工群体身上的迷雾，从家庭策略的角度，对他们的家庭在流动中的形态和模式进行描述，从这种描述中进行层层剖析，观察这些家庭成员在外出流动中谁的决策占了主导地位？其决策的导向是什么？

作为"边缘人"的第一代农民工家庭模式，学者指出以分居为主要特征，这种分居情况有五种表现模式：单身子女外出型；兄弟姐妹外出型；夫妻分居型；夫妻子女分居型；全家外出型（李强，1996）。在笔者所追踪的个案中，率先从农村出来从事非农职业活动的农民，首先是在附近的集市上，其次才是冒着被驱逐的危险到较大一点的城市打工。早期外出的家庭成员的流动，逐渐形成了两种家庭模式,即两地长期分居模式和血缘地缘流动中的"临时家庭"。

一、自发流动与两地长期分居模式的形成

20世纪80年代末期,第一批外出打工的农民(工),无论在城市还是在乡镇,都意味着与原来的社会联系之间的中断。这种中断的期限与环境有较大的关联性。拥有相同家庭文化观念的人,一旦分开,被放置在不同的社会环境中,他们便会以不同的生活方式生活。换言之,对于留在农村的家庭成员与离开农村外出打工的家庭成员,在城乡迥异的环境中不同的生活方式由此诞生了。但是家庭成员的分离,并不意味着家庭本身的"分离",虽然在空间上分离了,但在情感上他们仍然把自己视为一家人。情感的延续或者保持使他们突破了社会时间和地理及社会空间的"障碍",形成一种"时空共在"的家庭模式。吉登斯认为这主要是因为前现代社会与现代社会计算时间空间的方式发生了变化。前现代社会中,计算时间是按照日历,日历可以说是农业国家的独特发明。构成日常生活基础的时间计算,总是将地点和时间联系在一起,同时这种联系也是不确定的、总是处于变化中的,什么时间与什么地点相关联,是需要一定的社会空间标记的。机械时钟的发明将时间从空间中分离出来,时间-空间的这种关系转换与现代性是相一致的。时钟同时也导致了世界范围内时间的一致性与空间的"消失性",时间在标准性的规定下被虚化了,在时间虚化的前提下,空间也被虚化了。吉登斯指出,前现代社会中地点与空间是一致的,在前现代社会中,由于空间是依靠地点来界定的,地点又是依靠场所来确认的,因此人们在社会空间中是依照在场(presence)呈现出来的。在现代社会中,通过缺席(absence)这一状态,地点变得不是那么确定,空间与地点之间发生了分离。时空分离(span of time-space)意味着一种新的秩序的产生。人与人之间的社会关系也从彼此互动的地域性关联中、从对不确定性的无限穿越而重构的关联中脱离出来。可以说,现代性的动力机制派生于时间和空间的分离和它们在形式上的重新组合,正是这种重新组合使得社会生活出现了精确的时间-空间的分区制,导致了社会体系的脱域(disembedding)。并且通过影响个体和团体行动的知识的不断输入,对社会关系进行反思性定序和再定序(吉登斯,2000:14-18)。

进入城市打工的农民,从前现代社会的时空中被"抛进"现代社会的时空中,他们与原有社会的时空关系被重构了。原本的身体共同在场变成虚拟的共

同在场，他们依然共享同样的家庭观念，却不得不应付着周遭的环境，形成诸多不同于来源地的生活方式，同时也不得不面临来自家庭内部"分裂式"或者"间歇断裂式"关系的挑战。换言之，来到城市的农民工，在家庭模式上面临两种困境，一种是前现代家庭观念与城市家庭观念之间的冲突，另一种是家庭内部劳动分工带来的冲突。这两种冲突或者困境造成了农民工进城之后家庭策略选择的第一种形式：自发流动与两地长期分居的家庭模式。

农民外出打工，意味着原有家庭成员与家庭之间暂时或者长期分离模式的形成。那么，从何种意义来理解农民外出这种行为呢？笔者认为可以从理性选择的视角出发进行分析。首先，科尔曼的理性选择理论是建立在新古典主义经济学基础之上的，该理论假定人类行为是人类在寻求利益最大化和成本最小化时个体理性选择的结果（科尔曼，2008）。对于农民离开家庭外出打工这一行为本身，理性选择起着重要的作用。但并不排除盲目外出的农民，尽管是盲目外出，其目的也是很清晰的，就是改变家庭生活境遇，提高家庭生活质量。鉴于城乡二元格局的社会现实，农民的流动又是在城乡制度隔阂的前提下流动的，这种流动更多的是基于自发流动中的理性选择。换言之，他们的理性是朴素的理性，有着外出打工的自主意识，但同时这种自主意识在行为选择时又带有一定的盲目性。

哈耶克有一段关于"理性不及"和"过去经验"的论述，可以用在这里来描述第一代农民工家庭的特征："过去的经验业已融入我们的环境之中，因此，只有在我们对知识的解释包括了人们对这些环境所做的一些调适的时候，知识的增长与文明的发展才是同一回事。……我们的习惯及技术、我们的偏好和态度、我们的工具以及我们的制度，在这个意义上讲，都是我们对过去经验的调适，而这些调适水平的提升，乃是通过有选择地摒弃较不适宜的调适行为而达致的。它们是我们行动得以成功的不可或缺的基础，一如我们有意识的知识。需要指出的是，在这些构成我们行动基础的'理性不及'（non-rational factors）当中，并不全都会始终有助于我们获得成功。"（哈耶克，1997：24）这种自发流动带着尝试的过程，必然会带来两地分居的家庭模式，这一点在第一代农民工家庭身上呈现出较为突出的特征。

这里所说的第一代农民工及其家庭，是指20世纪80年代中后期至90年代早期来到城市打工的农民工群体。他们经历了城市社会对他们设置的制度性障碍带来的痛苦经历及其记忆，因此对城市居民的情感十分矛盾，对家乡的情感十分深厚，无形中还携带着一些怀旧的心理。

张某1995年独自到北京打工，2005年丈夫和儿子到北京一家团聚，儿子开了煎饼摊位，丈夫则在做环保工作，张某一直做绿化工作。长期的分居导致儿子与她之间的关系十分疏远，但夫妻之间的关系并没有受到影响，"为了生存"这个目标，这些家庭成员之间形成了一种奇特的生活关系。在分居的十年之间，张某的丈夫一直在家乡务农，他们认为，打工虽然很好，但是万一找不到工作了，还得回去，因此便在农村坚守，并陪着孩子长大。张某在城里的工作，一直就是绿化环保之类，中午休息的时候，她还会到附近的一家餐馆兼职两个小时，攒了钱，就寄回家，她每个月的生活费在200元。后来他们夫妻二人在某高校找到工作后，从来不去食堂，觉得太贵了，就在学校提供的六平方米的宿舍里通常煮点面条当午饭。（个案21）

丁某，1969年出生，家中兄弟四人均为农民，他从小就和父母及兄弟在田里干活，基本是从早上五点干到晚上七八点。他对于犁地、翻地、拔草、挑水等工作，感觉特别累。小学毕业后，他开始在家乡附近打工，第一家打工的地方是一家砂石厂，打工一年得到了80元钱。第一次打工回家串门中遇到了后来的妻子（1970年出生），她在家乡附近的砖瓦厂干活，工资是按日发放的，做一块砖头给五厘钱，勤快的日子里一天能挣两块多钱，有时候偷点懒就只有一块多钱。1991年，她21岁的时候跟丁某结了婚，后来丁某又到洛阳等地打工，丁某的妻子待在家乡，保持两地分居状态，直到1995年，她25岁来到北京与丈夫团聚。（个案28）

作为第一代农民工家庭，案例28中的主人公丁某与妻子分居期间，恰逢中国农村计划生育政策执行力度较大的时候。妻子当时怀孕了，因为村里要完成计划生育指标，而本来应该打掉二胎的家庭有村里的干部，于是他们未出生的孩子变成替罪羊。闻讯后妻子赶紧躲回娘家，那时候没有电话，妻子去邮局给丁某发电报，但是当时丁某在洛阳筛沙子，接不到电报。妻子躲了几天，没办法只好把孩子打掉了。分居期间的痛苦带给了这个家庭沉痛的记忆，家庭创伤如影随形。丁某由于当时无法在家乡陪着妻子，经常自责。家庭分居的代价，是这个家庭无法回避的伤痛记忆。

上述家庭中的分居模式，在中国第一代农民工家庭中是一种常态。夫妻二人在经历了五年十年甚至更长的分居生活后，尽管觉得生活艰辛，依然要共同生活在一起，用他们的话来说，就是"家庭，家庭，不在一起，叫什么家庭？"但是大部分第一代农民工家庭并不如他们这般幸运，大量的第一代农民工家庭处于长期分居状态，甚至长达20余年。在分居的状态中，他们与家庭之间的关系便衍生出了一系列新的社会现象：留守儿童、留守妇女和留守老人。

丁某和张某的情形几乎是第一代进城农民工家庭的通常境遇。第一代农民工进入城市的时候，城市社会对此并没有做任何准备，仅仅是采用一种政策边缘的无序化，或者边界化的防范式，或者消极的管理形式来应对。在这种被动管理形式中，第一代农民工的战战兢兢状态给他们的家庭也带来了一种防范性的色彩。因此，夫妻中的一方进城打前站，另一方留守在家乡，孩子也留守在家乡，一切都像是农村社会对城市社会一种小心翼翼的试探，在灰色地带的一种特有的中国式选择。这种选择是以理性小农的生存第一为原则的，因此分居就成了必然的一种选择。

生存本位主义下的家庭分居模式，对中国传统农民而言，几乎是历史上人口流动的一种复制。历史上的商人或者流民，本身就是这种分居式家庭的先驱。"只身闯江湖"虽然颇有个人英雄主义色彩，但反过来可以说，这种带有一点莽撞的"英雄主义色彩"则一定程度上帮助农民工家庭获得了经济地位以及更好的生存空间。

研究指出，第一代农民工家庭，尽管处于分居状态，但在此后五年左右的时间内，大多数家庭实现了完整的家庭化迁移模式。核心家庭平均需要1.6个批次可以完成举家迁移。近98%的核心家庭至多需要三个批次就能完成迁移，其中一半以上的核心家庭一个批次就完成了夫妻和所有子女的迁移，三成家庭分两个批次实现了完整的迁移。影响家庭迁移批次的主要因素之一是子女：无子女的家庭成员全部迁移最多需要两个批次，四分之三的家庭可以实现夫妻的同批迁移；但有子女的家庭成员的迁移则呈渐进式的特点，且分散于各个批次，一次性全部迁入城市的比例只有53.5%，最多则需要六个批次才能完成（多子女家庭）。在具体的时间间隔上，分两个批次实现家庭完整迁移的平均时间间隔为33.9个月，分三个批次实现家庭完整迁移的平均时间间隔都在39个月以上。整体来说，对于已经实现完整迁移的家庭而言，在第一批家庭成员进入城市以后，第二批成员和第三批成员平均都至少需要3年才能进入同一城市实现家庭团聚。所有家庭在流入地的平均居留时间为5.3年，家庭化迁移完整程度有一定的地区差异。整体来看，东部、中部、西部和东北地区的流动模式基本保持一致：无论在哪个地区，完整家庭式流动都占据主导地位（吴帆，2016）。针对东西部打工家庭的研究指出，在空间上高度分散，在共同的信念上高度统一，共财，但不同居，这是打工家庭尤其是中西部打工家庭最重要的外在特征。造成这样特征的原因在于，市场经济对于农村劳动力在地域上的分配。而之所以能呈现出如此高度的流动性和空间分散性，正是基于家庭成员稳固的亲缘及血缘的凝聚力。对于打工家庭而言，东部城市不能"落地"，中西部城市不足以"养家"。这样的宏观背景，使得因为子女结婚或者接受教育去家乡的城镇购房及陪读，成为打工者所经历的重要生活事件，客观上也成为中西部城镇积聚人气的重要力量。从打工者的生命历程来看，去东部大城市打工是打工家庭中的父辈参与城镇化的起点，而返乡——回到农村看守土地、房屋及孙辈——则成为了他们参与城镇化进程的终点。在这个过程中，成立了新家庭的子辈则要更加深入地参与到城镇化的进程中去，踏上属于他们的起点（王绍琛、周飞舟，2016）。

第一代农民工外出打工的收入，主要通过各种方式汇款给在家乡的家庭成员。外出农民工给农村家人的汇款，对于提高农村家庭收入起到重要作用；他们在外打工时间越长，对于提高农村家庭收入越是起到促进作用；在外打工的家庭成员越多，则农村家庭收入越高；农村家庭收到的汇款越多，对该家庭生活地位的评价越高；随着外出农民工年龄的增大，他们汇款的热情不是减少而是增大。与老家在乡镇、县城或在地级城市的人相比，家住村庄的农民工，更多地将自己的收入寄回家乡。与此相对应，农村家庭的人得到的汇款在家庭收入中所占比例也就更高。汇款确实可以起到将核心地带的收入转移到边缘地带的功能，换言之，可以起到缩小城乡差距的功能（李强，2001）。男性已婚者汇款数量显著高于其他类型的农民工，而全家一起外出的农民工依然定期给家乡汇款，这一点与教育程度关系较为密切（胡枫、史宇鹏、王其文，2008）。显然，汇款是自发流动的，并且是处于分居状态的农民工与家庭成员之间联系的一种重要形式，这种形式一定程度上提高了在农村家庭成员的收入水平，对他们的生活地位也带来了一定的影响，这也反映了农民工家庭外出打工的行为方式是基于生存本位的理性选择，这种方式也是其家庭策略传播的一种主导形式。

尽管如此，外出打工的行为方式所蕴含的理性选择意义下的生存本位主义在制度壁垒和政策模糊不清的状态下使得流动的自发性特点呈现了出来。但这一点，笔者认为与理性的选择行为并不矛盾。换言之，外出打工的农民工，是根据其所在的家乡、家庭的状况试探性外出的，这种外出的双重性特征在第一代农民工家庭的日常生活记忆中留下了不同寻常的印记。这些印记，既影响着第一代农民工自身的个体生活，也影响着他们的后代，即"80后"农民工（关于这一点，将在第二章进行详细论述）。

第一代农民工在城市里自发流动的生活状态，与当时的城市管理之间出现冲突的时候，他们便成为城市治理的目标。大多数第一代农民工都有半夜被城市治理人员敲门查询证件、逢年过节被驱逐的经历。这一点也造成他们与城市人之间关系的对立。

笔者的调查显示，农民工与城市人之间的对立在年长者之间最为突出。市民对农民工的总体印象中，不好的占到 55.6%，比较差的占到 9.4%，因为"流民潮"，城市居民对农民工的"第一印象"已经十分恶劣了。这种"印象"进而扩散到了整个流动人口群体。也就是因为"流民潮"的影响，整个流动人口群体在流入地居民心目中的形象就差了一层，从而形成了一种社会贬低性形象记忆（李红艳，2009）。这种对立和被驱逐的感觉，在营造了他们最早的城市生活记忆时，也影响了他们此后的养老选择或者定居选择。第一代农民工赚钱，就是为了在乡村的家庭，为了提升家庭成员的生活质量，盖房子便替代生存本位这一抽象的理念成为具体的目标。盖房子，不仅仅是第一代农民工的生活目标，第二代、第三代农民工依然保留着这种生活目标。可以说，盖房子是延续三代农民工家庭的核心目标。

在这样的目标支撑下，长期分居便不再是一个痛苦的选择，而是意味着家庭成员对家庭的一种贡献形式，这种"家庭贡献形式"一定意义上改变了传统家庭的功能。传统的小农家庭以生产功能为主，自己种粮、心中不慌，吃饱喝足的基本需求以及与土地之间的天然关联性都使得家庭的生产功能延续了中国几千年的小农家庭的生产模式，也带来了社会历史中人们对小农认知的基本定位。在1949年后的历次土地改革中，尽管农民与土地的关系被不断改变，但对家庭的生产功能定位始终没有发生动摇。

市场提供的潜在机会，自发自生的流动形式，实质上却改变了家庭的主要功能。生产功能尽管依然保留，却不再是主导功能，经济功能成为家庭的首要功能。这一变化势必对家庭观念的改变带来不可估量的影响。

家庭功能的变化带来的一个直接后果是，生存本位的含义发生了变化。赚更多的钱开始冲击家庭原来综合性的道德伦理内涵，在赚钱这一经济功能的支撑下，家庭成员之间的关系发生了几乎是不可逆转的变化。这些变化体现在以下几个方面：

首先，外出打工的家庭成员，在长期分居状态中，一方面在城市社会中受城市家庭观念的影响，另一方面受媒介所呈现的内容的影响，在行为和观念上出现了分离。这种分离所体现的形式在临时家庭这一模式中表现得较为充分。其次，长期分居中的生理诉求也导致他们的心理和精神出现了一些失衡状态。笔者 2008 年在奥运场馆工地上遇到了部分住在工地里的农民工，他们以男性为主，年龄在 35～40 岁之间（更年轻的不愿意在建筑工地干活），住在临时搭建的工棚里，由工地供应三餐。对他们而言，生活就是生存，生存也就是生活，遇到拖欠工资的情形时，更是雪上加霜。而其他家庭成员对他们的生存状况并不十分理解，即便是理解，也很难对此提出有帮助性的建议，或者提供现实的帮助。笔者在 2007 年的调查显示，57.1% 的农民工认为赚钱是其外出打工的目的，寻找致富信息与方法占 42%，而选择学习先进技术观念和开阔眼界分别占 25.9% 和 24.7%（李红艳，2009）。学者在对广东珠江三角洲地区的农民工进行调查后认为，农民工到城里打工的目的有两个：一是赚钱供子女上学，同时改善自己生活；二是学到技术，建设自己的家园（刁松龄，2007）。第一代农民工大多为徘徊型农民工。徘徊型农民工群体对自身的定位比较模糊，他们在一定程度上已经开始适应城市生活，自己也希望能够留在城市。但是，制度屏蔽和日常生活所遭受的个体歧视，使得他们对城市始终保持一种游离或者不信任的态度。而对于是否能永久留在城市，他们也没有太大奢求，但是又不愿意放弃在城市打工的努力和经验。第二代农民工则多为返乡型农民工，主要指"80后"农民工群体。虽然他们从小生活在农村，但是在他们身上中国传统农民的色彩已经消退了许多，他们中的绝大多数没有亲历家庭联产承包制实行初期的强烈兴奋，以及那个时期农村生活欣欣向荣的变化。相反，在他们的印象里，家乡留给他们更多的是一种日渐衰败的贫瘠回忆。返乡型农民工群体一般都有比较明确的打算和计划，即尽可能多地赚钱与学技术，将钱与技术带回家乡去供子女上学或者建设家园。

但是，与此同时，农民工被拖欠工资的情形始终存在。自 2003 年温家宝总理为农妇熊德明讨薪事件发生之后，全国出现了数起讨薪事件。2003 年 11 月，国务院办公厅颁布《关于切实解决建设领域拖欠工程款问题的通知》，强调"用

3年时间基本解决建设领域拖欠工程款以及拖欠农民工工资问题"。2006年,《国务院关于解决农民工问题的若干意见》正式出台,要求"抓紧解决农民工工资偏低和拖欠问题"。2011年,"拒不支付劳动报酬"被写入刑法。但拖欠农民工工资的现象仍然屡禁不止。2012年,我国农民工总量达26 261万人,其中,被雇主或单位拖欠工资的占0.5%。虽然,该比例较上年有所下降,但农民工基数庞大,拖欠农民工工资仍然是一个严峻的社会问题,由此引发的各类讨薪事件也引起了社会各界的广泛关注。2007年春节期间对皖籍农民工进行的调查显示,92.4%的农民工近三年遭遇过不同程度的欠薪;讨薪主要依靠自己解决,如上门讨要、通过法律途径追讨、通过政府出面解决等等;而讨薪有效率的只有41.8%(聂早早,2008)。《中国农民工问题研究总报告》中提到,"农民工权益一旦受到侵害,可能的维权途径大致有五种:一是与用人单位自行协商维权;二是向劳动保障部门投诉;三是请求工会调解;四是上访;五是请求仲裁和诉讼,或请求法律援助。以上五种方式都在一定程度上发挥着作用,但总体上看,由于法制不完善、组织不健全、没钱打官司等原因,侵犯农民工权益问题往往得不到及时有效的解决"①。

以家庭策略为主的个体流动与家庭流动,其目的都在于生存。

> 老家但凡能出来的都出来了,除了老弱病残,不少人都是干小吃店的,有什么办法呢?老家种地不行,不是地不好,都是水浇地,也不用交税纳粮,种一亩地国家还给补20块钱。但种地成本太高,种子、水电、化肥、农药都得要钱,辛苦一年,到头来除了赚一个肚子饱也就所剩无几了。这几年物价一直在涨,比如说蜂窝煤,山西是出煤的地方,"非典"前一毛左右,现在都涨到三毛多了,粮价也涨了一点,但种地的成本同时也在涨,早抵消了,收入根本没有提高,再加上孩子上学,生病看病,将来孩子讨媳妇更是一大笔钱,农村的生活水平一直在下降,只能出来打工了。②

因此,在制度许可的范围内,为了生存,农民工离开自己的家庭,独自到城市打工,几乎成为改革开放十年后城市社会中一个突出的社会现象。个案31中的保洁工一家人,也是这个时期来到城市打工的。

---

① 中国农民工问题研究总报告起草组.中国农民工问题研究总报告[DB/OL].(2008-07-21)[2022-01-09]. http://www.21gwy.com/ms/grjj/a/1215/431215.html.
② 案例来自笔者2007年8月16日在北京的调查资料。

个案 31 中的刘某及其妻子，在家务农无法养活孩子，在家附近打工收入有限，被迫离开家乡，来到北京打工。他们前后三次来北京打工，分别在 1996 年、2002 年和 2005 年。最后一次过来，一家人终于决定留在北京。

1996 年，丈夫刘某最早来北京打工，那时候没待多久就回去了。因为当时孩子才五岁，于是夫妻二人一起来到北京。

> 因为老家同村的人也有很多在北京打工的，在北京我们要互相联系着。不管是吃住，是生活上的事儿还是做生意都互相照顾着。那时候我卖菜。我在西客站旁边租了房子，西客站附近有个菜市场，每天在那儿卖菜。我和老家的人每天凌晨两三点就出发去批发市场批发菜。批发市场离我住的地方挺远，骑三轮车大概有 40 分钟。到了批发市场就挑菜、跟人讲价，说好了价才装上车。差不多了，就回菜市场，到菜市场的时候差不多已经六七点了，就开始卖菜。租的摊位，差不多一个月给别人三四百块钱，每天就能在那个摊位上卖。每天这样，早上起来，进菜卖菜，来来回回。有时候挺累的，但是每天能挣一百块钱，刨除本钱、吃喝、租房，能剩下五六十，当时已经算挺多的了。

半年之后，因为租住的房子太小，生活成本太高，孩子又太小，也找不到工作，刘某的妻子就带着孩子回家乡了。刘某在北京待了一年多，也待不下去了。因为当时同乡来的人有的回家去了，有的干别的去了，只剩他一个人还在卖菜。

> 一个人干着卖菜的活，干不下去，为什么呢？因为我每天两三点都要走夜路去进菜，路程比较远，还要路过一个偏僻的地方，那个时候总是有人劫道，如果跟同乡的人一起走好，大家伙人多，不害怕。他们都去干别的工作了，只剩我一个人走夜路，好害怕，时间长了就干不下去了。只能回家又种了几年地。

刘某的妻子回老家之后，一个人既要带孩子，又要干农活、做工挣钱，"我真是什么都干了，要种六七亩地。他家里的地没多少，就租别人家的地"。第二年过年时，刘某回到家乡。孩子七八岁的时候，两人借钱把村里的房子装修了，在原来的平房上面又建了一层，变成两层。这次装修让这个家庭又欠了一万多块钱的债，为了还钱，两人没有停止过卖命干活。

2002 年，儿子快十岁的时候，夫妻二人在经济压力下，再次外出打工。

"我们种棉花，打药太多了，有时候打药打得人都受不了。还有虫子，有时候又怕棉花长得不好，心里总是着急，可紧张了。种棉花我还会，知道怎么种，可是田你去哪找。"靠天吃饭，心里总是紧张，不如来城里打工舒服，"到城里，再怎么着也比种地合适吧"。两人就把孩子寄养在大伯家，再次来到北京打工了。但是由于担心孩子的学习，刘某的妻子再次回到家乡。回到家乡之后，她得知老家人种的棉花都很好，没有虫病又好卖。而两人之前都在老家种地时，虫害特别多，要打好多的药。刘某觉得很后悔，认为不该出来打工。刘某的妻子回到家种地、做小工，租了别人家的地，自己种十几亩，农活不忙时还在窑厂干活。夫妻两人一个在老家，一个在城里，一年之后把一万多块钱的债还上了。春节时刘某又回到了家，俩人一块干活。

2005年3月18日，儿子12岁，要上初中了。二人第三次来到北京打工，继续做保洁员。两人下班后还会捡瓶子卖钱。儿子要上高中了，刘某的妻子回家一边陪着儿子，一边继续干农活，一年收入6 000块钱。夫妻两地分居，刘某每两个星期往家里打一次电话。

笔者在这里所说的自发流动，对于家庭而言，是一种策略，也是一种生存的选择，更是家庭模式的一种被动形成过程。到城市打工的第一代农民工家庭自发流动的背后，是一种无奈之中的市场化选择。上述个案31中的家庭在城乡之间来回奔波，奔波的行为背后的动力源自改善家庭经济状况。中国的农民群体，在改革开放之前，在制度规制和政策设定的乡村社会秩序中，始终处在一种安贫乐生的生活状态中。20世纪90年代开始兴起的打工潮，在不同地区，尤其是村落，产生的效力并不是很大。当时城乡之间的差异，不仅为户籍制度所限定，还为更多的人为因素所设定。因此，第一批离开家乡、离开家庭外出打工的农民，其选择本身就是一种理性与非理性之间的冒险。一方面他们是理性的，因为外出打工者根据他们所获得的信息，可以帮助家庭获得更好的经济收入，提升家庭成员的生活水平。另一方面，他们又是非理性的，外出打工，在他们眼里仅仅是一种抽象的想象，在这种想象中有几个因素被忽略了或者被低估了，例如：一是打工应该打什么工？二是在一个陌生的地方如何生活？三是去哪个城市打工？在上述问题尚不清楚的情况下，他们一般会根据亲戚老乡等的外出打工经验，来到一个对他们来说完全陌生的城市。据笔者在北京的调查显示，外来农民工基本都来自北方地区，以山西、河北、河南等地为主，其中一个重要因素便是地理距离比较近，方便回家。

自发流动与长期分居的状态，形成了第一代农民工家庭的主要特征。生存第一的原则，在他们看来就是为了家庭，分离是必然的。带着生存第一的原则，他们在流动中选择，在选择中又不断流动。他们的下一代，也在流动中出生，在出生中流动，即便是上学了，依然还处在漂泊状态。家庭的分离与孩子的留守和流动之间形成了改革开放后前15年（1978—1993年）中国农民工家庭的主要特征。

处于迁移不同阶段的农民工家庭面临不同的"成本-收入"约束，其中定居城市的决策阶段是农民工家庭向城市迁移过程中的最艰难阶段（孙战文、杨学成，2014）。社会理性是农民工家庭化迁移的重要动力机制，社会理性驱力具体如：（1）家庭化迁移以农民工满足核心家庭成员生理或情感上"失依"的需求为潜在激励的社会理性驱力。（2）家庭化迁移以农民工强化亲缘关系支持、构建城市社会网络支点为潜在激励的社会理性驱力。（3）家庭化迁移以农民工"用脚投票"寻求与城市居民同等身份待遇、摆脱城乡二元体制排斥为潜在激励的社会理性驱力（熊景维、钟涨宝，2016）。当前人口流动家庭化有以下几个特点：一是在无法实现一次性全部迁移的情况下，夫妻率先共同迁移是家庭的优先选择，然而在家庭不具备夫妻共同迁移的条件下，丈夫率先流动的比例更高。二是夫妻共同迁移有利于子女随迁。三是对于多批次进入城市的家庭，第一批家庭成员进入城市后，平均至少需要3年才能迎来第二批家庭成员。四是家庭化迁移的程度越高，持续留在城市的时间就越长。五是迁移距离和迁入地的生活成本直接影响了流动家庭迁移的家庭化程度（吴帆，2016）。农民最初选择离开家乡的方式依靠的是血缘和地缘，即老乡和亲戚，其中地域选择导向并不显著。他们将乡村社会的熟人关系延展到城市社会中，一些"城中村"现象就是这样出现的，又或者是迫于乡村社会关系或者管理、政策方面的压力被迫出来的，如计划生育政策等的限制等。无论采用了哪种方式，他们事实上都摆脱了曾经自动继承的完整的乡村社会关系网络。与这个社会关系网络逐渐发生疏离的同时，他们开始在城市社会中以消费者和被消费者的角色进入了这个看起来很陌生的消费社会中（李红艳，2016）。

二、血缘地缘流动中的"临时家庭"

1990年以来，农村家庭的功能与1980年相比，并无显著变化。但鉴于中国农村东部、中部和西部经济发展不平衡状态，家庭功能渐渐出现了差异。

在中西部地区，家庭的生产功能占据主要地位，而在东部经济相对发达地区，家庭的消费功能渐渐生长出来，生产功能渐渐消退。与上述所说的农民工家庭的生存本位主义的选择结合起来，家庭功能的转化朝向了两个方向：一方面是经济功能，即生存本位理性选择下的金钱导向；另一方面是消费功能，即生存本位理性选择下的消费意识的兴起。金钱导向和消费意识的兴起，二者可以说是一个硬币的正反两面。对于第一代农民工而言，工作之余日常生活的需求选择，便呈现为一些灰色地带，即外出打工的人们在临时的社会空间中，形成了临时的家庭形式。这种家庭形式，甚至不能称之为家庭，笔者在这里姑且将其称为临时家庭，分为两种形式，一种是城市空间的临时家庭形式，这些临时形成的家庭成员在农村各自有自己的家庭和子女。两地分居无法满足他们日常生活的家庭诉求，身体可以触及的空间成为他们满足需求的选择范围。

对临时家庭的发现，来自笔者一次偶然的观察。笔者居住的小区，当时还没有通地铁，离最近的地铁站有 2 000 米左右。因此小区门口常年停留着一些黑车。司机们坐在车里，开着车门，或者抽烟，或者彼此大声聊天，令人印象深刻。有一次，笔者在小区门口打车，等了很久也没有打上车，决定坐黑车。这是一辆小货车，司机是个 30 岁左右的男性。他的妻子孩子都在乡下，因为有两个孩子，在北京生活成本太高，自己一个人在北京打工。他居住在北京郊区的一个农民工集聚点，下班后大家都回来了，生活有些照应，也不算寂寞，就是生理需求没法解决。所以，就有临时家庭的形式出现了。值得关注的是，这些临时家庭并非是固定的临时家庭形式，往往是以多人组合的临时家庭形式呈现出来的。

笔者到司机所说的居住地点考察过：该地处于城乡接合部，类似于城中村，他们集中居住在平房里面，水房、厨房和卫生间公用。由于女性比较少，临时家庭的形式中往往是由几名男性和一名女性组成的。笔者和其中一名中年女性聊了聊，她的丈夫孩子都在家乡，一年回家一到两次，有时候觉得实在太辛苦。"上班回来也没人说话，挺孤单的。和大家在一起，可以说说笑笑的，晚上时不常还可以解决生理问题。"笔者问："如果怀孕了怎么办？""那就生下来呀。"临时家庭的孩子并不会破坏各自的家庭结构，生下来后大多数被丢弃，或者送养。为什么不送福利院？他们说，"没法送，手续太多啦，就趁着晚上悄悄送到福利院门口，起码知道孩子还活着。孩子能够长大就行了，以后给别人啦，也不用再去找了"①。

　　城市空间中的这种临时家庭，严格意义上讲并不是临时家庭，而是几个人搭伙过日子。逢年过节的时候，大家各自回家，就像是漂泊在外的家庭成员，最终要回到原来的地方一样。他们能否回到原来的家庭中，很大程度上取决于原来家庭的丈夫或者妻子在乡村的留守情况。

　　这一类的临时家庭，可以说是外出农民工群体在城市社会中寻求生理和心理满足的途径。这种途径对中国传统家庭观念和结构均产生了较大冲击。这种临时家庭的形式，表面上来看是家庭在分居状态中一种暂时的非正常的生活形式，究其实质则是家庭的经济功能与生活功能之间分离的"畸形"产物。

　　家庭生活在学术研究中往往会被理想化。尽管家庭生活中存在温情脉脉的紧密关系和相互照顾的基本模式，但是这些都是以家庭的经济功能为基础的。换言之，经济资源是这些关系得以存在的前提。外出打工的农民工，是家庭经济资源的提供者。在分居的情形下，提供家庭经济资源的一方，在经济上处于优势地位，在家庭关系上也占据优先的选择权，经济平等在家庭内部与社会平等之间产生了不对称关系。研究指出，对于家庭的财政实践而言，在获得收入的劳动与收入的使用之间产生了分化。伴侣中的一方在日常生活中对金钱进行管理，通过购买食物和家庭供应品来满足家庭的需求，而伴侣的另一方则决定在日常生活所需品应该分配多少钱。这种特定的财政关系表明了一种分工关系的现实，即通常妻子的责任是金钱管理，而丈夫的典型特权则是财政控制（切尔，2005：141）。在农民工家庭分居的状态中，如果一方在农村留守并照顾孩子的话，财政控制权便掌握在外出打工的家庭成员身上。在大多数家庭中，一种理性的经济策略便是对男性家庭成员的收入侧重强调，因为这种方式被证明是家庭收入最大化的一种形式（切尔，2005：142）。本研究中，外出打工的农民工之间男性与女性的比例出现失调的情形，一定意义上也说明了上述观点。对于一些从事特殊职业的农民工群体而言，如建筑行业，这种情形则更为普遍。笔者2008年期间曾经在奥运场馆建筑工地做过调查，建筑工人集中居住在工地的临时帐篷里，一天三顿饭都在工地上吃，生活空间和工作空间几乎重合，一周只有半天休息时间。在他们看来，养家糊口就是家庭的一种模式。父亲的身份更多的是一种经济学的术语。因此，在有限的休息日里，在保证可以为家庭

---

① 资料来自笔者2016年暑假在北京的调查资料。

提供稳定收入来源的情形下（这种责任感与孩子的出生关系更为密切一些），在城市生活中他们更多地"自行决定"自己的生活方式，可以将家庭问题暂时搁置起来。

>我的工作很辛苦，为了孩子也没办法，年龄大了，也没其他的选择。
>
>换工作不容易啊，因为学历不高，可以做的工作不多。

一位女性，也是临时家庭的成员，觉得这种家庭形式也没什么不好的，各取所需而已。城市中临时家庭形式的参与者，以第一代农民工为主，主要是"60后"和"70后"。随着家庭的团聚和孩子的长大，这种临时家庭的形式便逐渐解体了。

同样的，留守在乡村的妇女，在家庭长期的分居中面临着多重困难。一方面她们成为留守家庭的一员，另一方面她们在乡村生活的重新组织中也形成了临时家庭。留守家庭与临时家庭，作为社会变迁中两种异常的家庭形式，呈现出较为复杂的文化和个体特征。

从传统文化视角看，女性留守在农村，男性为打工支撑家庭是一个自然而然的选择。第一代农民工外出打工，男性为主。彼时的农民工基本都已经成家立业，上有老下有小，是家庭的顶梁柱。在男性外出打工成为支撑家庭经济的主要生产时，女性便承担了多重责任：抚育孩子、照料老人，成为留守家庭的支柱。

丈夫长期在外打工的话，以留守妇女为主的家庭会从以夫妻为核心的家庭关系逐渐演变为以纵向的以代际关系为基础的家庭关系，丈夫在家庭生活中的缺席使得所有的家庭日常问题都成为妻子一个人需要面对的问题。留守妇女年龄集中在36～45岁之间（占54.8%），她们在农村从事的职业以农业为主（占76.5%），其兼业活动主要集中在一些零散性工作中，如农忙时做农业工人、做点钩织活儿、到毛织工厂工作等。有47.0%的留守妇女选择与子女同住（叶敬忠、吴惠芳，2014：69-71）。

无论是城市中的临时家庭还是乡村里的留守家庭，都是建立在上述长期两地分居家庭模式基础之上的产物。当家庭成员在较长时间和空间内没有面对面的接触，无法共同面对一些日常事务和基本的生活诉求的时候，家庭这种形式本身便出现了变异或者异化的可能。本研究并不关注家庭自身的内因，而仅仅将研究视角集中在流动空间与城乡时间差异这一视角上，由此凸显出来的变异或者异化家庭便是上述文本中所提到的将生存本位作为家庭策略导致的现象。这种现象，哪怕是临时的，都是对乡村传统价值体系的一种冲击或者改变。第一代农民工家庭的下一代，在这种冲击下，已经不再处于变异或者异化家庭中，即便是在制度壁垒和教育获得差异存在的前提下，他们的个人励志与家庭诉求都发生了质的变化。

小结

帕森斯对家庭结构用洋葱原理来进行解读，他认为，洋葱结构的中心是由两个家庭群体组成的。第一个是由个人加上他的父母以及兄弟姐妹组成的群体，也即起源家庭。第二个是对于大部分家庭成员而言占据了其部分生命阶段的，即由个人加上其配偶以及子女组成的，也就是个人的定位家庭。其他的亲属关系构成了洋葱结构的外层。这些处于外层的家庭成员，一般只会在婚礼或者葬礼上出现。在这一洋葱模式中，个体的定位家庭在个体的成年时期具有最高的优先权（Parsons，1970）。生存本位视角下的农民工家庭的策略选择，因为建立在家庭经济考量的基础上，在改革开放初期他们的流动行为就其实质而言是一种家庭自救行为。这种自救行为在家庭流动中的表现形态为以家庭为计算单位的一种经济利益和家庭资源的整合。这种整合可以将其定义为家庭合作模式中的经济选择，其中定位家庭起到了关键作用。

外出的农民工家庭成员，以牺牲与其他家庭成员之间的亲密关系为代价，在物质和精神上承受着双重的压力。这一分析视角与功能主义的视角有些类似，在功能主义视角下的家庭，是一种满足某种功能的结构。在20世纪中期之前，这一功能主义的定义颇为流行，其概念主要来自马林诺夫斯基、乔治·彼得·默多克（George Peter Murdock）以及后来社会学家伊拉·瑞思（Ira Reiss）。该家庭定义的核心强调家庭存在于人类社会中履行某一项维系社会生活的基本功能的结构含义（切尔，2005：12）。但是生存本位主义并不仅限于强调家庭的功能，更强调家庭成员之间的互动与交易行为，比如汇款行为、返乡行为等。

流动家庭的农业/非农业户口性质与家庭团聚和分离的关联不大，家庭成员的个人因素，如良好教育、较高收入、流入时间长等，都有利于家庭团聚（张展新、侯亚非，2010）。就迁移倾向而言，对于一个家庭而言，究竟谁留守、谁外出，主要是由家庭成员在迁移动机、资源获取、知识、迁移机会和体力等能力上的差异造成的。在以生存为主导意义的家庭策略选择中，男性外出者占绝对多数，但也有少部分家庭是男性留守家庭，女性外出打工。性别差异在家庭外出的策略上是有一定作用的，但是个人在城市的社会资源以及家庭成员自身的能力、在家庭中的地位起到了更大的作用。

农民是一种非常艰苦但却是人们所喜爱和可以培育强烈道德优越感的职业；农民的社会-经济状况是令人悲哀的，农业的前景看起来是昏暗的，它找不到值得信赖的保护者（孟德拉斯，2005：228）。因此，在市场对农民提供了一种可以替代的职业，而政府或者相关组织又没有对农民劳动提供足够的经济补偿和道义支持时，农民工家庭所面对的，不仅是为了经济策略而进行选择，还包括基于不同行业不合理收入、不公正待遇以及对现状不满等因素的综合考量。

本章的研究表明，第一代农民工家庭，在家庭外出策略选择上始终是以家庭为单位进行决策的。在决策中，性别差异并不突出，决策依据是以家庭成员自身的能力和社会资源来决定的。在结婚之前，一个核心家庭的夫妻二人通常会各自外出打工，其外出的社会资源主要依托于血缘关系和地缘关系。婚后则主要围绕孩子以及大家庭的情况对打工的情形进行调整：孩子小的时候，通常由妻子留守在家。孩子上学之后，夫妻二人如果有老人看护孩子，便会独自外出打工；如果没有其他家庭成员帮忙看护孩子，则带着孩子外出一起打工。妻子一个人独自留在家里带孩子，即留守妇女与留守儿童群体也会存在，但通常取决于两个因素：一是家庭成员外出打工的经济支撑能力较弱；二是家里有老人需要照顾。如果将这两个因素搁置的话，夫妻二人在自发流动、长期分居之后，通常会选择共同外出打工。但这种家庭策略的选择主要取决于生存本位主义下的选择，带有较大的被动性与自发性。

概括而言，理性不及的家庭策略选择是以生存为第一原则的。活着才是鲜活生命个体所进行的首要选择。活着，在农业社会中是有限的资源选择。一个在乡村社会中处于弱势地位的家庭，无法在有限的资源中获取更多的家庭资源，只能带着些许冒险精神，奔向一个陌生的希望，这个陌生的希望能带来什么呢？

第二章　职业导向：家庭生产

在中国文化中"个体"不具有合法性与精神性，而只被当作一个"身"。于是，由个体决定而不是由他人制约的"心"就很容易变成"私心"，而这个"私心"仍然必须在人情的磁力场中以"借力打力"的方式发挥作用。换言之，本来是可以很正当地谋取自己权益的行为，在这种安排下却变成不是光明正大的行为，而且在人我界限不明朗的情形下往往还会损害别人的利益。在中国文化里，个体的"自我"肯定必须借助别人的表态，因此，做"好人"，正是为自己赚取"道德上的优越性"之最佳方法（孙隆基，2005：21-22）。这一点也正是许烺光先生说的情境中心的人际网络特征。由于中国人习惯于用人与人之间的关系去定义任何一个"个体"，"因此就倾向于把单个的'个体'当作是没有合法性的，由此延伸，'局部'的利益在'整体'面前也是没有什么合法地位的"（孙隆基，2005：15）。这一点，在家庭模式上体现得更为突出。

从城乡视角而言，在农村，生产是以家庭为单位的，家庭生产大于个人生产。因此，个人对家庭的依赖性远远大于个人的自主性。费孝通指出，乡土社会中，人与空间之间的关系是不流动的关系，而人与人之间在空间的排列关系则是孤立和隔膜的。"孤立和隔膜并不是以个人为单位的，而是以住在一处的集团为单位的。"（费孝通，1984：9）这种孤立和隔膜是就村落与村落之间的关系而言，但由于人口流动率较低，社区之间的往来自然会稀少一些，因此，"乡土社会的生活是富于地方性的。地方性是指他们生活范围有地域上的限制，在区域间接触少，生活隔离，各自保持着孤立的社会圈子"（费孝通，1984：10）。对于进入城市的农民而言，不仅熟悉的村落消失了，社区关系、家庭关系也暂时缺失了。在这一刻，他们其实是无可选择的：家庭本位抑或是个人本位，都无法抗拒生存的需求。

当不同的家庭成员分别在农村与城市时，这种家庭模式便共享了一种家庭文化。但由于环境的原因，家庭成员选择了不同的生活方式，这是一个家庭类型。而当不同的家庭成员分别出来打工，但是却在不同的城市之中时，只有一些约定好的时间，比如春节，他们才会回到共同的家乡，这种家庭模式则是另一个类型。团聚模式则是第三个类型，是指不同的家庭成员都离开家乡农村到同一个城市打工，他们虽然在一个城市里打工，但也分两种情况：一种是居住在一起，另一种是由于工作性质不同，在城市中分开居住。他们的这种迁移性或者流动性的状况，可以称之为边缘人状态，但是即便是这种边缘人的状态，也会随着环境的变化而间歇性地缺失（许烺光，2017：14）。边缘人的诉求，除了生存本位之外，随着时间推移，职业意识开始凸显出来，笔者将其称之为职业本位主义。职业本位主义的选择，背后隐含的是家庭本位与个体本位之间的潜在冲突。与第一代农民工外出打工不同，第二代或者第三代农民工外出打工，动因变化不大，但追求经济收益的信念却没有父辈那般坚决。他们认同城市的生活方式，相信自己能够把握住镶嵌于社会结构之中改善个人命运的机会，直到他们组建家庭、生育子女，他们心中的事业才会从模糊的追求个人的发展转到家庭和下一代身上，像他们父辈所做的一样（王绍琛、周飞舟，2016）。

本章通过三种模式，即农村与城市临时分居模式、城市分居模式（城市之间或者同一城市内部的分居模式）和城市团聚模式，对农民工家庭模式进行职业本位意义上的分析。需要说明的是，这一部分所说的家庭模式，与生存本位主义的家庭模式区别如下：生存本位主义的家庭模式更多集中在第一代农民工家庭中，职业本位主义的家庭模式则集中在第二代农民工、第三代农民工家庭中。

一、农村与城市临时分居模式

许烺光先生在 1953 年出版的《美国人与中国人》一书中曾经引述了 1948 年刊登在华北某家报纸上一家人的故事。在天津的某河岸，有人发现了装有女性衣物的包袱，一桩奇闻面世。原来十年前，张某携妻子离开家乡前往东北，靠挖煤为生。1946 年张妻离世，张某就地将其埋葬。后因内战爆发，煤矿关闭，张某决定返回家乡。但是他不愿意把妻子的遗骸留在东北，于是从坟墓中挖出遗骸，将其包裹起来，与三个孩子一起回家，三个孩子分别是 11 岁、8 岁和 7 岁。由于无力支付全程火车票费用，一家人只好从长春徒步到沈阳，走了 300 多公里，又从沈阳乘车 60 多公里向西到达新民，然后徒步 500 多公里到唐山，再接着搭乘一列免费的运煤火车走了 120 公里后到达天津。在行至最后

200 公里路程的时候，一家人在火车站附近露宿，但是小偷把装有遗骸的行李偷走并随手将遗骸丢弃。张某发现遗骸丢失后，求人写了寻物启事，张贴于火车站附近。此后警察在河边发现一具女性骸骨，张某闻讯赶过去确认是他的妻子。政府当局基于公共卫生的理由要求他将妻子就地埋葬，他严词拒绝："埋在这里是不可能的。即使我同意，我的儿子们也不会同意。我千里迢迢把她带在身边，每夜都枕着她入眠，我并没有生病！"最后，当局只好同意让他带走遗骨。走之前，张某还向警方要回了用于确认他妻子身份的一缕头发和一颗牙齿，说："下葬时她的身体必须完好无损。"（许烺光，2017：23-24）

60 多年后的 2005 年 1 月，《南方周末》报道，鉴于一起外出打工的老乡病死了，为了给他的家人一个交代，湖南老汉李绍为背着尸体，上火车、赶公交，辗转千里返乡。直到在广州火车站被警察发现，这惊世骇俗的一幕才得以终止。"我把他带出来的，当然要把他带回去，活要见人，死要见尸。"在背着尸体辗转近千里的过程中，李绍为没有感到一点害怕，"他是我的好朋友，是很熟悉的，我又没害他，做鬼了他也不会害我的"。"叶落归根，入土为安。我们农民辛苦一辈子，最后就想买一口好棺材，回到熟悉的田地里。"44 岁的当地村民左家喜说。虽然在城市和部分农村实行火葬，但报道主人公所在的整个福龙村生活比较传统，办丧事基本都是土葬，坟地一般在村后荒凉的小山上，所以对耕地没有什么影响，村里和乡镇也不会来干涉。福龙村 532 人主要有两大家族，一个姓左，一个姓吴，还有几户是水库移民杂姓。记者在走访了福龙村 20 多位村民后，发现这些村民都能理解并同情李绍为，对背尸还乡的行为持认同和赞成的态度。但村里的年轻人已经开始渐渐接受城市生活的观念。23 岁的左云福——死者左家兵的儿子——并不认为非得把父亲的遗体运回老家才行，"在城市里火化，这样处理比较妥当、方便"。左云福那时正在深圳一家玻璃钢装饰公司打工。

这两个类似的案例发生的时间相隔了 60 多年，其中由于迁移带来的观念变迁则值得深思。60 多年前张某外出打工，由于战乱返乡，一家四口是聚在一起的。60 多年后李某外出打工，同乡客死异乡，无奈背尸返乡，却由于与死者家属就如何处置死者的劳动报酬以及医疗处置权利而发生了观念上的冲突。同样是迁移，对家庭而言，一个是全家外出，一个是老乡结伴外出。从这一背景出发，笔者在这一小节将就农民家庭在城乡迁移中的分离模式所导致的家庭观念的变化趋势进行分析。

农村与城市临时分居模式，主要是集中于第一代和第二代农民工家庭。与上一章所说的两地长期分居模式不同之处在于，农村与城市临时分居模式的形成与原有的家庭形态有直接的关联性。同时，农村与城市临时分居模式更多地集中在20世纪90年代之后进城的农民工家庭中。换言之，这部分的农民工家庭夫妻以"80后"为主。他们的父辈一部分是第一代农民工，另一部分则是一直在农村务农的农民。这也意味着，他们中的一部分人是中国第一代留守儿童。

农村与城市临时分居模式，是流动中的农民工家庭的过渡形态，但也是一种必然的形态。在生存为首要前提下，家庭尽管"被考虑"在打工的职业选择中了，但是城市中的多元陌生化还是远远超过了流动农民工家庭的整体想象。在现实中，往往会出现一个家庭的多层次形态：农村与城市的分居形态、不同城市之间的分居形态、同一城市之间的分居形态。尽管笔者在文字中做了区分，但在经验的发生过程中，这些模式往往是交织在一起的。因此，笔者将对某一家庭的"突出部分"进行分析，先从一个案例中的人生故事说起吧。

这是一个重组家庭，两个儿子一个女儿；大儿子、女儿已成家。目前母亲、小儿子、女儿都在北京打工，大儿子之前在北京打工，结婚后在家附近的县城打工，父亲则就近务农（个案6）。

在这个重组家庭中，夫妻二人均为小学文化，是来自同一个村落的农民。原本他们都在村里务农，闲暇之余在附近的县城打零工补贴家用。在与丈夫陈某再婚之前，妻子武某有过短暂的广东打工经历。

> 那时工资低，挣的钱差不多够来回车费，算上在那边的花销，钱没赚着，反而赔了不少。不过也算是出去过一次，见见世面吧。

再婚后，她就和丈夫一起干起了运输。因生意还不错，即使看着周围的邻居外出务工赚了不少钱，也没动出去打工的念头。2011年6月，女儿在北京生孩子，产后没人照顾，她就从四川赶了过去，照顾女儿坐月子。因为家乡生意不景气，武某和丈夫商量后，就决定到北京打工，从此开始了两地分居。

武某先在同乡的介绍下去职业介绍所找工作，后来在家政公司里做钟点工，每月工资2 500元左右。

> 公司老总是个"80后"的娃娃，还很年轻，每次见面都大姐大姐地叫我，特亲切。我们的待遇也很好，一个宿舍就住四个人，有电视，有热水器，还有冰箱，冰箱里的菜也不用我们自己买，缺什么，他们就直接买好

了。老总说了,他这几年没打算赚钱,就是想先干起来,让更多的人知道。听说他还打算后面自己建学校,让我们的孩子上学。住宿生活条件比以前好,在外面待着也不觉得孤单。以前在家吧,生个病什么的,也没谁管,在这(北京)病了吧,周围的人还老惦记着,连着好几天都问你好点没,心里暖着呢。我们周日不上班,闲了还可以跟一块儿住的几个姐妹或者老乡出去转转,日子过得也挺好的。

陈某和大儿子一家继续留在家中,妻子也曾建议他来北京打工,但他不愿意:

> 2007年的时候,我去过北京[当时他是送小儿子去北京读职高,也打算在北京找活儿干,但是他在北京干得不开心,好几份工作(建筑工地的)都是只干了几天就不干了,后来简单在北京玩了几天,他就回家了]。那里太大、太乱了,去那儿什么人都不认识,干活还得看别人脸色。还是在家好,自在,熟人多,你看她(他妻子)去北京后的两个月,我在家也轻松赚了2 000多,差不了多少,干吗跑那么远呢?

二人各自在家乡和北京打工,处于分居状态,但是收入并没多大差异。这也是二人对定居在何处无法达成一致的主要原因。

这种分居状态也延续到了下一代身上。他们的大儿子,初中毕业后,跟着父母做运输的生意。2003年,他跟着亲戚到北京打工,在一家超市做搬运工,一个月700多元。2006年后,他白天在超市工作,晚上去超市老板开的一家网吧做网管,拿双份工资,一个月能挣3 000多元。2007年,他将妹妹介绍进超市当服务员,也让弟弟进网吧工作。

当弟弟妹妹都在北京工作后,大儿子回到家乡四川结婚。为了照顾家,他就留在了家乡,在家乡附近的工厂做工人。

> 待遇不错,离家也就十几分钟的路程,厂里又有熟人,有照顾,就去干了。(个案6)

这个家庭目前的状态还是乡村与城市的分居状态,母亲、女儿和小儿子在北京,父亲和大儿子在家乡。家庭的这一选择,与职业的选择和小家庭的组建有很大的关系。女儿在北京打工,结婚成家,定居北京。母亲跟着女儿迁移后,觉得可以找到不错的工作。而小儿子也跟随哥哥在北京打工,大儿子则是回到家乡陪在父亲身边。

该家庭的迁移或者流动过程,"折腾"了几十年,依然处在"折腾"中。这几十年,也是改革开放逐渐深入的过程。他们从农村到城市,再从城市到县城,从一个城市到另一个城市,再从城市回到家乡。其选择回到家乡或者留在某个城市的原因,职业因素占据了很大比重。而对于一个家庭而言,父母对子女的考虑则更占了更大的比重。

城乡分离家庭,其最终的结局并非都是在城市里打工团聚。其中一种结局是返回家乡,一家人团聚。笔者 2007 年调查时遇到一个 18 岁的青年人,他初中毕业后一直在家里干农活。2006 年底跟着老乡来到了北京,在某高校里卖现磨的豆浆。

> 我来北京就是为了赚钱,现在就想着多挣点钱可以回家。我们一家四口人——父母和哥哥都在老家务农,我想干完这一年就回老家去。我已经办了健康证,健康证的有效期是一年,所以我准备把这一年干完就回去了。我觉得待在北京没意思。①

十年后笔者再联系他的时候,他已经回老家结婚生子了,在家乡开了一个小店,对生活很满足。

另一种结局则是最终在分居 5~10 年,甚至更久时间之后一家人才团聚。但是这种团聚仅仅是指夫妻二人和未成年孩子的家庭。孩子一旦成年或者一旦离开了学校,比如 14 岁之后,尽管是未成年,他们也会选择跟着老乡亲戚朋友到另外的城市打工。其中也有一部分选择与父母在一个城市打工,但是并不会居住在一起了。

这种临时分居的家庭模式,在"80 后"的家庭中比较常见,他们的父母以第一代农民工为主。父母的打工行为,主要是围绕着孩子的诉求而来的,"80 后"家庭的子女成为父母外出打工的决定因素。而"80 后"农民工家庭的选择中自发流动的因素几乎消失了,他们更多地开始思考自己以及家庭的未来,潜在的职业规划和未来设想开始进入他们的视野中。

二、城市分居模式

城市分居模式是指一家人离开乡村外出打工,由于各种原因,家庭成员分

---

① 个案来自笔者 2008 年 12 月在北京的调查资料。

别居住在不同的城市或者居住在一个城市的不同区域，呈现出家庭城市分居模式。形成这种城市分居模式的基础，大多源自就业状态的诉求，而非一种完全自愿的选择。在这种家庭模式中职业本位主义体现得更为突出。

一家人外出打工，为什么不选择在一个城市？或者在一个城市里打工，为什么不选择居住在一起？这两个问题的答案，毫无疑问与职业选择紧密关联。与生存主义本位不同在于，职业选择不是自发，而是基于职业目标的。也正是出于这个原因，即便是同一个家庭里的成员外出打工，也会去不同的城市。有时虽然会在一个城市，但由于工作性质，他们却无法居住在一起。城市与城市之间的分居模式，跟乡村与城市的分居模式的本质区别在于，职业本位主义的选择远远大于生存本位主义的选择。对中国农民而言，城市社会在他们的眼里是完全生疏的一个世界，没有任何社会资源的他们，只能依靠"职业"选择城市，而不是将家庭成员"共同生活"作为首要的选择理由。

研究表明：第一，城市农民工的职业流动、工作变动是比较频繁的；第二，农民工通过初次职业流动，实现了地位的明显上升；第三，城市农民工的再次职业流动地位变化微小，尽管频繁更换工作，但地位的总分值只有微小上升；第四，无论初次职业流动还是再次职业流动，城市市民的地位上升都高于农民工。城市市民获得社会地位的渠道是多元化的，诸如，政治的、权力的、声望的、职称的、学历的、学术的等诸多方面，都是市民实现地位上升的重要渠道。然而，对于城市农民工来说，实现地位上升的渠道却比较单一，他们只能通过经济上的成功即经营上的成功，实现地位的上升；由于渠道少，上升的机会自然也就较少（李强，1999）。同时，农民工职业流动呈现如下特点：职业流动以水平性流动为主；职业流动频次不断增加，而流动中则缺乏相应的社会资源；男性较女性更容易流动，而且职业集中在体力劳动行业中（周运清、王培刚，2002）。第一代农民工与第二代农民工相比较，第一代就业更看重经济利益，第二代就业则更看重个人发展，但无论是出于何种动机，他们的职业更替都处于平行移动状态（许传新，2010）。此外，第一代农民工在选择职业时，家庭因素的影响力远远大于第二代，而对第二代农民工而言，尽管社会环境的因素在不断增大，但家庭的因素依然占据着首位（田艳平，2014）。鉴于水平的职业流动状况，即便在一个城市里打工，他们还是选择了分居的形式。分居的原因很复杂，但缘由大多类似，即所供职的单位是否提供住宿。如果他们所供职的单位提供住宿的话，家庭的分居便是必然的选择。

改革开放后服务业的兴起，为进城的青年农民工提供了更多的就业机会。这些就业领域的工作时间是灵活的，多数情形下服务业的员工住宿由工作单位承担，大多为几个人合住在单位提供的集体宿舍中。这些人中有很多都是已婚员工，从而形成了城市之间的分居模式。

>小郑生于1997年，在北京一家咖啡店做服务员，来自河南某村。他所在村落的村民主要以种地为生。他出生后，父母便开始陆续外出打工。父母都是农民：父亲有兄弟三人，一个妹妹，三个兄弟的学历均是初中未毕业；母亲家里也是如此，两个兄弟，一个姐姐，文化程度均为小学毕业或者初中肄业。小郑的父母婚后种着四亩多地，只能维持温饱。迫于生计，1998年，一家四口踏上了去新疆务农的道路。在新疆待了六年之后，一家四口返回家乡。回到家乡之后，父母二人开始经常处于分居状态。父亲在家乡附近的一家工厂上班，住在集体宿舍；母亲在另外一个城市打工，也住在集体宿舍中。小郑兄弟二人由爷爷奶奶和姥姥姥爷轮流照料。后来发觉北京打工赚钱较多，夫妻二人便结束了分居生活，于2005年赴北京打工。由于文化程度低，又没有一技之长，二人先是在同乡工作的餐馆一起打工，后来又到一处建筑工地干活。父亲做搬运工，工作难度低但工作强度大，每天工作总时长加起来有十个小时之久，每月可以拿到2 500元的工资。母亲则是在同一的工地里做绿化工作，工资有1 000多元。夫妻两人就暂住在工地提供的宿舍里。随着物价上涨，父亲在工地的工资最高时每月也可以达到将近8 000元。但是他们觉得在北京工地上打工，住集体宿舍太辛苦了，又回到家乡。父亲用攒了几年的钱在家里买了一个水泥罐车，送水泥用，每个月有10 000元的收入。母亲在超市做收银员，每个月有3 000元的收入，最终结束了在城市中的分居生活。（个案18）

小郑初中肄业后，希望将来自己开咖啡馆，独自在北京打工。有了职业目标，他的脸上洋溢着灿烂的笑容，城市生活在他父母眼中的艰辛与不易，在他的眼中则象征着未来与希望。

同一城市内部的分居模式比较典型地体现于下面这个案例。夫妻二人自从来到北京打工，始终处在分居状态。同一个城市对他们而言，依然像是两个分割的空间，他们的生活被异化为两个不同的维度。在这两个不同的维度上，他们就像是失去了保护色的两个"孤零零的人",在城市这座孤岛的两侧,定期相聚。

  夫妻二人,均是第一代农民工,54岁左右,小学文化,来京18年。妻子来京是因为弟弟在北京读大学,她去北京觉得可以有个照应,工作是保姆,帮人带孩子。但那时丈夫留在老家。妻子过了一年多才回老家。后来和丈夫一起外出到成都打工,尽管挣钱少,但起码可以不分开。因为拖欠薪水,已在北京工作的弟弟让姐姐又回到北京打工,夫妻二人再次处于分居状态。妻子在北京陆陆续续当过保姆,做过清洁工、裁缝等。后因雇主帮忙,丈夫也从家乡到北京某酒店做服务员,夫妻二人城市与家乡之间两地的分居生活结束。

  但是,二人在北京并没有一个固定的住所。妻子做家政,一直住在雇主家里,丈夫则在妻子工作地点附近租了间七平方米左右的地下室,房租每月两百块,他一直住到了现在。丈夫平时的工资除了话费、车费、烟费和生活费,都交给妻子,再由妻子寄给孩子。来北京打工至今,他和妻子相处的时间一直不多,基本都是分开的状态。半个月或者一个月见一次面,见面也就半天,像是赶集一样。(个案1)

个案1中的妻子与丈夫,妻子的工作决定了她只能居住在雇主家里或者集体宿舍里,而丈夫为了省钱,也不愿意租一个大一点的房子。同一城市内部的分居模式在夫妻二人的打工模式中体现得十分明显。

这种基于职业选择的分居模式,从表面来看,似乎是一种职业本位主义的凸显,其实依然是生存本位主义下一种自救意识的直接反应。这种反应是以舍弃乡村生活的舒适性和家庭团聚为代价的,其中的无可奈何则十分明显。

无论是城市之间的分居模式,还是同一城市内部的分居模式,其主要的因素都在于职业类型,也有着农民工为了省钱而放弃了家庭团聚。当工作可以解决住宿问题的时候,家庭本身已经被搁置了。但是,职业流动本身的分居与生存本位主义下的分居是有差异的。生存本位主义下的分居,主要是以生活底线为第一的;而职业流动本身的分居则是基于对工作本身的一种选择。被调查者总是不经意地提到雇主或者老板对他们的态度问题,这一点也是他们辞职比较频繁的原因之一。通常来说,在城市打工的农民工,从第一代开始总是不停地在换工作,他们会对雇主提出各种各样的意见,继而干脆利索地转身离去,就像是"抛弃"城市生活本身一样。在他们看来，城市便如职业一般，可以随时随地地撤换，随时随地搁置或者是悬置。家的感觉在城市里是没有的，所以分居在他们看来，也是临时的状态，尽管这种状态可能延续十多年，但他们依然无所畏惧。

三、城市团聚模式

研究指出，举家迁移的农民工家庭进城务工时间较长，其城市的社会网络规模也普遍大于非举家迁移者（李强，2014）。其中，个体特征对于城镇农民工迁移模式的影响最大，工资收入是决定性因素（高健、张东辉，2016）。收入水平越高的家庭和主事者年龄越大的家庭，越不愿意在大城市定居；而社会资本越多和对家庭历史自评等级越高的农民工家庭，则越期望在县城以上城市定居（甘宇，2015）。随着城乡之间流动的加速与改革开放所带来的市场化意识的普及，新一代农民工，尤其是"80后"以及"90后""00后"的农民工，他们通常都是初中毕业或者肄业后跟随家人或者亲戚老乡到外地打工。打工的职业类别非常"随意"，与个体的社会关系网直接相关。一旦有了其他的工作机会，他们便会毫不犹豫地更换城市、更换工作。他们结婚主要还是采取回到老家经人介绍的形式，有少部分农民工与同在一个单位打工的老乡或同事相爱组建家庭。组建家庭后，通常女方会留在家乡，待生育后，二人便一起外出到同一个城市打工。这样的婚姻关系，使得跨户籍婚姻成为一种现实。相关研究指出：第一，处于社会经济资源优势地位的农民工更可能实现跨户籍通婚；第二，跨户籍通婚农民工的婚姻策略呈现出由传统向现代的转变；第三，跨户籍通婚使不同性别农民工婚姻匹配的向上流动特征显著；第四，跨户籍通婚并没有显著降低不同性别农民工的婚姻质量；第五，未婚农民工的跨户籍通婚意愿较强（靳小怡、张露、杨婷，2016）。

只要在同一个城市工作并可以居住在一起，对农民工家庭而言，是最幸运的一种选择。这一类模式越来越常见。其中婚姻形态对家庭是否可以团聚起了决定作用。城市团聚模式，在第一代、第二代和第三代农民工家庭都存在，第一代农民工家庭的城市团聚一般要花3~5年的时间，该模式在第二代的农民工家庭和第三代的农民工家庭中是最为常见的模式。

先看一个第一代农民工家庭的案例。这是关于一个水果店店主李女士的家庭故事（个案25）。她小学三年级就离开家乡，当时在北京30年了，可以说是

"老北京人"了。夫妻二人结婚后在家乡种地,尽管土地数量不少,但是赚钱很少,于是毅然带着孩子来到北京。"我不愿意给别人打工,我们刚来就是骑着三轮车卖水果蔬菜,总要躲城管,很辛苦。"这样干了十年,他们发现有一家卖饼的店倒闭了,就租下了这家店卖水果,受访时已卖了二十年。"现在有了自己的店,每天坐在店里只是清货和算账,舒服多了。"他们租住在水果店后面的房子里,有两名雇员。李女士虽然小学没毕业,算术可是一流。她一边与笔者交谈,一边称重、算账,一气呵成。水果店每天早晨 6~7 点开门,晚上 12 点左右关门。夫妻俩凌晨 1 点钟睡觉,早上 5 点起床(因为水果上货的时间是早上 6 点)。李女士的外甥女是大学生,帮他们在店里设置了支付宝和微信支付形式。正是有了这两种支付方式,李女士的店更招年轻人喜欢了。截至采访时间,这家店已经使用电子支付四年多了(个案 25)。

在城市团聚的农民工家庭,究其实质而言,一定意义上实现了从乡村到城市之间的自我身份转向。他们的家庭模式已经与城市家庭区别不大,但家庭却依然处在城市的边缘状态。在城市团聚,则意味着逐渐接受城市的基本特征。有部分农民工,单身的时候外出打工,结婚后便夫妻二人一起外出打工。

个案 35 中的夫妻便是如此。杨某夫妇分别出生于 1975 年和 1973 年,杨某家中有一个哥哥。杨某初中退学后,跟着舅舅到北京打工,1994 年因为没钱回家而在北京过了第一个春节。1998 年春节杨某回家的时候,媒婆介绍了邻村的刘某和他认识,第二年春节两人完婚。因为家庭条件不好,1993 年杨某的大哥结婚后家里已经凑不出彩礼了。杨某拿出从 1993 年打工攒下的所有积蓄做彩礼。刘某家里也准备了嫁妆,一台长虹 25 寸彩电、一辆自行车和一台缝纫机。结婚后,因为经济问题,杨某单独回到北京打工,刘某则跟着自己的姐姐去了广州、深圳等地方做生意。2001 年 5 月,刘某来到了北京,开始在北京工作,二人团聚(个案 35)。

这种在城市团聚的方式,在第二代农民工("80 后")和第三代农民工("90 后")群体中表现得较为突出,其中,男性从事的工作集中在物流、IT、制造业以及物业管理中,女性从事的工作则集中在服务行业中。

城市团聚模式,在第一代、第二代农民工家庭中比较普遍,无论是经历了长期分居还是临时分居,他们总会不断调适工作,最终一家人在某一个城市中定居下来,实现团圆。但是这种团圆,并非总是长久的团聚。有部分农民工家庭,在经历了定居城市的生活后,最终返回家乡。也有部分农民工家庭,在城市购置了房产，定居在城市。更有部分农民工家庭只是看着后代在城市里出生，长大，读书，打工，在他们看来，这就是他们的未来。家乡在他们的记忆里，处于摇摆不停的状态中。如果说家乡是根的话，这个根也是断断续续的、柔柔弱弱的，他们与土地之间的联系越发松散，甚至消失。

小结

对中国传统家庭类型的研究指出，中国传统家庭结构可以分为汉型、唐型和汉唐折中型。汉型家庭集中在汉代，以核心家庭为主；唐型家庭集中在唐代，以主干家庭和共祖家庭为主，宋代以来的家庭则多以核心家庭为主，是折中型的家庭（杜正胜，1990）。对当代农民工家庭的研究指出，在一户核心家庭中，从事建筑等行业的成员一般是青壮年男性，女性劳动力会在农村经营农业，如果家庭中的子辈尚未成人，女性则需要承担起抚育子女的任务，同时还要照料父母。女性劳动力独力耕种农业，仅仅在农忙时期才需要男性劳动力的辅助。这是他们最典型的家庭合作与生产的模式，打工经济总是与家乡的庭院经济紧密配合在一起（王绍琛、周飞舟，2016）。新一轮移民的主体是离乡进城打工的农民，这些自愿性的经济移民大体可分为两类。第一类是进入城市经商和开办企业的工商业者。改革开放后，随着计划经济体制逐渐转向市场经济体制，原先受到遏制的商业贸易得到政府的鼓励，城镇作为商业贸易的集散中心吸引了大批外来的商人、摊贩和企业家。这些人成为改革开放以后最早的城镇新移民。他们在新移民中的人数比例不高，但在加速移民进程中所起的作用极大。第二类是为了增加经济收入而自愿进城打工的农民工，他们不是城镇的长久居住者，而是"流而不迁"的暂时居住者（俞可平，2010）。

现代社会与传统社会的一个区别在于，将市场经济中有偿劳动与家庭生活中被视为"爱的劳动"的无偿工作进行区分，这种区分对男性和女性有着不同且不平等的意义（切尔，2005：168）。"当代中国人在亲属间的密切情感和利益联系，同时源于中国文化关于亲属责任、义务及亲情的内在逻辑。……但是这种'前现代模式的残余'与传统相当不同的是，人们在其中发展并保持了自身的主体性。在这个充满风险和各种不可预知的转型时代，密切的亲属关系显然有助于那些脱离了'单位制''集体化'的人们，成为他们的依靠。"（唐灿、陈午晴，2012）

本书研究认为，第一代农民工家庭是采用理性选择的行动模式、从自发流动到无序流动的迁移中获得家庭的经济资本的。在长期分居的家庭模式中，一开始他们寻找工作部分采用的是血缘地缘的模式。随着时间推移，在对城市社会的逐渐探索和模仿学习中，他们开始建立属于自己的关系网络，这些关系网络与他们从乡村社会中所沿袭下来的关系网络不同之处在于，"新的关系网都是个体通过选择而不是继承而建立的"（阎云翔，2012：14）。继承性的关系主要是以血缘和地缘为基础的，选择性的关系则比较复杂一些，包括了功利性的需求、个性化的需求和新的人际关系建构的需求。就家庭的变迁史而言，"一个家庭是由处在不同人生阶段的多位家庭成员所组成的，这些家庭成员年龄各异，并且处于不同的心理和生理的发育阶段，他们也有着各不相同的需求和期望。同时，家庭的生命周期也随着社会的变化而变化着"（茹科夫斯基，2015：17）。无论是长期分居，还是临时分居，抑或是城乡分居还是城市分居，一个家庭的单元都不仅仅是以核心家庭为主的。在代际绵延中，由于孩子的问题，将很多个家庭合并起来，构成了一个多元化的复杂家庭关系，这一点在第三章关于家庭的代际更替中将会有更为详细的描述。

笔者从2010年开始，直到2018年，一直在北京郊区针对四五十岁的农民进行就业观念培训。培训中发现，农民对职业的诉求处在比较盲目的状态中。当由于外力的因素，比如拆迁、土地流转等因素影响他们不得不离开务农行业的时候，他们对如何寻找一个新的职业充满了担忧：首先担忧年龄、学历；其次担心工作地点与家的距离太远；再次担心工作的性质。具体说到他们希望做什么工作时，他们并不十分清楚。如果家庭经济需要，就能做什么做什么。如果家庭经济状况处于理想状态，他们便希望能从事自己想从事的职业，但这个职业究竟是什么呢？依然是未知数。

进城打工的农民工，也面临同样的情形。在生存本位主义让位于职业本位主义之后，农民工家庭的第二代或者第三代成员，在父辈职业的"偶发"选择基础上，职业诉求的意识开始萌动。与父辈不同的是，作为打工家庭的第二代或者第三代，家庭完成了早期的经济积累，父辈们还在继续打工，第二代或者第三代外出打工的前提发生了改变，乡村社会就业供给市场的不完善成为他们进入城市的主导因素。值得关注的是，这种职业流动的选择是在经济因素为辅、个人选择为主的情形下进行的，迫于生计的因素依然存在，但是被弱化了。

与家庭决策本位意义下的外出打工者的动力不同，新一代农民工外出打工，更多的是个体的决策，而不是家庭的决策。但这种个体决策，是建立在父辈解决生存本位问题基础的。可以说，这里的职业本位是在以家庭为单位的前提下界定的，也可以说是家庭策略的一种影响结果；但是以个体为单位进行考量的话，则是个体进行自我选择的一种结果。本书在这里选择以职业本位主义来进行定位，主要采用的是与生存本位主义相对的一个发展性概念。在家庭现实中，二者是一个过程的两个不同的阶段或者层面，生存本位主义中包含了一定的职业本位主义因素，而职业本位主义中则附带了生存本位主义的影子。对于农民工家庭的策略而言，随着农民工家庭第一代收入的稳定，子女的职业选择中，个人选择意向所占比重不断增大。但这也只是一种隐性的趋势，部分农民工家庭的第二代依然在父母的依托下，寻找工作，并一起生活。至于第一代农民工家庭的后代出来打工的最深层原因，将会在第三章得到更为详细的描述和分析。

第三章　文化选择：家庭养育

家庭的功能在社会生活中是多方位的。对于家庭内部而言，责任与义务是相对等的两个概念范畴。这一章节从家庭义务等级的视角，对家庭的抚育与教育传播进行论述。

珍妮特·冯驰（J. Finch）指出，英国有五条关于家庭义务的规范性指导方针：第一，考虑他人是指谁，尤其是考虑他们在家谱序列上和你是什么关系；第二，考虑你是否应该特别注意和某个人保持良好的关系；第三，考虑你和他们在过去是否有某种形式的交换；第四，考虑某人从你这里接受帮助是否会扰乱其家庭关系中那种依赖和独立之间的平衡；第五，考虑你在此时对这个人提供这种类型的帮助对于你俩来说时机是否合适。但是这些原则在实际运作时，很少有人会认真遵守，因为"家庭优先权是以个人的方式来解释的，它们不可避免地要受到个人周围文化的影响"（切尔，2005：57）。与义务对等的责任，是要依靠承诺来兑现的。承诺是某种义务的体现，之所以会有承诺，是由于人们在过去接受了某些类似义务，个体因此有了对他人履行某种行动的义务。"因为人们通常有多重承诺，所以他们不得不寻找一些途径去处理这些问题，以便使他们不会因为责任而变得负担过重。"（切尔，2005：57）在家庭的功能中，抚育和教育后代的功能从古至今始终处于核心的位置，责任与承诺也扮演着核心的角色。

柏拉图在《理想国》里指出，由于人们有很多欲望，为了满足这些欲望，人们建立了国家。要保持一个完善国家的整体性，私有财产和家庭都要废除，二者是导致社会分裂的原因。当子女不识父母，父母不识子女的时候，人们的感情动机便被排除了，由国家按照统一的标准培育儿童，发展这些儿童的天赋，则要对国家进行教育规划。对柏拉图而言，家庭教育随着家庭的废除被消解在国家教育之中了。启蒙运动以来，学者们从家庭出发论述现代社会的形成逻辑，洛克在《政府论》中指出："所以父母所享有的对于他们的儿女的权力，是由他们应尽的义务产生的，他们有义务要在儿童没有长成的期间管教他们。儿女所需要的和父母应该做到的，是培养儿女的心智并管理他们还在无知的未成年期间的行动，直到理性取而代之并解除他们的辛苦为止。这是因为，上帝既赋予人以一种指导他的行动的悟性，就让他在他所受约束的法律范围内享有一种意志的自由和正当地属于意志的自由范围内的行动的自由。但是当他还处在缺乏悟性来指导他的意志的情况下，他就缺乏他自己的可以遵循的意志。谁替他运用智力，谁也就应当替他拿出主张；他必须规定他的意志并调节他的行动；但是当儿子达到那种使他父亲成为一个自由人的境界时，他也成为了一个自由人"（洛克，1964：36）。尽管人们是生而自由的，也是生而具有理性的，但是我们并不能运用此两者，因为唯有年龄才能带来自由，带来理性，"自然的自由和服从父母是一致的，两者都是基于统一原则的。"（洛克，1964：38）。①

　　就中国家庭而言，家庭教育始终有两个层面，一个是家庭内部的非正式教育，另一个是家庭之外主要由专门的教育机构承担的正式教育。就非正式教育而言，父母通常把孩子看作自己的第二个生命。费孝通指出，"每个父母多少都想在子女身上矫正他过去所有的缺点。他常小心提防使自己不幸的遭遇不致在他第二个生命中重现。……在父母眼中，子女是他理想自我再来一次的重生机会"（费孝通，1984：203）。但是这种观念是社会影响的结果，因为唯有如此，社会才放心把新的社会成员交给孩子的父母去照顾，"把理想自我交卸给子女，一方面不失为解决个人内心矛盾的出路，一方面也正合抚育作用的需要。可是这一转渡又种下了亲子间冲突的因素了"（费孝通，1984：204）。除了让父母把孩子看作自己的一部分，在家庭教育中也要培养孩子把父母看作自己的一部分，如何才能实现这个过程？便需要如何看待以及实施家庭教育了。所以说，"子方对亲方最初是一种生理的联系，接着是一种共生的联系，最后才发生契洽的联系"（费孝通，1984：207）。但是由于子女在成为父母之前是没有为人父母经验的，二者之间总是充满矛盾，一旦父母将他们没有完成的理想交卸给子女而子女同样没有完成时，父母就站在理想的立场来责备子女，认为其"不肖"。费孝通认为这不过是理想与现实的差异罢了。许烺光认为，中国的家庭教育，无论是正式还是非正式，都是部族延续其社会存在的形式。因此，教育本身既可以

---

① 洛克在这里是从父权角度论述如何将未成年人的自然自由和对父亲的服从统一起来，其目的在于当个体拥有了完全的理性时，便可以不再服从父亲，而可以按照自己的意志行事了。

面向未来，即注重对青年人自身实践能力的培养，也可以面向过去，即依照前人的形象来塑造青年人。就他所研究的云南大理的家庭而言，其教育的目的是以父母、祖父母甚至元祖的模式来培育他们的后代。教育要实现三个功能：培育谋生的能力、适应社会的能力和适合传统习俗的能力（许烺光，2001：178）。对于农民工家庭而言，生育和教育，在家庭行为上不仅是多重分离的，而且是几度分割的。多重分离是指从孕育生命开始就是分离状态，孩子的出生是分离状态，孩子的养育也大多为分离状态；几度分割则是指夫妻分割、父子分割、母子分割。如前所述，第一代农民工的子女，以留守儿童为主。第二代农民工组成家庭之后，其子女则以留守儿童和流动儿童为主。第三代农民工，其子女为留守儿童和流动儿童的社会现状并没有太大改变。基于上述理由，本章分为几个部分进行论述。

一、被托管的童年：时空距离和情感距离

乡土社会结构，"好像把一块石头丢在水面上所发生的一圈圈推出去的波纹。每个人都是他社会影响所推出去的圈子的中心。被圈子的波纹所推及的就发生联系。每个人在某一时间某一地点所动用的圈子是不一定相同的"（费孝通，1998：26）。在这种社会格局中，人与人之间的关系依靠的便是这种丢石头形成同心圆波纹的性质，而"亲属关系是根据生育和婚姻事实所发生的社会关系。从生育和婚姻所结成的网络，可以一直推出去包括无穷的人，过去的、现代和未来的人物。……这个网络像个蜘蛛的网，有一个中心，就是自己。我们每个人都有这么一个以亲属关系布出去的网，但是没有一个网所罩住的人是相同的"（费孝通，1998：26）。那么，该社会成员一旦要外出打工，离开这个社会圈子的话，他们的孩子便需要在这个圈子的关系里寻找可以"托管的对象"，这个"托管的对象"通常是以爷爷奶奶或者姥姥姥爷为主，或者由其他的亲戚朋友替代。如果这一层社会关系缺席的话，就需要将这个圈子里的关系向其他亲属关系中延展。无论怎么延展，孩子始终是被"托管"的。在乡村社会里，"被托管"儿童的成长过程中谁扮演着核心的角色？

首先，乡村的田园风光是他们童年的深刻记忆。

乡村的童年，对他们来说，最深刻的记忆是乡村社会的场景。下面是两位"90后"农民工的童年回忆：

> 小时候玩得挺野的，12点放学，放学就跑，晚上才回家，路上也玩。

> 夏天到河里游泳，抓鱼，抓到鱼就几个小伙伴一起烤了吃。有时候几天不回家，几个好兄弟随便就在谁家睡下了，因为都在一个村，所以我奶奶并不担心。我六岁的时候跟我爸妈出去过，到他们工作的地方待了半年，我不喜欢那边，人生地不熟的，没有同伴一起玩耍。
>
> 农村的童年还是很好玩的。小时候放过牛，小时候特别爱放牛，可以骑牛，我家那边有些人家有六七头牛，大部分人家有两三头。我家里只有一头，我家里那头牛有点小，所以别人家有母牛的，就让自家小牛跟着去，母牛会领着小牛走，就轻松很多。冬天的时候放牛特别好玩，我记得我们会路过一片玉米地，一群人就去地里摘玉米烤了吃，晒着太阳打打牌。夏天的时候山坡上庄稼收完后，我们就把牛赶到山坡上拴着，然后我们就跑到山下玩，到河里游泳，捞鱼，差不多了又回去，骑着牛回家。①

显然，"90后"的青年在孩提时代的留守岁月，其中一部分是与乡村社会的田园式浪漫关联在一起的，在父亲或者母亲角色缺失的状况下，乡村生活一定意义上消散了他们日常生活中所遭遇到的各种困难。

其次，媒介成为"替代性家长"，扮演了推动儿童社会化的角色。

由于缺乏亲情关爱，被迫留在农村的留守儿童中相当多迷恋媒介交流，特别是电视和网络媒体；电视和网络在留守儿童生活中仅仅扮演了提供精神慰藉的角色，然而参与式传播在帮助留守儿童重获自尊与自信、增强自身行动能力方面具有赋权的意义（郑素侠，2013；2014）。电视是农村留守儿童拥有程度最高、接触最为频繁、接触时间最长的媒介；手机仅次于电视，是留守儿童的第二媒介（姜昕，2015）。

> 郑伊健和陈小春演的那个《古惑仔》，影响特别大……那时候我们十三四岁，正好是青春叛逆期，里面都是讲那些混混，兄弟情义什么的，好多男生都学，在学校里经常打架。
>
> 我会学电视里的人物说话，最深刻的就是《西游记》里孙悟空说："我是如来佛祖玉皇大帝观音菩萨指定西天取经的齐天大圣孙悟空！"小时候觉

---

① 上述两个案例来自2017年暑假在北京的调查资料，第一个案例中被访者出生于1990年，第二个案例中被访者出生于1992年。

得特别神气,就跟着说,说得可溜了!①

换言之,在老人或者亲戚朋友照护留守儿童之余,媒介扮演了"父母的替代角色",可以将媒介在留守儿童成长中的角色定义为"媒介化的父母"。个案49中的主人公戴某,生于1996年。她说:"我是吃百家饭长大的。"她是留守儿童,2002年之前生活在农村,2002年跟随妈妈从浙江到北京。她在初中的时候孤身一人回到浙江与亲戚们生活,直到上大学才去了天津。在过去二十几年的时间里,她处于不断的漂泊和迁移中,先后被托管给姥姥、亲戚、母亲的朋友等,也在北京跟着母亲生活了一段时间。母亲外出工作的时候,就把她锁在家里。由于户籍原因,戴某不能在北京参加中考,初三时便只身一人回到家乡。回家乡后,戴某一直住宿在母亲的远房表妹家。上大学后,戴某大一大二回家频繁,两周左右就回一次家,大三大四就有些懒得回家了。对戴某的漂泊生活而言,尽管北京居住时间很短,但是"有妈妈待的地方才能称作家嘛",所以北京在她心里是可以称之为家的地方(个案49)。

从戴某的经历中可以看出,留守与迁移的生活在她的心里留下了巨大的阴影,安全感缺乏是留守儿童很重要的特征之一。母亲不在身边,但总是试图用媒介手段或者借助熟人亲戚来保持和她之间的联系。尽管如此,对她来说,家依然是一个很遥远且不太实际的概念。儿童时期的留守和迁移使得留守儿童对未来的生活普遍缺乏一种稳定的规划。他们一般不愿意规划未来,家庭观念比较单薄。比如戴某总是说,一个人挺好的,不敢去找男朋友,谁知道将来会怎么样呢?所以她总是独来独往,却又觉得自己内心很孤独,即便和妈妈在一起也觉得很孤单。

再次,留守儿童由于与父母在地理空间、情感和情绪空间中的分离,在社会关系建构中容易混淆社会距离与个人距离,同时与父母之间形成时空距离和情感距离。

霍尔在《无声的语言》中指出,每一个生物体,包括人在内,都有一个身体的边界,由此来确立标志身体的起始点。除了身体的边界之外,还有个非身体的边界,这个非身体的边界是无形中存在的,我们可以将其称之为"有机体的领地",而人们对这一领地的捍卫行为可以称之为"领地域"(territoriality)。

---

① 上述两个案例来自2017年暑假在北京的调查资料,第一个案例中被访者出生于1990年,第二个案例中被访者出生于1991年。

因此，在人与人的接触中，身体距离本身成为非言语交流的一种空间信息。而双方交流时，身体距离即身体的移动和距离的概念都会改变交流双方之间的关系。霍尔所指的人与人之间的非言语空间或者距离，分为四种：第一种是亲密距离（intimate distance），是属于爱人之间、亲子之间的空间；第二种是个人距离（personal distance）是属于朋友之间或者熟人之间的距离；第三种是社会距离（social distance），就是一般正式场合中的距离；第四种是公共距离（public distance）（霍尔，2010）。对于留守儿童而言，亲密距离在他们成长过程中几乎是缺失的，他们在日常生活中倾向于把社会距离和个人距离混为一谈，形成一种特殊的人与人之间互动的感觉。这种感觉，类似于将儿童的亲密距离进行了重置。不存在亲密距离，那就只有其他的人际交往距离了。笔者在这里结合他们与家人在时空上的联系形态，提出时空距离和情感距离这两个概念。

农民工家庭中，"80后"和"90后"的家庭成员，在孩提时代，几乎都有留守的经历。经历过留守岁月的儿童，其童年的岁月是在时空距离和情感距离的不断冲突中度过的。时空距离是指父母和孩子不仅在地理空间上处于分离状态，在儿童的时间序列中比如寒假或者暑假依然处于缺席状态。情感距离则是指亲子之间在情感和情绪关系上的距离。这一点不仅体现在留守儿童群体上，流动儿童群体也有类似的状况。

费孝通先生曾写道，中国传统乡村社会中，"时间里没有阻隔，拉得十分紧，全部文化可以在亲子之间传授无缺"（费孝通，1998：22）。对于留守儿童而言，亲子之间的传授，是断断续续的，甚至是缺乏的。在这种传授的断断续续中成长起来的儿童最终依然是孤独的、心理有缺憾的。

留守还是打工这一选择，更多的是基于家庭的状况。在有老人或者亲戚在村里留守的时候，留守便成为一个必然的选择。留守对于儿童而言，是一种"被抛弃"的过程。在这个过程中，生活对于儿童而言，是一种不可名状的空白。这种空白在未来的成长中也是无法弥补的，甚至会影响他们此后的家庭生活或者家庭观念。

个案100中的父母无力照顾两个孩子，只能将大女儿留在身边，二女儿则主要由爷爷奶奶、姥姥姥爷照料。爷爷奶奶的文化水平低（小学肄业），不会教二女儿识字和数数，二女儿也不爱说话，总是一个人坐在菜地里，一坐就是一整天。爷爷奶奶渐渐地找不到与她沟通交流的方式。姐姐告诉笔者，妹妹回到父母身边已经四岁了，"妹妹也不认识爸妈和我，一点儿都不认识。和她讲这是爸爸妈妈，她都不相信，她说她没有爸爸妈妈。一个小孩子刚刚学会认人、叫人，人生最初的记忆里，我们对于她来说是空白的"。对此，妈妈的记忆也很深刻，"好长一段时间，她总说她想回家，要我们送她回家，她说这里不是她家。她总是说：'你们才是一家子，你们三个是一家的，我们三个（和爷爷奶奶）是一家的'"。接回来后，二女儿时常把自己关在屋里，持续了半年。后来二女儿慢慢接受了她的"新家庭"，也能很好地和爸妈及姐姐交流。然而，妈妈还是隐隐觉得有些愧疚（个案100）。

该家庭中的留守儿童二女儿，只是在四岁之前与父母分离，此后一直与父母生活在一起，目前读初中，健康活泼。小时候的留守经历给她留下的阴影渐渐小了，但是弥合时空距离和情感距离却需要花费更长的时间。

同样的，留守儿童刘某（个案7），即便和爷爷奶奶生活在一起，遇到问题也不愿意与爷爷奶奶沟通，而是希望借此找到和父母联系的理由。此外，刘某从小被爷爷奶奶带大，所以在他们面前特别放得开，从来不会有心里紧张的感觉。

> 爷爷骂我的话，我就哭，哭完就好了，也不会怎么样，不会有心理压力，很自在。或者有的时候放假了，我一睡就睡到中午十一二点，爷爷奶奶怎么说我，我都觉得没啥的。但是如果放假了在爸妈跟前，我很少睡到很晚起，就害怕爸妈嫌弃我，就会注意自己的形象……我想终究还是因为和爸爸妈妈稍微生分了一些……

个案7中的刘某是一个典型的留守儿童。她与爷爷奶奶和与父母的不同交流方式，恰恰说明了情感距离与时空距离的问题。"对于孩子而言，（看电视的）主要风险不在于他们向暴力人格演变，而是由于缺乏除几个小时看着电视的对话者，向一种不清晰的身份演变的风险。没有向一个圈子的融入，也没有不可或缺的、相对于他人的自我确认：这就是被电视偷走的孩子。……儿童不能根据故事片来认同事实，而成人也越来越不能通过故事片来认同事实，因为'眼见为实'的说法已经变得越来越荒谬。"（格罗塞，2010：57-58）而个案18中的小郑与他的哥哥则恰恰是因为留守儿童的经历，和同伴们一起很早就迷恋上了网络，初中肄业后就过早进入了打工的轮回序列中。

鉴于农民工家庭在亲子活动、家庭教育关注、家庭教养方式等方面存在的现实问题，这直接影响到农民工家庭学前儿童入学前的准备以及今后的发展

（苍翠，2010）。家庭教育缺失（包括家庭情感教育、家庭安全教育、家庭社会化功能和家庭学习指导）导致农民工家庭子女心理健康总体水平明显低于正常家庭子女的水平（魏亦军、高智军，2014）。家庭通过经济支持、环境支持以及教育支持等多个方面，对子女人际交往产生不同程度的影响，良好的家庭支持能力对子女人际交往产正面、积极的影响，反之亦然（张苹、胡琪，2015）。家庭关系、家庭教养方式比家庭经济条件对农民工随迁子女的学生问题行为具有更为突出的影响（黄聚云、晏妮，2016）。

研究表明，祖辈参与下一代的抚育可以加强代际的亲密性。同时，祖辈与年轻父母之间形成了微妙的竞争关系（沈奕斐，2013）。在非正式的家庭教育中，言传身教始终是一个重要的路径。儿童往往通过观察、模仿以及接受有意识的教育三个途径来实现社会化。但是在信息技术时代，儿童的社会化途径很大程度上为媒体所替代。研究指出，儿童的媒介化分为三个范畴：其一是与父母之间就媒介内容进行交谈；其二是父母对儿童的媒介时间进行规制；其三是父母与儿童共同接触媒介。对流动儿童或者留守儿童而言，上述三个层面基本上是难以实现的，儿童的媒介化成为儿童自身对媒介进行使用选择并且受到影响的过程。

最后，时空距离和情感距离导致家庭成员之间的权力关系发生变化，家庭功能紊乱。

在流动或者分居的过程中，不仅家庭的非正式教育难以实现，也会导致家庭内部的关系紊乱，家庭成员之间的权力关系发生变化，这一点也使得父母与子女之间的关系发生了重构。家庭功能紊乱是指当家庭的功能发生变化的时候，家庭功能就很可能出现紊乱，具体表现为情感的变化，诸如由爱变为恨。家庭内部的权力关系则随着儿童的成长发生了改变，父母与子女之间不再是一种传统社会背景下的家庭关系。

个案 63 中的夫妻二人，几次返回家乡，都是因为孩子上学。孩子上小学的时候，他们每次打电话回家，孩子总是哭泣。孩子想父母，父母也想孩子。孩子放暑假，就来北京跟父母一起住。过了暑假，因为惦记着儿子，没多久二人也回到家乡了。这样父母不仅能亲自照看孩子，还能兼顾孩子的学习（个案 63）。

是否返回家乡，对农民工家庭而言，影响因素除了户籍所设置的障碍，还包括个体在城市发展的情况，以及孩子的因素。在北京郊区一个不起眼的礼品店，有一家人正犹豫着是否趁着农忙时节回家。这一家人中父母二人分别出生于 1982 年和 1984 年，2006 年结婚，2010 年孩子出生。2017 年，孩子要上小学，由于没有北京户口，夫妻二人决定让孩子回老家上学。至此夫妻俩面临着一系列的选择：第一，孩子回去上学的话，是让奶奶来照顾，他们留在北京，还是让妻子和孩子一起回去，丈夫留在北京，又或是一家三口全都回去？第二，两人留在北京的话，是继续做礼品行业还是转行？第三，孩子回家后能否和奶奶生活得习惯？

> 当时要是决定让孩子在北京上学，我们怎么都会在北京买套房。想要孩子在这边立足，我就要在这边稳定下来，而且我要把生意往大了做。（后来）是因为我自己有了退路，我想要回去了，所以人老是飘忽不定，到了做选择的时候就很被动。（个案 32）

假设制度性障碍不存在的话，对这对"80 后"夫妻而言，他们在北京已经打工十几年了，一家人的生存没有问题。但是他们在为孩子读书进行未来设想的时候，始终在为他们自己留后路，在家乡买房便是一种必然的选择。在家乡买了房子，对他们意味着一种选择机会，即离开北京返乡；而没有房子的返乡，也只能是一句空话。这个家庭的选择，也是笔者多年调查中很多"80 后"家庭的选择。他们一方面后悔自己没有好好对人生做规划，否则就可以很早在北京买房子了。另一方面又在不断设想，如果返回家乡的话，是不是能过上更好的生活？因为他们的社会资源和人际关系都在家乡。两难之中，孩子上学则成了一个决定性的砝码。这个很具有中国特色的家庭问题，不仅仅是城乡之间的问题，也是城市家庭本身要遭遇的问题。

个案 34 的五口之家，尽管经济状况不富裕，依然坚持将孩子带在身边。三个孩子中，儿子在河南读大学，两个双胞胎女儿在北京读小学。夫妻二人在某高校做送水员，一家人居住在一间十平方米的房间里。一张双层床，丈夫睡在上层，下铺被垫了东西，看上去像双人床，妻子和两个女儿睡在下层。床对面的墙边有一个桌子，上面放了一台长虹电视机。进屋之后，所有的墙边都放着东西。吃饭的桌子也是两个女儿学习的地方，桌子上面的墙上贴着一张捡来的北京市地图，吃饭桌子对面的墙上有挂钩和镜子，墙边还堆放着两个女儿的书本和各种杂物。刚进屋的小角落里还有一个鞋架，在屋里能周转开的地方只有两三平方米的样子（个案 34）。虽然房间看起来很局促，但是一家人住在一起，对孩子而言，是最踏实的。因为心理上没有被孤立的感觉，时空距离和情感距离在这狭窄的空间中被消解了。

从生育到教育，横跨着的不仅仅是生命的诞生与成长，而是家庭在社会变迁中的选择困境。尤其是在制度实践逻辑中，他们的下一代，在经历了被托管的童年之后大部分最终在家庭的阶层再生产中，再次进入了打工的轮回中。

二、教育：作为救赎的形式

对于整个社会而言，学校承担了教育和培育下一代合格公民的责任；而对于家庭而言，家庭成员的未来愿景仅仅依靠家庭自身是无法实现的。在现代社会中，学校可以说是家庭的支柱。对于中国社会而言，从古至今，读书本身便承担着转化家庭社会阶层和身份的功能。"万般皆下品，唯有读书高。"虽然读书人的身份在不同时代有所不同，然而农民工尽管自身的文化水平不高，依然希望自己的孩子能受到很好的教育，这与在乡村的传统农民的想法有了很大的区别（李红艳，2009）。读书，在外出打工的农民工眼里，其含义已经发生了变化。但农村里走出来的大学生，依然保持着一定的比例，其中不少为留守儿童。家庭教育等因素对农民工子女会产生多方面影响。与普通小学生相比，农民工家庭小学生的个性存在一些问题，他们的家庭缺乏亲密度（林崇光等，2008）。农民工子女的学业成绩以及农民工家庭的文化资本都呈现出弱势的特征，家庭文化资本中的部分因素对学生的学业成绩具有显著影响（周序，2007）。母亲受教育水平正向、显著且稳健地影响农民工子女的学业成绩，即母亲受教育水平越高，农民工子女学业成绩越好（胡宏伟等，2012）。

小王是典型的留守儿童，一出生，父母就在家乡附近打工。因为村里没有幼儿园，她就一直在外面玩，可以和父母一个月见一次面。上小学一年级的时候，父母找到了外地的工作，她便和姥姥住在一起（妈妈的家乡），就这样读了三年书。上四年级的时候，班里的同学都要去乡里住校了，父亲把她安排到大伯家住。大伯家有两个孩子，小王不但要经常帮忙做家务，而且由于没人接送，要自己独自上下学。"那时候我那么小，四里路还是挺多的。为了不迟到，天还没亮就从家里出发。"在家干活打扫、上学又路途艰辛，读书的成绩经常是班上的倒数一二名。小王四年级时，妈妈在北京开了小卖部，她跟着到北京一所私立小学读书。

> 那时候能到我妈身边念书可高兴啦！一下子想学习了！每天我妈都给我检查作业。我所有作业都全对，因为都是我妈给我检查过才交的。学习

也很好,到最后基本就是第一名。

因为没有北京户口,没办法在北京参加中考高考,小王的母亲决定把她送回老家念书,和姥姥一起生活。小王小学升初中没费什么力气,成绩一直名列前茅。

其实这挺不容易的,尤其我又是留守儿童。我们那儿好多惹是生非的都是留守儿童,但我从来不和他们混在一起,可能是我比较懂事吧。很多惹是生非的留守儿童也不过是想得到更多来自他人的注意和关切。

高中之后,小王的成绩一直很不错,考上一所北京的985高校后,一切就更顺利了。

目前在考虑保研,研究生毕业之后可以先做金融类的工作,因为这种工作听说比较挣钱。我家里有父母,还有妹妹,我都得管啊。以后我还想从政,考公务员,治理一方。因为我在这方面挺有想法的。而且我是个行动派,想到什么就有能力去实行。我觉得改善农村现状,人才和技术最重要,人才带去好的发展理念,能改变农业落后的生产模式,而技术是推动农业进步的根本动力。现在的问题就是怎么鼓舞人才去农村发展,怎么研发新的技术,又怎么普及这些技术,都是需要解决的问题。我现在在经济管理学院,其实将来想做农村发展这方面的研究,主要研究方向就是劳动力的流动,自然资源的保护和利用,农业保险和技术普及。(个案48)

个案48中的小王,有一个比她小12岁的妹妹。妹妹出生时,一家人在北京已经团圆了。父母继续做着小店的生意,经济水平慢慢上升,而小王则是在北京上大学,每周回家一次。父母并没有买房子,妹妹在上小学。在他们眼里,读书是一种救赎的方式,或许这种方式最终带来的"经济效益"和他们对家庭未来的设想之间并非完全吻合,有时候甚至是背离的,从而对读书的投入也是高风险的。

虽然有高风险,但这依然是家庭成员转化身份、改变阶层的一种形式。我们需要反问的是:这种读书选择,在改革开放40年的过程中,其背后的观念发生了怎样的变化?

首先,是否以教育作为家庭的救赎形式,与小家庭是否来自一个大家庭这一因素关系密切。来自大家庭的小家庭成员,往往会受到大家庭中其他成员选择的影响,对教育的结果抱有更大的信心。

个案 47 中有个复杂的大家庭，主人公周某的父亲有五个兄弟姐妹。周某的大伯父，高中毕业之后去当兵，退伍后被分配到派出所工作，实现了身份转换，与工人妻子结婚生子，定居在城市里了。大伯父的女儿研究生毕业后，留校当了大学老师，嫁给了博士同学，定居在省会城市。周某觉得，大伯父接受了完整的高中教育，当兵时也潜移默化接受了一些男女平等观念的影响，早年搬离村落，受到了城市文化的深刻影响，对于自己独生女儿教育上的投入便不遗余力。当女儿第一次高考落榜时，一家人毅然决定支持女儿复读，直至第二年顺利考入某 211 大学（个案 47）。这也是一个跨阶层流动的例子，两代人完成了从农民阶层到知识分子阶层的跨越。与父辈的其他几个兄弟相比，周某的大伯父一家依靠读书，转换了阶层。读书本身对他们而言，便是一种救赎方式。周某的二伯父，初中文化水平，当时依然居住在村里的宅子里。他和二伯母结婚后，多年来从外地批发水果，做一点卖水果的小生意。他们生育有一子，初中毕业后外出打工，没几年就回到村里承包工地，当上了小包工头，当时依然在村里。他的妻子也是村里的，但是读了职业学校，毕业之后当幼师，夫妻生育了一个儿子。周某的三伯父初中文化，三伯母小学文化。夫妻一直在村里经营着一家裁缝店，雇用了五六个人。三伯父和三伯母生育有一儿一女，均是初中毕业后辍学，去南方打工。周某的叔叔是他父亲最小的兄弟，初中毕业后，学做面点、糕点，在餐馆做厨师。小叔叔的两个女儿一个在上初中，一个在上高中。

周某的父亲高中毕业后，和大伯父一起外出当兵，退伍后在当地乡政府工作，母亲与父亲是高中同学。1995 年周某出生，他一直在父母所在的村子里生活了 17 年。父母很支持周某读书，周某在城里读书，学费是从亲戚朋友那里借来的，上下学都是由母亲每天骑车接送。后来，为了方便照顾孩子上学，周母还在学校旁边开了一家电器店，目的是方便孩子中午吃饭休息。母亲一直陪读到初中。周某读高中时，学校收学费，每年 8 000 元，高三时涨到了 15 000 元。周某说目前在村里承包土地赚钱，父亲做公务员的工资也涨了，家里其他伯伯的经济状况也在好转。在大家的共同支持下，周某顺利读完高中，考上了一所在北京的 985 高校（个案 47）。

个案 47 中，周某的爷爷奶奶都在农村，没有读过书。而周家五个兄弟的孩子，除了大伯伯的女儿和周某外，其他几个家庭与自己的后代依然在辍学、外出打工、返回家乡、生儿育女中不断循环着。但是在他们看来，作为救赎形式的读书，始终是农家子弟的一种出路。这种出路只要凭借一种信念，便能在

"以克服贫穷"所带来的身份流动障碍中成为一种最佳的选择和生活的希望。

研究农民工家庭的教育支出发现，近五年来，低收入家庭的人均教育支出占可支配收入的比例与其他收入阶层相比是最高的；该类家庭对培训班的教育支出比例也相对较高，对各类教育消费品呈现出不同的教育需求（于洁，2015）。通过对农民工家庭子女高等教育个人投资的收益风险的估算，并与城镇家庭子女和农村其他家庭子女的收益风险进行比较发现，农民工家庭子女高等教育个人投资的收益风险远高于城镇家庭子女和农村其他家庭子女（舒强、张学敏，2013）。

其次，是否选择以高等教育为救赎形式，与父母对教育的信念直接相关联。

个案 59 中，姐妹俩都是大学生，均来自山区。姐妹俩都在村里的小学读书，初中和高中时在县城读书。二人都考上了北京的大学，姐姐已经研究生毕业，开始回到家乡的省会工作，妹妹还在读大学二年级。姐妹俩的母亲和父亲是通过自由恋爱结婚的，二人认识之前分别住在附近的两个村子，父母的家境都处于贫困状态。爸爸家里有五个孩子，三个兄弟两个姐妹，爸爸排老四；妈妈家里有八个孩子，四个兄弟四个姐妹，妈妈排家里倒数第二。因为家族人口众多，姐妹俩一家人从来没有搬过家，从小到大就住在山村的房子里。父母结婚后，在姐妹俩出生前，一起在当地的工厂打工。在孩子出生后，父母觉得孩子的教育更为重要，但广州打工赚钱更多，更能支撑家庭的教育和生活费用，便开始分居。直到两个孩子都上了大学，二人结伴再继续南下广州一起打工。由于母亲的工作是住家保姆，二人在一个城市中依然是分居状态。

这个家庭在农民工家庭中可以算作较为成功的家庭。姐姐研究生毕业后在家乡的省会工作。父母在广州打工，经济还算富裕。妹妹一个人在北京，依靠打工和助学贷款，并不需要家里资助。读书，在这个家庭中，是更换阶层的重要工具，但是父母依然希望回到山村的房子里养老。姐妹俩的大家庭都在村里安居乐业，打工依然是他们生活的主旋律，读书是更替身份的工具，也是一种希望。用他们的话说，"如果不读书的话，外出打工，再结婚生孩子，过日子，也没什么意思"。

再次，孩子是否能够进入高等教育序列，与母亲的坚持有很大的关系。个案 100 中的主人公小梦，一年级到四年级，学习还挺好的，到后来，爸爸出车祸之后，就不爱学习了。

> 我觉得我妈妈也挺累的，当时就不太想学习，就想着平常的时候能帮

妈妈多干一点，出去打工。当时我不敢和妈妈说不想读书了，因为妈妈从小就想让我学习，就想让我上大学。我只是想着我要是不好好学，要是学不好，我妈肯定就觉得我没有希望就不让我再上学了。没想到后来我考不好，她说，考不好没事，你继续加油。

我小时候个子特别矮，挺辛苦地背着书包去上学，我爸就总说我现在长不高就是当时学习学的，要是考不好，就会安慰我说以后再努力。但我妈妈就不行，就觉得女孩子还是要好好学，考上个大学就行了，毕竟农村家庭能供出来一个大学生也挺不容易的。其实和周围邻居比，我们是非常幸运的。邻居家好多小孩，我的发小，她们都是很早就不上学了，他们的父母就是觉得上学也没啥用，还不如早点出来干活，还能为家里减轻一点负担。但我爸妈就从来没有这样想，一直供我和我妹妹上学，即使学习不好。刚上高中的时候，我其实荒废了一段时间。那时候，我参加了高中的学生会，整天不务正业，除了忙学生工作的事，整天不想学习，开始化妆、打扮，有点不良少女的样子了。后来决定要好好读书，是快上高二的时候了。那次开家长会，妈妈去听。散会之后很多家长围上去问自家孩子的状况，妈妈也不例外，可是老师理都没理我妈，态度语气特别差。回来之后妈妈就哭了，觉得孩子学习不好，连家长都要一起被瞧不起。从那之后，我决定要努力读书，既然妈妈这么想让我和妹妹念书，那我们就得好好念。后来我的成绩有了很大进步，上高三之后重新分班，进入了实验班，但还是由于底子薄，以及我们的高中实在是不太好，我尽管在中学里面名列前茅，但那年高考最终还是落榜了。当时妈妈还想过考不好让我去上补习班，但是我不想去上，因为很贵，太贵了，我就想我还是自己好好学吧，先慢慢磨吧。我选择了复读，当时情绪和状态比较消沉，妈妈不会像其他父母那样，对孩子有很多要求，她总是说不要有压力。

经过一年的复读，案例100中的主人公最终考上了当地的农业大学。

此外，有极少数的留守儿童，在父母外出打工、家中托管者无力管束的情形下，依然进入了高等教育序列中。个案78中，夫妻二人在外地打工，孩子出生后，没断奶就被放回老家。儿子基本上是爷爷奶奶带大的，儿子说：

小时候其实很习惯父母不在家里，我们那一代的农村孩子基本上父母都不在家，都是爷爷奶奶带大的，……想想那时候活得还真是自在，小孩子不需要考虑生活的事情，只管健康地成长。唯一比较麻烦的就是学习了。

农村住校是很早的，最早的五年级就开始住校。儿子上的高中离家有点远，在另一个乡镇里，大概有一个小时的车程。高中学校一般都是一个月才放一次假，然后每个周末也仅有周日下午半天的休息时间。儿子最终考上了某大学，毕业后做了健身教练，未来想和几个朋友一起开一家健身房，自己养家，不想像父母在外打拼。儿子感叹道：

> 当你毕业后或是你现在就应该可以感受到，读书和不读书真的有很大的区别，他们的话题你插不上话，你的想法他们也表示无法理解，俨然已经是两个世界的人，将来也会越行越远。

最后，读书作为一种改换身份的形式，不仅仅体现在外出打工的农民工家庭身上，也有世代务农、没有离开土地的农民家庭。通过高考的形式，农家子弟进入了高校，尽管这种比例十分低。

王女士，受访时49岁，当时来北京已经四年多了。来北京打工的原因很简单，孩子要上大学，而她根本无力支付孩子上大学的学费，所以就想到北京打工。

> 孩子学习很好，高考时考上了西安的一所大学，但是学费成了一大问题。我们已经没有多少存款了，亲戚朋友也都没有什么钱，跟我们状况差不多，靠别人也不是办法。一个亲戚很早就来北京打工了，做点小买卖。他出主意说在哪儿打工都是打工，干脆来北京。跟丈夫商量了很久，在北京一边打工，一边供孩子读书。来了北京后发现生活不是那么好讨的。我那时45岁了，根本没有地方愿意用这么大岁数的人。想做点小买卖，可是一间门市房，租金贵得吓人，最后决定摆小摊，虽然利润很少，但成本低。于是我在路边摊煎饼，丈夫在路边卖水果。

这是笔者多年前调查时遇到的一个个案，后来再次去调查时发现，夫妻二人和大学毕业的孩子一起，都在北京工作。孩子没有落下户口，在公司里做白领。他们二人一直摆着小摊，风雨无阻，后来又开始为孩子在北京买房子而攒钱。生活给他们的选择并非是留在城市或者返回家乡，而是为孩子读书成家赚钱。因此，在制度性屏蔽和高房价的背景下，读书在他们看来不再是一个很经济的选择。但是怎么办呢？他们说，就一天天过吧，有了孙子就有了指望。那么，指望是什么呢？是代际循环吗？还是人口的自然繁衍呢？或者是其他呢？

个案 64 中的主人公安某，男，1996 年出生于甘肃陇南农村的低保家庭，当时在某 985 高校读书。家中有父亲、母亲、奶奶，生活十分困难，均在甘肃老家，父母务农，奶奶卧病在床。安某的村子在海拔 900～2 500 米，大部分为山坡耕地。安某的父亲和母亲都是土生土长的农民，受教育程度均在小学以下。安家养着两头耕地的黄牛、一头猪和几十只鸡，这些是安家最值钱的家当了。安父安母每天五点多就要起床去地里耕作，一直到晚上八点。安家大部分的生活来源是政府低保。安某的小学是在村里的一个山区学校上的，校园的路是沙土路，坑坑洼洼泥泞难行，条件十分艰苦。安某说："学校的代课教师们也时常因为在这样一个手机信号微弱，在地图上都找不见地名的地方教书而感到失落。"35 年来，在该小学的服务半径内，有初中文化程度的人数由 1994 年的 17 人增加到后来的 170 人。当时村子里有了 14 名大学生，其中有 4 人是本科生，安某能够考到北京的大学十分不容易。家中种地一年的收入也就 4 000 多元，加上政府给的 6 000 元低保。大一寒假期间，同学们都回家过年了，只有安某一个人留在北京打工。寒假期间，他挣了 3 000 多元，买了人生第一台笔记本电脑，剩余的钱寄回家里补贴家用。

  说实话，我以前没怎么接触过电脑，就是偶尔和同学们去网吧上 QQ、打游戏，操作不是很熟练，游戏也不怎么会打，都是瞎玩。我记得当时自己鼠标都不太会用，键盘上打字只能用手指头一个字一个字地点，半天才打几个字，就更不要说会使用其他的电脑软件和工具了。但经过了一段时间的摸索和请教别人，我慢慢地学会了不少电脑知识。给我最深的感触和改变就是，以前写文章或者复习老师讲的知识，都要手写或者购买纸质版的，自从有了电脑，写文章就用 Word 代替了，网上随便百度一下就能搜索到很多复习资料，省了很多钱和时间，提高了效率。

大一的第二学期，他每周会在学校里做勤工俭学，一周做五个小时，一个小时可以挣 20 元，所以基本不向家里要钱，学校的贫困生补助和自己的兼职可以保证基本的生活和学习需求。

  我们有一些老乡群和兼职群，在这群里交流比较频繁，像一个大家庭。群里每个人的情况都差不多，大家可以互相鼓励，有什么困难说出来，大家都帮忙。我们很快就融入了这个大集体，很温暖。我的家庭和别人不一样，我不能留在大城市，我想回到老家那边的县城里找个好工作，离父母和奶奶近一点。爸妈岁数大了，下地干活太辛苦了，他们把我养大，是我回报的时候了。虽然我很羡慕那些在大城市工作的人，但是我不行。

农家子弟出身寒门，通过读书改变身份的机会，不仅与父母的受教育程度有关，也与父母对教育的认知不可分割。个案64中的主人公，父母务农，家庭困难，处于低保状态。他们将孩子读书看作唯一的出路，沿袭了中国几千年来老百姓对于改变家庭地位和身份的基本理念，读书至上。

从上述几个案例可以看出，采取读书这种救赎方式的，主要在于大家庭内部的相互影响、父母的态度及受教育程度，以及孩子与父母之间的关系、孩子自身的努力等。如果父母比较坚定地认为孩子一定要读书才可以有更好的机会，那么孩子一般都可以上大学，即便是地方性的大学或者大专或者中专之类的。而父母觉得读书不读书都可以的话，孩子通常就会放弃继续读书的念头，以外出打工或者赚钱来衡量未来的生活。在调查中，也有一些案例，比如说辍学之后的青年人到城市之后，觉得找工作的机会与教育之间有直接的关联性，就会自费参加一些学习班，通过学习获得更好的就业机会，这样的个案并不在少数。这一现象与网络教育、继续教育和职业培训等的兴起有很直接的关联性，非学历教育提升了这些辍学青年进一步获得教育资历的机会。

三、打工：另一种轮回

读书在中国社会历史上，始终是家庭获得社会地位的重要途径，甚至是唯一途径。1905年科举制度废除之后，通过读书合法获得社会资源或者社会地位的可能性大大降低了。1949年农村社会的变革，进一步削弱了地方读书人所承担的国家与农民之间的中介或者协调角色。在农民工随迁子女家校互动中，存在干预性教育行为、非干预性教育行为和情境性教育行为三种主要实践模式，在每种模式互动中，彰显着人们对教育目标的理解、社会资本的局限、自我经历的复制等社会文化因素对教育实践的影响（刘谦等，2012）。

改革开放之后的第一代农民工家庭，其家庭成员基本处于分居状态。他们的后代，本书称之为第一代留守儿童，也是后来被称为第二代农民工的"80后"群体。这些"80后"群体童年时代都在家乡生活，与他们共同生活的家人以爷爷奶奶为主。在他们看来，读书仅仅因为他们还没有达到外出打工的年龄。"读书有什么用呢？除非能考上清华北大，一般的大学毕业，看媒体报道，也是找不到好工作的。找到了工作，工资也不高。"这是他们的主流观点。

纪录片《归途列车》讲述了张昌华和陈素琴夫妇为了子女学业来到广州打工，但女儿丽琴最终选择退学离家的故事。外出打工为了子女读书，那么，子女选择退学是为了打工能赚到更多的钱。在传统与现代、城市与乡村、读书与打工之间的轮回几乎成了改革开放以来农民工家庭子女的一种常态。

首先，打工还是读书，最终与父母的读书经验和社会感知关系密切。

对孩子如何教育？"80后"农民工的学历集中在初中或者高中，只能依靠个体的学习经验和网络信息进行设计。这种设计，一旦遭到孩子的抵抗，便很快会妥协。在父母打工的"言传身教"中，孩子也选择打工的生活。

比如，案例32中的"80后"夫妻都是根据自己的童年经验进行判断。孩子上幼儿园期间，夫妻俩没有给孩子报任何兴趣班和补习班。

> 我们的童年都是在玩乐中度过的，所以不想让孩子长大后回想童年只有各种补习班、兴趣班，想让孩子能更多地和父母待在一起。至于孩子玩电子设备，要限制时间。比如放学回家后只能玩半小时平板电脑或手机、只能看半小时的电视，这样孩子就会觉得自己是有选择权的。

儿子没考上高中，夫妻俩商量着送他去复读或者找人让他直接上高中。尽管夫妻二人小学都没毕业，却表明即使自己负债，也想让孩子多读书。但儿子不同意，因为老师上课他根本就听不懂，去上学也没用。刘某于是把儿子带到北京来打工。刘某觉得如果自己在家的话，管孩子严一些，孩子的学习肯定会好一点。不过，刘某又觉得孩子出来打工就打工呗。其实现在连大学毕业的出来也跟他一样干活，还没他挣得多呢。当然，刘某也说："不过有文化是好一点的。"（个案31）。

其次，留守环境对打工选择影响较大。

> 我整个童年生活都在游戏世界里，一玩就是两三个小时跑不掉。轮不到我玩的时候才停止玩游戏。打电动在我童年基本是最主要的娱乐方式，然而父母不喜欢我跟我哥哥经常玩游戏。我小学五年级的时候，也就是父母刚去打工的时候，上初二的哥哥开始经常逃课去网吧。我考初中那年，哥哥初三毕业就选择了辍学。我们班初中毕业后有一大半的同学都没有继续上，或者留在家乡或者跑去外地工作了。只有个别同学读了中专或者技校之类的，没有人继续上高中。我的同学现在有的学修车，有的当厨师。回忆起来，我也很后悔，我当时就不该去网吧，要不然我现在正坐在考场

里高考呢!

李某的哥哥去上海打工三年,后到北京工作,李某也跟着哥哥先去上海,再到北京,后来一家人算是团聚了,但并不居住在一起(个案18)。

李某出生于1997年,在北京做服务员。父母外出打工后,李某和哥哥平时住校,周末回家就暂住在姥姥家。当时年迈的姥姥(80岁)无力对两个兄弟的学习进行约束。身处在一个同学们只盼着初中毕业的环境下,二人很难再找到自己的方向。从个案18可以看出,由于父母外出打工,成为留守儿童的兄弟二人最终都辍学打工,沿袭了父母的外出打工路。这种父母外出打工希望孩子上学但最终孩子辍学的家庭,在农民工家庭中所占比例很高。

最后,打工的动因来自孩子自身,务农的父母对此无能为力。

小闫出生于2000年,来自河北,14岁便辍学出来打工。

> 读书累啊!我读完初中本来就不想读了,是家人逼着我读的,所以就混呗,什么都不会,考试的时候都倒数。初中就抽烟,泡网吧,反正男生的坏毛病我都有,都是这么过来的。上课我趴着睡觉,下课就冲去网吧。那时候进去网吧一看,都是我们班的。①

父母不在身边的孩子们,自律性很难保证,读书的习惯没有养成,最终进入打工轮回。小刘在老家上完小学就不愿意读书了,跟着父母到北京打工。在工地干活时他才十五岁,身子板瘦小,拿东西还不稳。有一次小刘用工具时把胳膊弄伤了,回家后母亲看了心疼得不行,但又不敢当着他的面哭。怕让他看见了,又要动摇,不想做这份工作了。他母亲说:"万一他不干了怎么办?上学也没学好,在这也没干好,你能怎么办?我心疼得不行,只能躲在被窝里偷偷哭。"小刘在北京的打工生活基本是延续了父亲的路径。不过,因为父亲在北京比较熟悉打工的流程,也有一些村里的老乡,小刘先是在老乡的工地上打工,半年之后在亲戚的一个装修队里干活。这份工作一直做到2018年,每个月能挣6 000~7 000元(个案31)。

小刘沿袭了父母的打工路线,小学没毕业就跟着父母出来打工。父母在北京打工依靠的是老乡的资源,儿子到北京后,打工的资源也来自老乡。在北京的老乡们相聚在一起,迁移带给他们的时间和空间变化,在老乡关系的关联中

---

① 个案来自2017年暑假在北京的调查资料。

消散了。孙子会怎么样呢？小刘一家人也不知道，走一步看一步，他们觉得大不了接着回老家读书，等大了再出来打工。

个案 24 中，夫妻二人都外出打工，孩子初中一年级就辍学，外出打工，但并没有选择与父母同在一个城市打工，而是跟着老乡去了苏州打工。在苏州的两年时间里，一家人并没有团聚。因为儿子不喜欢北京，不愿意在北京打工，就去了江苏。江苏有两个姑姑，所以介绍他去了江苏的一家服装厂。他们的儿子一开始是做服装加工，后来和师傅学习服装剪裁，也在逐步掌握一门手艺（个案 24）。

个案 20 的夫妻二人（详见第六章部分）自从有了孩子，就在不同的城市打工。2012 年，他们好不容易稳定下来，便在北京郊区的一个城中村开了个小店，平时没有时间照顾孩子，孩子就成了留守儿童。尽管夫妻二人每天都用手机和孩子联系，孩子还是初中未毕业就辍学了。其间，夫妻二人尽力满足孩子的一切要求：暑假时把孩子接来北京同住，带孩子去颐和园、动物园、长城游玩，送孩子去县城的初中读书，给孩子买贵的衣服和鞋，给孩子买手机……因为老家没有智能机，也没有电脑，孩子们都会缠着爸妈要买电脑，说想他们的时候可以开视频。夫妻二人原本打算等儿子考上高中后，买一台电脑作为奖励，但没想到就在 2017 年初孩子辍学了。

> 唉……他不想上学了就不上了呗！我们这辈子是干什么都不容易，就想好好供孩子上学，有文化了也不用像我们这样一碗一碗米线数着卖钱。我女儿说啦，妈妈你什么时候不让我上学了我才不上，我要好好学习……

孩子辍学了，他们的家庭不仅进入了打工的轮回中（夫妻二人都是小学肄业），还要承担孩子的成家费用。因为孩子辍学了，就面临结婚生子的问题，他们的任务越来越紧迫了。

打工不仅成为改革开放后农民外出改变生活模式、提升家庭收入的一种常态形式，也在改革开放 40 年之后演变为家庭生产的一种新的循环模式：小学初中文化程度的家庭，孩子为留守儿童或者流动儿童，在经历了多个城市、各种职业的流动之后，父母希望孩子可以好好读书的愿望通常会在现实的境遇中遭到冲击，最终形成低学历父母的低学历子女的打工轮回状态。

换言之，外出打工的家庭和没有外出打工的家庭，子女能否上大学，与家庭的观念有直接的关联性。外出打工与留守这两个因素，并非是导致其子女不读书或者打工的主导因素。对教育的认知、对培育后代理念的变化、孩子在乡村社会中的原生态环境等，才是最终的影响因素。

四、代际关系与个体化

对于当代家庭研究而言，家庭之间的人际关系，尤其是代际关系现在发生了一些变化。这些变化很大程度上源自家庭内外人际关系对已婚个体产生的影响。这种影响导致他们与整个亲属群体的关系发生了变化。"因为夫妻间的情感世界被选择性、自由性和无偿性的逻辑所统治，当它们以特殊的模式延伸到亲属关系领域，并且分别与义务、习惯、责任感的概念相遇，就会产生新的混合体。这个混合体重新定义了个人在夫妻间以及亲属间的生活方式，而教育在个人社会身份形成中分量的增加，福利国家对个人自主性的保证等社会因素也都是新家庭关系形成的原因。"（桑格利，2012：50-51）

针对城市乡村家庭的不同，学者20世纪50年代通过对英国伦敦东部工人街区家庭的研究指出，除了孩子出生总是带着出身家庭的标签之外，在代际关系的变化中家庭这个词的含义也发生了变化。家庭被赋予了更多社会色彩。这一点，不仅导致了代际关系的变化，也影响了个人对自我身份的认知。

农民工家庭的婚姻普遍包括了聘礼和嫁妆的交涉，一般是在媒人中介和传统礼仪下进行的。任何一方如果用纯粹经济交易的做法来谈判的话，则很容易破坏整个交涉过程。离婚也是如此，在调解人或法庭对双方感情的估计中，双方的父母亲是很重要的因素：双方和姻亲的关系如何？他们可能会被调解人员动员阻止离婚，或者协助改善夫妻间的关系。这一点，从20世纪90年代中期之后有所改变（黄宗智，2011：98）。在已婚农民工婚姻生活满意度研究中，收入、夫妻之间的时间和空间格局等因素是影响农民工婚姻生活满意度的因素（李国珍，2012）。举家迁移的家庭，其家庭结构较完整、私密性较高；家庭成员间权利义务一致性较高的家庭拥有较平衡的家庭亲密度和适应性水平，从而有助于家庭功能的发挥（王学义、廖煜娟，2013）。

在笔者的调查研究中，对于代际关系中的家庭成员而言，老一代在城市的留守是为了后代能够获得在北京读书的机会，但这种坚守最终并未获得"对等的报酬"。父辈的期待与子女的选择之间形成了家庭的内在冲突状态。而子女一代的婚姻却因城市与乡村之间身份的隔阂造成了家庭成员的失败感和迷茫感，个体化的过程遭到的挫折加深了青年一代农民工对城市生活的中介化态度。

个案 9 中的女儿小丽，父母为了女儿能在北京上学，坚守北京 16 年。但是女儿小丽高中还是辍学了。对问及家庭隐私，小丽表现得很警惕，"采访俺干啥，俺不想让别人知道俺家的事情，回头有人来找俺麻烦，俺找谁去说"。小丽在 2015 年曾经历了一次情感挫折。2015 年初，小丽打工的餐厅里来了一个新厨师，小丽很快与厨师建立了情侣关系，准备结婚。但厨师的父母不喜欢小丽，说她不是本地人，是农民工，没户口没社保，强行逼迫二人分手。"当时他跟俺说，说父母不让俺俩在一块，俺就问那你咋想的嘛。他说他也不想这样，但他觉得他爹说得有道理。"说到这儿，小丽的眼眶有些泛红，"当时俺就想，如果是俺爹俺娘知道了，他父母这么评价俺，这么看不起俺，俺爹俺娘肯定会特别地伤心，俺不想让他们伤心，所以俺就没有告诉（他们）"。小丽坦言，也曾和父母聊过在城里打工的压力。不过他们一家人都认为，在城里虽然很累，但各方面的待遇及生活质量都比过去在家乡要好很多。

俺爹俺娘是很知足的，但是俺想的比他们多。我们一家三口来北京 15 年了，至今没有一个户口，不仅如此，父母也没有社保，只有单位为他们购买的人身意外险。而我自己，更是一直以临时工的身份在餐厅打工，餐厅没有义务为自己购买社保和其他保险。在北京，好像啥都不缺，首都啥都给俺们敞开大门似的，但敲门砖是什么？是钱。没钱，有再多敞开的大门，俺们都走不进去。

小丽不爱读书。高中的时候，她是班里最贫困的学生。班主任在召开班会时，要求大家多多帮助她，并向全班同学讲述了她的家庭状况。谁料一些女生便开始疏远她，并在背后说她是"捡垃圾的"。小丽在学校生活得很压抑，几次想离开学校，自己出去闯生活。但她知道，父亲对她寄予厚望，希望她能考上大学，当个"坐办公室"的人。

俺印象最深的一次，俺爹叹着气对俺说，他以前就希望俺能坐在办公室里吹空调。俺说俺打工的饭店也有（空调），客人多的时候也会开空调。俺爹就摇着头说，那不一样。

小丽笑着讲述了这段回忆，几次红了眼眶。谈起对未来的打算，小丽很迷茫。对她来说，无论是跟父母回老家生活还是继续留在北京，都可以接受。对于北京这座生活了 16 年的城市，她并没有什么情感，对北京唯一的评价就是：工资高，物价也高。她强烈要求不许给她拍照："俺们过得不好，俺们自己知道就行了，不需要说出去丢人。"

对于父辈而言，城市里的生活状况总体而言是满意的。而对于青年一代而言，他们则抱着一种矛盾的心态。在这种矛盾心态的左右下，他们更多地将城市打工作为一种获得未来资本的机会，一旦这种预期的资本在他们看来实现了，城市的中介化途径就越发凸显出来了。

个案 15 中小何父母均在村子附近打工。他高中毕业后，一个人来到北京，先是寄居在姑妈家中，以姑妈家为中心，在周边区域寻找可以做的工作。他找到的第一份工作是在日料店里做收银员，做了两年多。换了工作后，他就搬出姑妈家，住在集体宿舍里。小何经过考察之后，选择了做咖啡师这个职业。在北京打工六年，他觉得北京的房价太贵了，即便找到了一个好工作，也无法支撑一个家庭的生活，父母也希望小何回老家发展。因此，最多在三年内，他就会离开北京这个城市，像之前进京一样，拖着一个行李箱，开始一段新的人生。不知道那个时候，他的目的地会是哪里呢？

个案 80 中的主人公小张出生于 1995 年，来自河南。2015 年初，小张初中毕业后独自来到北京打工。他说：

> 没有学历、没有经验，幼稚的想法和行动与这个高速发展的城市格格不入。在来北京之前，我是有着很多美好的设想的，曾经为自己设计了一张宏伟蓝图，带着梦想抵达这个北京大都市，无数人心目中的天堂。然而现实的残酷和理想的丰满形成了鲜明的对比。我本以为可以干出一番大事业，但没想到刚开始就被生活给予重重一击。那时我初中刚刚毕业，学历不高，年纪又小，一个人居住在租来的小房间里面，身边没有一个能照顾我的人，更没有一个可以谈心的人。每天都是一个人在外打拼，累了痛了不敢告诉父母，身边也没有知心的朋友可以诉说苦痛，遇到难处受了委屈，都是自己一个人默默地扛，难过死了。但是来北京是自己的意思，自己想闯一闯，哪怕太远的地方父母不让去。自己也考虑过上海、深圳这些城市，但是父母也不让去。上海那边的发展虽然是挺好的，但是物价贵呀，和北京差不多。

为了自己的选择，小张坚持下来了。因为没有学历和技能，小张选择在北京上了一所技校，学习互联网的有关知识。

> 当时参加培训的还有三十多岁的人，我年龄最小，和他们一开始没有

什么共同语言。但是时间一长，大家熟络了，就好很多了。我们这个是一个速成班，培训一年半就能够拿证上岗。有好多上过班的人，想要学习这门技术，就放弃了原有的工作来这个技校培训。

小张毕业后在网上投放自己的简历，很快就有公司向他抛出了橄榄枝。截至目前，他已经在三家公司工作过。第一家公司是联想，但是干了不到一年就跳槽离开了。因为在联想公司工作，他觉得工作时间长、工作量大而且工资不高。联想是一个大公司，公司内部的条例也很多，在联想工作受到很多限制，小张觉得很不自由不舒服。比如，上班的时候不允许玩手机，被领导看见了就会被批评，不能迟到早退，不然会被罚钱，扣除部分工资。小张工作的第二家公司是一个小公司，不管是经济能力还是福利待遇，都不能和之前的联想相比，加上工资不太高，没干几个月他就辞职了。第三个公司是一家网络游戏公司，也就是当时他就职的公司。他2016年3月入职，担任着网络游戏运营的职位，工作日时帮助处理玩家在游戏中遇到的各种问题。小张觉得在这家公司里面自由很多，老板不管自己，上班时间可以干自己想干的事情。没有任务的时候，就能处于一种空闲的状态，他经常会用玩手机来打发时间。

小张认为第三个公司的工作也不是自己想要的，虽然自由，但工资太低了："我现在还小，经济压力不太大，要是年纪大一点，还是这个工资标准就不行了。"他觉得所从事的职业在未来还是有一定发展空间的，至于未来向什么方向发展，他就不知道了，但会一直关注："我这是在寻找机会，果断跳槽，给自己一个挑战，结果不重要。"

在北京的三年里，小张已经实现了经济独立，每个月都会给家里汇款2 000元，其余的留作日常开销。

> 我已经"月光"一年多了，开始第一年也不给家里寄钱。一直"月光"。当时给我们培训的老师也说了，你出来工作第一年，不欠钱就已经很不错了，自己能养活自己。第二年能存下点钱就已经很不错了。最开始来北京那段时间，有一个朋友来北京被坑了，坑了将近有一万元。就是因为交房租嘛，押一付三，租的房间是每月1 700元，也就意味着三个月交了近半年的房租，因为太贵了就没继续住下去。北京的房价太贵了，我租的那个地方，就一个次卧还要每月1 600元。

小张当时是和他人合租，"在北京租房特别贵，工资一发下来交完房租，基本上就不剩什么了。"

在放弃继续读书来北京打工的群体中，无论是上述案例中的小何、小张还是小丽，尽管没有接受高等教育，但并没有机械地进入父母打工的轮回中。他们有各自的梦想与追求，在职业选择中，通过网络信息的搜索与个人兴趣的驱动，从个体发展的视角在审视自己未来的路。

简而言之，新一代的打工群体，尽管也没有接受高等教育，很早辍学来到城市，但是他们对个体身份和个人的未来有了自己的打算。在移动传播终端和互联网信息平台日益扩散化的状况下，他们作为个人的主体性逐渐建立。这是社会现实和网络世界逐渐赋予他们的。关于身份的认知、关于个人的迷茫、关于家庭的未来，以及关于代际关系的变迁，对他们而言，都不再是一种继承性的问题，而是一种选择性和批判性的问题。

小结

从第一代、第二代到第三代，农民工不仅在城乡社会制度设定的范围中艰难地生存，而且还通过各种渠道、各种方式以种种新的姿态，不断在他们所能接触到的各种社会现实中，"寻找"城市社会中的生活秩序，这种生活秩序对他们而言是"全新的"，同时也是不稳定的和陌生的。在这种陌生的生活秩序面前，他们需要"适应"，需要"学习"，而城乡二元格局的社会结构并没有"及时"提供给他们学习和适应的时间与机会。他们在盲目的流动中，开始自我整合，在市场和技术所提供的机遇中，完成经济资本的积累、代际的更替和社会心理的自我成长。这一过程经过了三代农民工才逐渐有了一个缓慢却显而易见的变迁趋势。这种变迁趋势，是以发现自我、励志之路和自我流放来逐渐实现的（李红艳，2016）。

"90后"留守儿童或者流动儿童成年以后，大多都在城市打工谋生。家庭对他们来说，就是一个符号。当他们从人情味相对浓郁的乡土社会进入人情味相对淡薄的都市时，日常生活形态发生了根本转变。他们首先直面的是生存的巨大压力，而当其正当权益得不到保障，基本生计得不到维持，几经挣扎无望时，童年时期埋下的"正义暴力"种子就可能会迅速破土开出暴力之花（杨靖，2012）。

在调研中，笔者并没有遇到类似这种"暴力"的情形，一方面年轻人不断在经济形式上走向独立，另一方面在婚姻关系中则呈现出较为复杂的情况。"个体能动性的运用并不必然导致年轻人的独立，反而使得他们在结婚问题上越来越依赖父母的资助。"（阎云翔，2012：22）部分农民工家庭子女确实需要依靠父母来解决婚姻问题，但也有部分农民工家庭子女因为家里子女众多，只能依靠自己打工来承担。这一点，不仅是农民工家庭的子女，其他家庭的子女也面临类似的情形。因此，阎云翔的判断有些武断，个体能动性的运用必然会导致青年人的个性独立，部分青年人婚姻上依靠家庭的情形有更为复杂的宏观和微观因素，并不能由青年人承担责任。

其次，对于农民工家庭的子女而言，有研究指出，成长中家庭功能的"弱化"与成年后婚配模式的"催化"成为新生代农民工无法超脱的历史命运。从"弱化"到"催化"的快速转型，不仅在理论上隐藏着社会化断裂、角色冲突失败等悖论与矛盾，也造成客观现实中的适应障碍、认同困境乃至家庭解体等后果（陈雯，2014）。对农民工家庭的代际关系研究指出，农民工家庭中存在紧密型、远但亲近型、近但有间型与疏离型等四种关系类型。其中，最具传统大家庭特征和强凝聚力的紧密型关系仍是农民工家庭中最普遍的关系类型，但已深刻地打上了城镇化烙印，反映了传统农村家庭代际关系的传承与变迁特征；远但亲近型关系反映了城乡人口流动背景下外出务工子女远距离赡养父母的努力，子女对父母的情感成为维系家庭代际关系的新的重要纽带（崔烨、靳小怡，2015）。在中国历史上，农业社会的主干家庭里，子辈如果要分家的话，会从父辈那里得到住所和生产资料，包括土地和部分生产工具。新生代农民工的父辈在结婚时候的所得也大概如此。由于农村从父居的传统，住所和生产资料一般均由男方提供。这些传统的习俗都没有改变，改变的是对于住所性质的要求：房子要在城镇购买（王绍琛、周飞舟，2016）。

本研究认为，从农民工家庭子女的成长经历来讨论他们在未来有可能带来的隐性社会问题或者家庭问题，这一点判断确实过于武断。一个人的童年经历确实会对后来的成长带来影响，但本书的调研显示，大部分留守儿童成年之后，在打工生活中逐渐摆脱了过去的生活阴影，与父母和解，原有的家庭关系和后来的新生家庭关系，其功能和发展并未出现反常的现象。

在社会变迁中，家庭成员角色的变化会带来连锁效应。其他家庭成员不得不转换自己的角色，应对新的家庭关系。对于打工农民，即本书所说的农民工家庭的第二代而言，他们在童年时期的留守与流动是在家庭角色缺失的情形下完成的。原有的家庭成员长期缺席，他们不得不在心理和现实层面进行个人角色的调整和重新定位，与其他成员之间的冲突也会增加。而家庭成员的长期缺席，也会造成家庭成员之间的社会不平等和经济不平等。对于儿童而言，他们所要面对的更多在于，长期缺席的父母依然不愿意放弃原有的权力。父母对孩子的权力是一种权力形式，丈夫对妻子的权力又是另外一种权力形式。

究其实质而言，家庭中的代际传播也是家庭策略中的一种形式。夫妻二人选择外出打工，老一代人则负责照顾下一代，形成了代际合作的家庭策略形式。王圣卿（2013）认为，外来务工人员随迁子女家庭内的社会资本，主要包括家长的教育期望和家庭内部各个主体沟通交流的方式，包括家长与孩子的沟通、父母的投入、父母的期望、亲子间的情感支持，以及家庭内亲戚的交往联系。外来务工人员对子女的期望往往基于自身在城市打工中积累的经验和教训，他们在主观上希望孩子通过教育获得好的工作。在与子女相处中，他们更多地关注孩子的安全和生活事情，和学校学习有关的互动时间比较少。伯德纳韦的弗莱雷革命（Freire revolution）①认为，教育和传播通常被理解为一种"储蓄"，并被这样实践着。在这"储蓄"过程中，老师（或传播者）存款，然后学生们耐心地接收、记忆并重复。这个过程只是把内容"从一个知识渊博的、权威的来处转移给被动的接收者，……根本没有帮助接收者作为一个自主的和有批评意识的人成长，而这种自主和批评意识能贡献并影响其所在的社会。……另外，社会变迁即使可能表现为'发展'，也不是所有的社会变迁都必定对每个人有益"（约翰逊，2005：54-56）。作为储蓄的教育在场与缺席这一趋势，均会导致打工的轮回、读书的救赎与个体化思潮的同时并举。

最后，正式和非正式组织在其中扮演的教育角色也不可忽视。"政府设立的学校形成了结构上类似于国家官僚体系本身的巨大的、高度理性的，并且受到紧密的中央集权控制的层级组织，而这和总是属于地方性和个人性事业的传统本地学校恰好形成完全的对比。统一的教科书、标准化的文凭和教师证书，受到严格管制的年龄群划分、班级和教材，这些因素本身共同创造了一个自足的、有连贯性的经验世界。"（安德森，2005：116）教育的虚拟在场与现实缺席、父母的虚拟在场与现实缺席、打工的现实与读书的困惑、个体觉醒与父母的集体缺席等因素，导致农民工家庭的代际传播中呈现出留守、打工或读书、个体化

---

① 保罗·弗莱雷（Paulo Freire，1921—1997），巴西教育家。主要代表作有《教育自由的实践》《被压迫者教育学》等。他倡导批判意识，提倡对话式教育，认为没有真正的对话，就没有真正的教育。他所倡导的教育理念对现代教育思想影响巨大，被称为教育理论思想史上的第三次革命。

三重奏的过程，在这个过程中呈现出以下特点：第一，留守是代际关系中的一个记忆节点，这个记忆节点重构或者改变了家庭未来的代际传播模式；第二，打工是家庭代际关系的转折点，在这个转折点中子女远去打工的背影，成为父母无奈的心酸记忆，而父母外出打工的身影则成为子女学习和模仿的情感记忆，这两种记忆交织在一起，使得家庭的代际传播成为一种老一代在回忆中心疼新一代、新一代在疏离中叛逆老一代，家庭的传播功能由此也发生了改变；第三，读书与打工的交错形式，成为家庭代际传播与阶层传播中潜在的变革因素；第四，青年一代的个体化意味着他们试图从家庭本位中摆脱出来，在不同的城市打工就意味着一种从原生家庭"出走"的形式。那么"出走"之后呢？还需要慢慢观察。

中篇

挪用的技术：
家庭迁移 VS. 媒介选择

插图：敖松

在这样一个世界里,海面上没有剩下几块礁石,那些挣扎求生的个体们不知该把他们获救的希望寄托于何处,也不知当他们失败时向何处寻求依靠。

——齐格蒙特·鲍曼《流动的时代》

第四章　仪式选择：农业时间与城乡勾连

马里奥·佩尔尼奥拉在《仪式思维》一书中从过渡、模拟和无神话的仪式三个角度指出，过渡的概念与同时性经验、存在性以及现时扩展性这些标志有根深蒂固的联系。这是一种临时性的状态、不确定性的状态，这种状态最终让存在中的静态与动态重合在一起。而模拟这一概念则替代了传统意义上对本原和复制品对立的区分。在他看来，模拟的产生不是来自对本原的忠实复制，而是复制品从其对本原的依赖中解脱出来的一种结果。无神话的仪式是他要叙述的核心。无神话的仪式也产生于社会中，意味着社会中人们的行为规范并不依赖于习俗或者个人廉耻心。个体行为模式的产生，依靠的不是伦理道德或者个人品德等，而是浮在表面上的动力。其发展依靠的是诸多社会联动关系，个体对这些联动关系并不清楚，无法预测。在这种情形下，仪式是什么呢？这种情形下出现的仪式中，"每个人都是局外人，不论是那些属于我们文化遗产的、属于我们社会阶层的、属于我们个人历史的人，还是那些曾几何时属于别的民族、别的社会阶层、其他人的人"（佩尔尼奥拉，2006：36）。无神话的仪式便是"仪式的仪式"，代表着举止和行为模式从其功用性和目的性中解放出来，仪式思维在这个意义上便是"不是非理性的，也不是无感觉的，恰恰相反，它是以某种思维方法、某种思维模式、某种暗含的哲学为前提的"（佩尔尼奥拉，2006：38）。本研究所说的仪式概念借助马里奥·佩尔尼奥拉的"仪式的仪式"这一视角，将仪式看作人或群体的社会行为或者行为模式。这种行为或者行为模式在实施中，实施者往往处在"局外人"的状态，甚至是仪式名称本身也处在仪式之外。在该意义上，仪式更类似于一种惯性或者一种习惯，这种习惯并非是个人的习惯，而是社会的习惯。本章接下来叙述的春节返乡和农忙时节的返乡，便是在这种意义上使用仪式这一概念的。

就仪式传播这一概念而言，"作为传播现象的仪式"（ritual as a communicative phenomenon）和"作为仪式现象的传播"（communication as a ritual phenomenon）是两个视角（Rothenbuler，1998），本书采用的是后一个视角，即对作为仪式现象的传播发生行为及其动因进行分析。

从社会科学视角对时间和空间进行关注，较早源自涂尔干。他在《宗教生活的基本形式》中指出，时间和空间是一种集体现象，是集体意识的产物。各种事物被指定在社会空间的各个位置上，根据社会需要，社会为每个特定群体指定了一部分空间，并创造了大家接受和感觉到的共同的时间。"集体生活的节奏控制并包括了所有各种不同的生活节奏，它就来自于这些生活节奏；因而，集体生活所表达的时间也最终控制和包括了所有特定的绵延。……这种非个人的和总体的绵延是可以测量的，其分解与组合的相关线索，是由社会集中与扩散的过程确定，或者进一步说，是由集体复苏的周期的必然性确定的。"（涂尔干，2011：607-608）埃文思·普里查德在《努尔人》一书中，认为努尔人的时间概念分为两种形式：一种反映了他们与环境之间的关系，可以称之为生态时间，另一种则反映了他们在社会结构中彼此之间的关系，可以称之为结构时间。这个概念的两种形式都表示事件的前后延续关系。这些事件对社区来说有着极大的利害关系，因此它们总被人们谈起，并在概念上相互联系。生态时间是周期性的，而结构时间则是向前进行的（普里查德，2017：145）。皮蒂里姆·索罗金与罗伯特·默顿强调了文化节奏的内在性和社会时间的质性特征，他们认为："社会时间是质性的，而不完全是量的……这些性质来自全体共有的信念和习惯……社会时间服务于呈现这种时间的、被发现的各种社会的韵律、跳动和节拍。"（Sorokin & Merton，1937：623）

乔治·古尔维奇认为，时间是有社会等级的，不同社会类型中的社会时间概念有很大的差异。因此，他将时间从宏观和微观视角进行分类：宏观社会时间是指制度和体制等设定的时间，微观社会时间则是和不同群体的特征关联在一起的，并将微观社会时间分为八种类型①，其中属于农民阶级的时间等级为三种社会时间：长久持续和缓慢运动的持久的时间、转向其自身的迟滞的时间以及轮回的时间。其他的社会时间如欺骗性的时间、交替的时间与其他阶级等

---

① 即持久的时间（被缓慢的长久持续的时间）、欺骗性的时间（时间隐藏了突发的和未曾预料到的危机发生的现实性）、不规则的时间（由节奏的出现与消失之间的不规则的震荡构成的时间）、轮回的时间（过去未来和现在相互投射的时间）、迟滞的时间（一种被延迟的时间，其展开需要很长的时间）、交替的时间（过去未来的时间的实现在现在中处于竞争状态）、超前的时间（非持续性、偶然性和质性的东西共同击败其对立面的时间）、爆发性的时间（过去和现在消融在被超越未来的集体性创造的时间中）（古尔维奇，2010：30-31）。

级相同，其他的社会时间如不规则的时间、超前的时间以及爆发性的时间则与农民阶级并无什么关系。农民阶级对时间的掌控中，是有一定的社会时间中的阶级意识的，本土性的民间节日和地域性的季节性日程表就是很好的例证。他们也同时会寻求对其他社会时间的各种表征的控制，以实现在工业社会中的阶级地位。与农民阶级不同，工人阶级的时间等级是最丰富的，也是变动最大的。工人阶级的时间意识通常被呈现为疲惫、期待或是希望，这一阶层的时间意识是高度象征性的，不涉及任何数量化（古尔维奇，2010：79-87）。也有学者从功能主义视角对时钟时间的功能，即同步化、次序化和速度进行了论证（Moore & Gurvitch，1965）。

在时钟时间与社会时间的划分中，笔者认为社会时间始终是处于有差异的状态中，并不总是处于对等的过程中。随着现代工业社会的到来，尤其是工业资本主义的到来，人类与时间之间的关系在效率的牵引下已然演化为一种避免浪费时间的无休止的努力了。

对于农民工家庭而言，他们的身份是交叉的或者过渡性的，其时间意识充满了混杂性的特征。农民与工人，具有不同的身份属性。然而对于农民工而言，其时间意识既是充满停滞性的、轮回性的，同时由于受到工业社会影响，也是快捷又充满希冀的。这两种交织的时间意识不仅在农民工春节仪式和对四季轮回的感知中被呈现出来，也在匆忙返乡的路途中、在被规定好的工作时间的制约中呈现出来，既充满希望但又充满延宕感，似乎是农民工家庭在城乡之间所能感受到的最深邃的社会时间。这种社会时间以可逆的形式，在改革开放的40年中不断循环往复，家庭时间也是这种可逆性时间中的一个重要组成部分。

在这一章中，笔者借助时间等级、时间循环和时间可逆性等概念，对农民工家庭在春节团聚和农忙四季中的仪式化传播行为进行分析。具体而言，本章从时间的体制性或者等级性出发，在列维-斯特劳斯意义上的"可逆性时间"，即仪式范围内，对家庭的仪式传播进行探讨。所谓时间的体制性或者等级性是指在一定的社会形态中，时间将会呈现出不同的特征，本章主要指的是传统社会与现代社会之间的时间对比；而阶层性则是指时间对不同职业群体而言，其主导含义是有差异的，在这里主要针对农民、农民工家庭而言。时间的可逆性则是针对仪式本身而言的。

家庭在这个可逆性时间里，特定时期的团聚成为一种家庭仪式。这种仪式的主要呈现方式如下：一个是春节，在中国社会的话语体系中，春节期间农民工返乡已经成为一种春运仪式了;另一个则是农忙时节或者是亲戚朋友婚丧嫁娶的时候。这种返乡形式在仪式化的时空里具有两种含义:一是传统的含义。春节是中国传统文化的核心体现之一,对中国人而言,无论在哪里,春节一定要有一个仪式。农民工作为传统文化携带者,其春节返乡的选择,更多的是一种理性选择和文化选择。随着城乡之间流动性的增加,农民工在春节的返乡行为与其他群体在春节期间回家团聚的行为一起,共同形成了中国式春运的仪式。这个仪式年复一年,时间的可逆性一再延续与循环。二是农业社会习俗仪式的体现。农业社会与工业社会、现代社会或者信息社会的最大区别在于,按照季节安排日常生活,诸如结婚一定不能选择在农忙时节。四季在农民眼里,是时间的最好显示器。而农业空间,则是这种时间具体而微的承载之所。四季循环,宛如人们外出与回家的行为一样,一切都像是时间的一种定格,也像是空间的一种延续。在这一部分,本书分别从春节仪式和农忙时节的返乡仪式两个视角,对家庭仪式传播中的时间现象进行描述和解读。而农民由于其他突发或者意外事件的返乡行为,在这里只做简略叙述,不做专门论述。

一、春节仪式与春运潮[①]:返乡还是留守

列维-斯特劳斯指出,仪式本身不仅可以将过去与现在关联起来,克服历时性和共时性的对立,同时还可以克服历时性和共时性内部的可逆性时间和不可逆性时间的对立。无论是纪念性的仪式还是悼念性的仪式都假定,过去与现在之间的过渡在两种意义上都是可能的,举行仪式这一事实意味着将过去变成现在。档案也是如此,消解了已经完成的过去和过去在其中延存的现在这二者之间的矛盾(列维-斯特劳斯,1988:270)。这种可逆性的仪式化时间,代表了一种传统的或者是原始的时间取向。伊利亚德(Eliade,2005)认为,这种传统的时间取向主要存在于基督教时期之前,那时人们的时间感是在对四季的认知中获得的,其时间视野是由永恒的轮回神话界定的,而事件本身是以一种随时可以重复再现的节奏呈现出来的。这种循环的时间意识,并没有随着工业社会

---

① 笔者对于春节仪式的调查源于 2013 年,与对农民工家庭的关注有关联,同时也有区别。对于春节仪式的调查是以个案访谈的形式完成的,具体调研是在 2013 年春节前访谈了九个农民工家庭,针对春节返乡这一行为主题进行家庭访谈与观察。除此之外,在过去几年笔者进行家庭访谈之中涉及返乡行为时,受访对象每谈及与家庭成员的联系总会提到春节这一仪式。因此,关于春节的调查资料也包括农民工家庭访谈中涉及返乡的一些资料。

的到来完全消失，时间事件和社会事件之间的重复性，依然是许多社会中时间的主流意象。在这些社会里，"时间是循环的而不是线性的；生物的而不是机械的；广泛且可变的而不是精细的和同质的，是上帝对事物进行安排，而不是时钟"（哈萨德，2009：11）。奥古斯丁在《忏悔录》里对时间的循环性做了颠覆性的修正。他认为人类事件具有周期性的时间，是虚假的一种循环，他强调了时间的直线性发展特征，由此不可逆性的时间观念开始取代永恒轮回的时间观念，并最终在工业资本主义的发展过程中，线性时间观的霸权地位得以巩固。在这个时代中，进步是关键，过去是不可重复的，现在是短暂的，而未来则是无限的和可开发的。时间是同质的、客观的、可测量和无限可分的，"在现代神学中，线性时间以对永恒的承诺为结论，但是在世俗的、现世的工业主义活动中，时间单位是有限的，时间是一种资源"（哈萨德，2009：14）。春节时间，是农民工家庭在打工之余一年一度可以让工业时间"终止"、令农业时间"循环"的一种可以"人为操作"的"永恒时间"。对他们来说，无论是长久的城乡分离还是短暂的城市分离，其最终都要指向年终的春节时间。而春节时间，是中国农历的时间，也是中国传统时间的一种仪式化延续。相对于阳历时间而言，阴历时间总是处于变化之中的，因此每年的春节时间也不是固定的，人们总要通过阳历的时间进行"计算"。尽管如此，春节依然被视作一种"弹性化"的和"可循环"的时间。春节团聚，意味着人们要"放弃"工业时间、进步的线性时间观，回到曾经熟悉也一再被记忆反复加强的古代时间中。

在中国的节日框架中，传统节日大多以先赋性的社会关系为基础，首先是以血缘关系和地缘关系为依托而实现的，最重要的节日活动如春节、清明节都是以祭祀祖先、孝敬长辈、家人团聚、姻亲往来为主要形式。而元宵节、鬼节等都是地域性的群体活动，并没有进入官方的节日框架中。而现有的官方节日以政治性节日为主，并不能充分满足个人在现代社会中建立社会关系的需求。"直接地看，节日文化通常是一个民族的生活文化精粹的集中展示。间接地看，现代国家的节假日体系是反映一个国家根本的价值取向和民族精神状态的风向标，是反映政府与人民、国家与社会的关系的重要指标。"（高丙中，2005）节日体系是现代民族国家认同制度之一，也是反映民族精神状态的一种文化指标（高丙中，2008：218）。

对农民工家庭而言，春节，并不仅仅意味着返乡或者回家，而且意味着回家之后与乡村社会这一共同体之间的先赋关系的联系与维持。而当春运变成一种仪式的时候,春运这一形式本身似乎取代了春节的节日内涵。有几天假期?车票贵不贵?能不能买到车票?家里还有人吗?以及如果春节留守工作岗位的话加班费是否会很多等因素都会影响农民工是否返回家乡与家人一起过春节。那么,对于春节,究竟应该赶上春运的仪式大潮返回家乡?还是留守在打工的城市安静地过春节?抑或是外出旅游,"改变"一下对"春节时间"的感受?这三种情形,对于农民工家庭的选择而言,前两种占据主要地位,第三种形式较为罕见,但逐渐出现。

(一)回家本身的仪式化

春节返乡,不仅仅意味着团圆,而且意味着与原有生活方式之间的自然对应关系。对第一代农民工家庭而言,这一点尤其突出。

张某夫妇,2001年来到北京,至今已逾二十年了,二人均是初中肄业。张某从事过保姆、食堂服务员、保洁工等职业,后来在学校附近支了一个煎饼摊位,每天早晨6点开始工作,晚上11点回家。夫妇二人有两个儿子一个女儿,三个孩子也是初中毕业。一家人分居十年后,在北京团圆。大儿子结婚成家后,经过北京短暂的打工生活,回到家乡继续打工。张某的丈夫在北京一直从事保洁工作。夫妇二人在某大学内租房,每月房租300元,收入5 000元左右。每年春节的时候,夫妇二人都会返回家乡,因为有几天假期,可以和子女们团聚,在春节里主要是打牌和购物。由于外出打工久了,村里的人换了好几代,几乎都不认识了,他们处处感到很陌生。因此,即便回家过年,他们一家人也很少串门,都在自己家里待着。一是因为熟悉的人都找不到了;二是出去串门也不知道该说啥,没有共同话题;三是经济地位问题,也就是面子问题。

张某每次过年都是坐火车回家,"以前是坐快车,现在坐慢车,因为快车改道了,我回家坐十五六个小时才能到"。虽然坐慢车回去会很累,但是他们全家人还是愿意回家过年。张某感叹:

> 其实不回去过年就是因为条件不好,一般情况下还是都回家过年的。要是有钱,就是坐火车累得慌也情愿回家。家里条件好,电视也有得看。这里什么都没有,难受,都没有人,(在这里)过春节心里很酸的滋味,不好受。条件好的话都愿意回自己的家乡过年,你们说是不是?我们这个岁数,出来打工的,一般是一年只春节回一次。以前打工的时候家里条件不太好,就不回去,在外边过了几个春节,现在慢慢地条件好点就回家过

年了。

春节晚会是他们家每年必须观看的节目，即便回到家乡，也是常常待在家里，看电视、看春晚。

> 我不喜欢出去串门，因为家里的经济状况在村里一直不好。偶尔出去串门的时候，（邻居）也都问，我说我在北京做生意，具体干什么他们不知道。我们家条件算是在村里很不好的，村里其他的人都没有出来打工的，经济条件都好，他们都是做大买卖的，卖大米的、开服装厂的……都不愿意出来打工，家家都有钱，人家卖土地都卖几十万。（个案42）

案例42中的张某一家，夫妇二人并不是很年轻就出来打工的，都在40岁出头才离开家乡。主要原因在于家乡经济状态总体很好的情况下，张某一家处于经济不利的地位，又没有能力对这一状况进行改变。在北京打工，因为年龄和学历的关系，他们也只是处在社会的边缘地位，无论是做保姆、保洁工还是小煎饼摊主，他们都没有机会在城市建立新的社会关系，以获得更好的社会资源。他们租住在高校的宿舍里，尽管租金便宜，但也设置了他们与外界之间交往的壁垒，同时也意味着一种新的社会空间壁垒的存在。在北京打工的时间里，是孤单寂寞的生活，没有钱的时候，买不起车票回家。有钱的时候，春节即便是坐十几个小时也要回家。回到家，并没有因为在北京打工而获得更多的经济资本，在家乡的社会地位依然没有很大的改善。春节的时间循环，在他们看来，就是不断地攒钱，不断地返乡，但是依然没有办法改变他们的生活境遇。他们在家乡所盖的三层小楼矗立着，彰显着其打工多年的"成就"。春节时间和打工时间都在博弈，为这一家外出者改变在家乡的社会地位和社会资源的努力而博弈。春节在他们眼里，是归宿、是仪式，更是一家人安心的驿站。时间在这里，某种意义上不仅仅是仪式化的，也是静止的、断裂的，甚至是充满了内在冲突的。

这种冲突与农民阶层的时间观念有一定的关系。在时间等级上，农民阶层有两种特性：一种是倾向于社区性的社会交往，尤其是以一种消极甚至是无意识的社区形式交往；另一种是家庭，在各个群体所组成的等级结构中占据主导地位。古尔维奇认为，尽管其中有经济分层，但那是因为有钱的农民将主导权赋予了大家族，只有农民阶级的时间层级濒临消亡，经济分层才会对这种时间层级产生影响（古尔维奇，2010：80）。案例42中的张某一家，在老家乡村社会中的经济分层中处于劣势地位，外出打工也没有获得可以借助的社会资源。因此围绕着春节这一仪式，他们始终在一种轮回的时间、欺骗性的时间和迟滞的时间之间徘徊。春节的仪式时间，对他们而言，不仅仅是循环的，而且是停滞的，同时也是无力和消极的。因为"农民阶级……从不试图将自身的时间层级强加于任何人，农民阶级更愿意采取逃避或消极对抗的态度，因为它相信，每一个阶级都有其对应的时间与时间层级"（古尔维奇，2010：81）。张某一家虽然离开了家乡，但在他们的心灵深处，农民这一属性始终与他们紧紧粘连，而农民时间也是铭刻在他们心底里的时间印记。这一时间印记，依靠他们自身的努力，在春节仪式的循环中，只能是铭刻得越来越深。当然，我们可以说，这一家人可以每年春节返乡，除了经济因素之外，还与他们在校园里工作有关，由于校园时间里的春节时间始终是轮回的，或者说是循环不止的。

（二）春节本身的仪式化

春节这一传统习俗，原本其仪式化的含义是与农业社会的节奏关联在一起的。当脱离了农业社会的节奏之后，维系原有社会成员仪式感的基础逐渐消失，再加之职业所带来的经济利益，导致春节仪式的神圣性在不断消解。但是在这种消解过程中，春节依然是一个强有力的团聚的日子，这一方面与工业时间中的体制性安排有关，另一方面与改革开放以来中国社会传统仪式的不断复苏有关。更重要的是农民向城市的流动，直接造成了改革开放之后的一个独特的现象：春运。

20 世纪 80 年代农民流动状况少见，春运尚不构成一个社会现象。80 年代中期之后，外出打工人数不断增加。1989 年从内地到东南沿海的农民流动人数加剧，导致车站滞留了数以万计的外出农民工，出现了第一次民工潮。此后，每年春运时的客运量都是平时客运量的三倍以上，春运和农民工几乎成了同义语（崔传义，2009）。笔者在 2007 年的调查显示，25% 的被调查者每年在老家的时间为 1~2 个月，70% 的被调查者每年在老家的时间小于等于 1~2 个月（李红艳，2009）。

小王来自山西，受访时 25 岁，未成家，在北京当保安。家里有一个哥哥，哥哥大学毕业后在省会工作，已经成家，定居省会，春节一般不回家。小王就每年提前订车票，回家陪父母过年。但是有时候遇到值班，没法回家。虽然春节在这里值班工资会翻三倍，但小王觉得还是回家更好（个案 37）。

小吴，1995 年出生，14 岁出来打工，父母 2001 年来北京做生意。但是小吴不愿意在父母店里干活，自己做装修，每个月有 10 000 多元收入。他有个妹妹，当时 5 岁，在北京上幼儿园，爷爷奶奶已经去世了。尽管如此，他们一家每年都会回家过年，通常是开车回去，开车回老家需要十几个小时。回到家乡过春节，父母通常在家里看电视，他每天都出去跟朋友玩，过完元宵节，返回北京。小吴说："虽然在北京已经十几年了，成立了自己的公司，但在北京的春节，总觉得不习惯。"（个案 38）

2018 年是小龙一家第三年没有回老家过年了。小龙的父亲说："一家人都在北京，回什么老家，而且过年正是挣钱的好时候，人家都关门，我们也盼着这两天多挣点。"小龙是山西吕梁人，2008 年大学毕业之后来到北京，在肯德基的分店做储备店长，每月工资 3 500 元，加班可以挣到 4 000 多元。小龙的父母一直在外打工，先是在济南，五年前来到北京。他父母当时在一所中学门口开了个小卖部，还兼开了一个网上订机票的业务，一个月可以收入 10 000 元左右。小卖部有两间小屋，靠外的做门面，里面的那间父母居住。在一个筒子楼里另外租了一间，给三个孩子住。小龙在家排行老二，他还有一个姐姐、一个妹妹。姐姐专科毕业后，在北京某网站工作，平时每月能挣 4 000 多元。筒子楼的房租由姐弟俩供着。妹妹之前在山西读书，2018 年考上了北京的一所专科学校。山西老家只有小龙的奶奶还健在，在农村留守着。家里还有一个亲叔叔，早已成家立业了。小龙的奶奶便和她小儿子（小龙的叔叔）一家一起过年。小龙爸爸也尝试过把老母亲接过来住，但老人来过两次，每次都吵着要回家。没有特殊情况，小龙父母一年回老家大概三四次（个案 36）。

从上述三个案例可以看出，春节这一仪式，在市场经济中也成为"成本核算"的一个重要组成部分。在这个"成本核算"中，仪式的含义渐渐淡化了。春节不返乡的原因，除了职业因素之外，与家庭成员本身的观念有更直接的关联性。如果乡村里留守的老人或者家人不在了，返乡的可能性会大大降低；如果村里依然有留守的老人或者家人，返乡的概率会增大。但是，春节与经济利益之间的关联，对春节返乡的影响会更大。春节时间作为工业时间，成为计算收益的一个时间段。在这个时间段，不辞辛苦地花钱与花时间返回家乡的选择，就显得有些"浪费"了。或许最为关键的因素在于乡村共同体的变化，即便回到了乡村，原有的风俗习惯也都不再存在了，甚至仪式性的残留也比较罕见了。春节的感觉，在消解了空间限定性后，仅仅剩下了对时间的感知，那么城市与乡村之间的差异，在家乡的观念中也就渐渐消失了。

（三）"95后"与"70后"眼中春节仪式的变迁

当个体独自在城市打工的时候，并不必然会选择春节返乡。尤其是当个体是青年人的时候，这种选择便带有很大的随机性。

郭某的家人均在老家河南，除了他之外，没有家庭成员外出打工。郭某初中毕业后独自出来到北京打工，他为自己感到自豪，因为他是靠自己来北京找的工作，没有跟着老乡，也没有托亲戚朋友，就是通过招聘启事在网上投简历找到的。当时在他北京某社区担任保安。

> 我家里有五个人，有一个弟弟，和奶奶住在一起，春节感觉就和平常一样，北方的春节哪里都一样。过年约同学出来玩玩，一起放鞭炮，也不怎么看春晚，觉得春晚没什么意思。现在过年和之前一样买新衣服，小时候是父母给买，现在都是自己买，买了就穿了，也不一定非得大年初一穿。大年三十，在外面和一群朋友玩，聊天，放鞭炮，贴春联，还会挂灯笼。和自己家人在一起，三十晚上会帮着擀皮，包饺子。有时候我和哥们玩牌，有时候也上上网，玩玩游戏，比如穿越之类的，晚上一夜都不睡。
>
> 我的父母就在家工作，是农民，过年就是买东西，和别人聊天，打牌。大年三十和初一的时候会摆一些贡品，比如（祭）灶王爷，摆点肉、水果、蛋糕等。村里有一个磨面的地方，初一的时候我会在那里烧香，然后扔一些钱。自己也不知道为什么要去那里烧香，跟着大家去，其他的也不怎么管。从初二开始串亲戚，串四五天，有点忙，都是在厨房待着，拿点礼品，和亲戚家的小孩玩一玩，在别人家吃午饭聊聊天，别人过年还给压岁钱。和同学出去玩，就是聊聊天：过得怎么样，打工怎么样，挣钱多不多。正月十五的时候会蒸一些馒头，蒸一些像属相的馒头，互相送给亲戚。弟弟16岁，还在上学，过年也出去玩，都是和同班同学出去玩，过了初七初八，就看见他开始写作业了，其实是着急补作业，快开学了嘛。
>
> 其他时间的话，我一般都是和同学出去，很少去KTV，经常一起吃饭。过年就在家附近玩，初八初九就会去市（小郭家附近的一个县级市）里玩，吃饭唱歌，那时候KTV人也不是很多。人多的时候，也不用排队，朋友他们有VIP卡，直接就能进去唱歌，自己也比较喜欢唱歌。等串完亲戚，初八初九就会把从小玩到大的朋友叫到家里吃饭，四五个人，一起聊天，问问自己的朋友一年都忙什么了，挣钱多少，找女朋友了没之类的，

大家过了十五就都走了。(个案 40)

作为"95 后",郭某对春节的感觉都停留在作为农民的父母所设定的春节程序上。从初一到初五,春节的时间是被安排好的固定时间,固定的时间感觉和郭某返乡与小伙伴们的团聚合并在一起,构成了农业社会中的春节仪式与外出者之间的一种勾连。作为农民的父母与外出闯荡的儿子,双方站立在春节的两端,儿子一方面觉得春节的记忆在淡化,但仪式依然在维持着,另一方面也要回到家乡与小伙伴们一起娱乐,因为在城市里的社会资源并没有让他由此建立一套新的社会关系网络。作为个体而言,郭某的家里人自然将其看作一个在春节里被期待的人。被期待者自己也潜在地享受着这种被"放置"在家里人心里的感觉,春节因此被他预设了无数种与其他外出者不同的期待。

尽管同样是一个人外出打工,家里人留守,"70 后"的刘某感受就完全不同。

刘某当时 45 岁,建筑工人。老家四川。母亲去世了,只有父亲和一儿一女、妻子在老家。他每年春节都回家,觉得买车票特别费劲。"没办法,排队也买不到。那几天特别愁,托人买票,找老板,买到票之后就比较闲了,年底工地上也没事儿了。"每年回家都要到腊月二十九左右。回家共计要倒三次车,有的地方赶上了就能买到坐票,有的地方买站票都很难,差不多得用三十几个小时。

> 其实回家就是时间长,路上比较难熬,但是自己有行李,把被子塞到桶子里就可以当座儿,每年都这样,也习惯了。回家后,开始置办年货,现在市场上很方便,就看看缺什么买什么,一般就骑车去附近的镇里购买,来回 40 分钟。大年三十,一家人和父亲一起吃饭。虽然打开电视机,也没人看春晚,基本都是打麻将的,感觉春晚一年不如一年了。我家比较偏远,走亲戚习惯在年前,主要是因为大家住得太远了,一般坐车需要三四个小时,实在是不方便。

对刘某来说,过年的形式还保留着。比如过年前杀猪,他每年都自己动手杀猪,家里养的还有鸡鸭什么的。过年前几天,他们就把鱼塘放干了,弄了好多鱼来吃。过年三十下午,端着肉去上坟,还买点火炮、冥纸什么的。

> 年夜饭每年都是吃肉,实在是不习惯了。压岁钱一般都给 200 元吧,少了拿不出手。小的时候盼着过年,现在觉得也没什么,反正过年回家也

是花钱。(个案41)

放鞭炮也是一个延续下来的习惯,每年都要放很多,"现在经济状况好了,花钱买多少都可以啊。其余时间也没事情干,主要就是打打麻将。家里虽然还有四亩地,但是春节期间,也没啥农活要干,妻子在家就负责了"。刘某在家待的时间很长,什么时候有车票,什么时候走,也没有什么固定的时间,到了北京就接着在工地上干活。春节期间在工地上每天有100元工资,实在不能回家了,他就留下来赚点钱。

在"70后"的刘某眼里,回家买票太难了!但是不回家也不行,一家人都等待着他,他就是家里的希望和支柱。所以春节在他眼里,花钱是唯一的特征。即便回到了家里,春节所带有的其他一些特征,比如买食物、买衣服等,也早就不新鲜了,娱乐活动只剩下打麻将了。

综上所述,可以看出,春节在外出返乡者眼里具有以下的仪式特征:

首先,春节是公共休假的日子。除了意外事件,比如值班或者没有买到车票等因素之外,回家是一种必然选择,或者是一种仪式化的原则。反过来说,春节不回家,能干什么呢?

其次,当回家与春节这一仪式联系在一起的时候,春节本身的仪式感则在悄悄淡化。无论是春节时间的安排还是春节活动的形式,与农业社会的时间与空间的春节感知之间的沟壑越来越大。在这里,春节的本源性时间含义是属于农业社会的,也就是属于农民社会的。当社会成员观念逐渐变化,社会成员的选择跟随着这种变化而变化时,工业时间中的春节就是放假休息,不过团圆的含义在这个意义上并没有太大的变化。

再次,当一个家庭的成员处于分离状态的时候,春节返乡便是一种迫切的期待。这一点对于任何家庭都是一样的。吃与行的问题,在春节的迫切性中已经隐退了,剩下的是单薄而恳切的返乡仪式了。

简言之,"在仪式中,各种空间和时间可以说是轻而易举地得到了克服。不过在这里,地位更高的是群体的自我时间,而不是个体的自我时间。是群体创生了宗教仪式中的时间,他们不断演练它,使它循环到另一个时间转折点,并最后把它消解。在宗教仪式中,参与者所确认的是已经由其他人创造出来的秩序体系。但到那时为止,市面上还买不到可供人分离使用的中介形式。现代技术所创造的同时感的中介与古老的社会技术的创造品具有一个共同点:那就是对参与的社会约束。任何不参与的人都会被拒之门外"(诺沃特尼,2011:9)。

处于城乡时空中的农民工，与春节仪式之间的关系更像是一种村落仪式的群体关系，而不仅仅是家庭之间的关系。群体时间引导着个体的时间感，个体在村落空间里感知着个体与群体之间的关系，一定意义上也在感知着个体与自我记忆之间的关系。

二、农忙时节的返乡仪式：农民还是工人

时间对于个体和社会而言，是有差别的。每个人都有属于自己的生物时间、心理时间和时间感受，我们可以将其称之为个人时间（personal time）。生物时间与个体的身体功能和生活习惯密切关联。因此不同年龄层次、不同职业的群体对生物时间的感受是有差异的。心理时间则与个体生理和身体的成熟度有相关性。威廉·詹姆斯指出："一般来说，充满着变化和有趣经历的时间过起来感觉短，但当我们回顾的时候却长。另一方面，一段没有什么经历的时间过起来感觉长，而回顾起来却显得短。"（詹姆斯，2013）个人时间不仅与人的心理有关，而且与个体的情绪状态有关，比如在睡眠中、在舞台上，人们会丧失时间感觉，而在一些审美的体验中时间感觉也会失去其准确性。时间间隔在上述情形下形成了个体时间差异的种种状况。与个体时间不同的是，每个人对社会时间（social time）的感受，是与他对生活节奏的感受联系在一起的，而对生活节奏的感受又与两个因素相关：第一个因素是个体对日常生活过程节奏的自我体验，而个体的生活过程又与环境密切相关；第二个因素是个体对集体活动过程节奏的体验，这种体验是个体自我的社会活动在社会适应中与集体保持同步而获得的（马克吉，2009：33）。在获得社会时间的过程中，会形成不同个体的社会时间，也同时会形成不同阶层的社会时间。所以说，"个体适应社会的基础不可能是个人的不可靠的时间经验，而必须是对所有的个人来说都是不变的和共同的时间，只有在这种时间的基础之上，经济和社会中的合作才是可能的"（马克吉，2009：35）。四季的轮回在传统农业劳动中，扮演着既日常化又神圣化的角色。而在城市的社会时间中，四季的轮回对工作时间几乎不会带来任何影响，也许某些行业的市场与四季的变化关联性较强，但是其工作时间并不会因此而发生改变。

布迪厄通过对阿尔及利亚卡比特人的时间观的研究指出，卡比特农民的生活节奏遵照一种仪式性的历法，这种历法完全是一种神话式的系统。农民的世界观是通过这个历法系统塑造的。比如"与耕耘和播种相对的是收获；与纺织、

犁耕的季节性活动相对的是烧陶。春天与秋天相对，夏天与冬天相对，以及湿季和干季这一更大、更清晰的对立"（布迪厄，2009：216）。这些对立观念界定了农业劳动和手工艺活动的历法，也决定了农业社会的节奏。因此，卡比特的农民将自己看作自然的一部分，农业劳动本身便伴随着仪式性的互动，"顺从自然和对与自然结构合拍的时间行程的顺从是无法分离的"（布迪厄，2009：218）。他们不会控制时间，只会消磨时间，他们不担心时间的计划，忽视时钟，将其称之为"恶魔的磨坊"，因此"时间是被内在地感觉到，它正是生命的运转而不是限制性的界限。它无法与活动的经验和活动发生的空间的经验分离。持续的时间和空间是根据一项具体劳动的实施来加以描述的"（布迪厄，2009：220）。农业自身有属于自己的时间，农业劳动的时间不仅是仪式性的，也是符合自然节奏的。对于农业社会而言，我们可以把其中的个体称作农业人，相应地把工业社会的人称作为工业人。农业人的时间与农业社会的生产实践相对应，而工业人的时间则与工业社会的生产实践相对应。农业社会中的农业时间是人类第一次系统确立时间的时期。农业时间是由农业常规来决定的，农业常规又是由自然活动的节奏和周期决定的，季节更替和生态周期决定了农业时间的节奏。而工业社会中的时间与自然世界没有任何关系，是由机器体系支配的速度来决定的，机器体系本身并不需要遵循自然的任何节奏。当农民在城市打工的时候，他们面临的是工业时间的规范，而不是农业时间的散漫，当由机器节奏所设定的时间与由农业生态节奏设置的时间之间发生冲突的时候，他们会怎么办？

笔者大约 2008 年夏季曾做过一次控制实验的研究，目的是观测一个艾滋病预防信息宣传片对农民工健康信息认知程度的影响，当时选择了 20 个打工者进行前测，约定两周后进行后测。两周后笔者在他们居住的地方进行后测时却发现这 20 个打工者中有一大半发生了变化。经询问才知道，其中不少打工者回家乡收麦子去了，因为"村里这时候很忙"。在这里，农忙时间与工业时间之间出现了碰撞，工业时间的常规性与准时性在农民返乡的行为中"失效"了。农忙时节的仪式意味着农民工家庭与乡村社会之间最为牢固的先赋性联系，也意味着只要他愿意回家，家就始终在那儿，无论凋敝与否都等候着他。尽管在长时间的外出打工生活中，农业劳动在他们看来非常辛苦，也十分陌生。同时，农忙还意味着农民与传统的农业时间之间最紧密的关联性。换言之，农民工似乎身处两个时间之中、两个社会空间之中。对原来社会空间的留恋，并不意味着他们会主动选择返回那里继续生活；对当下生存于其中的社会空间的感知，也影响着他们对个体生命历程乃至家庭生命历程的规划与设计。

第一代农民工家庭，在城市与乡村之间，每年农忙时节定期返乡，几乎成为惯常的一种选择。农村在他们眼里，并非是农业劳动的代名词，还意味着一种仪式化的家庭认知。因此尽管在城市中生活，但阳光、空气、四季的变化在他们的眼里始终是有属于农民群体的变化规则的。无论是机械时间、工业时间还是个体时间、社会时间，在他们眼里，都无法与农忙时节所关联的仪式化含义相比较。

有一位年长的农民工遇到下雨的时候总是会说："下雨了，今年收成会不错。"遇到干旱的日子，他就会念叨："地里的庄稼都要旱死了。"他们在城市里打工，心理时间依然停留在农业节奏里。他们的身体迁移到了城市，他们的心理依然停留于农业社会里的时间感觉。换言之，身体迁移和心灵留守是一种双重的时间感。在这里，顺从自然的时间节奏和他们在城市里打工的时间节奏之间，出现了身体与灵魂之间的分离。一方面，他们漠视现代社会中那种规定职业时间的时间观，另一方面又不得不应对工作与报酬之间所设定的对时间的要求。农忙时节返乡，成为个体心理时间在农业节奏里的一种安慰性仪式。

时间经验在他们的农忙返乡中成为一种身心愉悦的体验过程。一个开着驴肉馆的老板，一家人每到农忙时节就回家，小店门口会立一个简要的"农忙回家 暂停营业"的牌子。一年四季，回家时间并无任何规律，就是根据他们对季节的判断。而返回城市的时间从来也是不固定的，因此暂停营业的时间也是灵活的。农活干完了，然后再返回城市继续开店，时间最长的为一个半月。效率在他们看来虽然是重要的，但是家里的农活更重要，因为这一家人都分散在各地开驴肉馆，只有在春节和农忙时节才会返回家乡团聚，这似乎成了一种仪式。同时，返乡还意味着他们与留守在家里的亲人之间的一种不可分割的亲缘与地缘联系。

由于家庭状况的差异和代际的隔阂、打工性质的差异，不同的农民工家庭对农忙时节的认知也有很大的差异。另外，农民工中年长者与青年人之间的认知差异，不仅仅体现于对农业时间的感知，更多的是城乡社会变迁中农业时间消解后的时间感知趋势。

张某来自山西洪洞县大槐树镇，他所在的村子原先是大槐树镇下的一个村庄，离大槐树镇非常近。近些年来城镇扩张，他们的村庄"被吸收"为城镇。

洪洞大槐树寻根祭祖园是国家 5A 级旅游景区，是全国以"寻根"和"祭祖"为主题的民祭圣地，也是山西省重点文物保护单位。依靠旅游业，大槐树镇发展迅速，生态环境良好，交通便利，但是他们的村子始终与此没什么关系。张某由于种地收入有限，50 岁出头的时候被迫外出打工，受访时已有 10 余年时间。他曾经在天津做绿化工人，在粮所上过班，但因为年龄大，文化水平低（小学毕业），待的最多的地方还是工地。当时他在建筑工地干活，虽然辛苦，但为了家庭生计，一直坚持着。工地上大部分人都比他的年纪稍微小点，但他很自信，觉得体格比大部分人都健壮。张某的老伴身体不好，有高血压，张某就没有让她出来。到了农忙时节他就回去帮老伴把庄稼收了，再种上下一茬，忙完就匆匆赶回城里工作。2018 年夏收之后，他换了个工地干活，因为他觉得"现在工地工资很难要，不能长待"。

张某每年随着四季的变化，往返于城市与乡村之间。他认为自己从小爱劳动，身体很棒，建筑工地的工作年轻人不喜欢做，他可以一直干下去，实在干不动了，就回老家种地。土地还在，也不会饿着。在他看来，返乡是必然的，进城打工是被迫的无奈选择。他的两个儿子也都在外面打工，农忙时节却不一定会回家，但张某一定会请假回家："不回家怎么行呢？土地可是根本呢！"张某的哥哥比他年长几岁，小学肄业（小学二年级就不上了），后来和妻子两个人住在村里的窑洞里。窑洞里有电扇也有空调，设备齐全。农忙时节，每天他骑着电动三轮在相距十几里的田地和窑洞间穿梭。一般早上 6 点出发，一直到晚上 7 点多才干活回来。儿子女儿都在北京打工（个案 77）。

返乡在老一代的人眼里，是一种理所当然的回归，就像是乡愁，挂在头上，留在心里。对于青年一代而言，农忙时节的时间感觉，与他们已经没有任何关系了。无论土地被留守的家人负责照料还是被流转，土地以及由此带来的农业生产的四季性，与他们已经没有必然的联系了。当他们与土地之间只剩下经济交易，只剩下村子里的宅基地或者是户籍的时候，返乡仅仅成为未来预期发展中的选择之一。

小结

节假日不仅体现了一种工作与休息之间的二元结构，也是制度层面对人的日常生活的调节规范。这种规范同时也是一种文化整合过程，节假日之上总被赋予了一种与制度设计相关联的因素。"正常的过节要社会大众有共同的自由时间，要张扬，要有自豪感。"（高丙中，2005）对于农民工家庭而言，基于节假日在城乡之间不断迁移与流动，也是节假日作为文化整合呈现的一种表层现象，也是制度设计所没有预设的一种后果。

家庭在城乡之间不断循环迁移，也不断重构家庭的诸多社会资源。这些社会资源更多的是集中在乡土社会中，以及乡土社会资源在城市社会中的延伸中。因此，在仪式传播中呈现出三大特点：一是居住地原则；二是由第一特点所延伸出来的，即循环迁移；三是情感补偿。

居住地原则。家庭社会学研究者将居住地原则作为分析核心家庭与原生家庭之间关系的一个重要原则。尽管原生家庭和新建家庭之间在空间上是分裂的和隔离的，但这并不意味着年轻一代和年长一代在情感上的阻隔。通过外部距离产生亲近感或者距离带来亲密感，在居住地原则中表现得十分突出。随着福特制度工业化社会的需求，尽管不同代际的家庭成员生活在各自家庭中，但他们之间依然保持着亲密的联系。尤其是对于许多家庭成员而言，与其说他们体现了家庭成员之间空间上的分离，不如说展现了不同代际情感上的亲近（茹科夫斯基，2015：20-21）。对于农民工家庭而言，其始终处于流动状态，在时间和空间的二度分割中，居住地更多地成为一种生活的目标或者归宿。他们年老之后，回到居住地照顾后代，颐养天年，而青年时代则把城市中的临时居所看作谋生所必需之工具。

循环迁移。循环迁移是指农民工家庭在仪式传播中，围绕着家乡这个迁移的中心，在生存本位、职业本位以及社会资源等因素作用下，不断地在不同的居住时空和职业时空中循环着。之所以是循环着，意味着他们的后代与他们之间的生存模式是类同的。循环迁移始终是仪式传播视角下家庭策略的主导选择。

情感补偿。情感补偿在这里的含义是指在一个固定时空里工作和生活的家庭，其成员之间的情感诉求，作为一个组织的家庭对于家乡的诉求，在仪式化传播中都可以得到一定程度上的补偿，情感在这种仪式化过程中得到释放，心灵得到了安顿。或许这种情感补偿是隐形的，但却是核心的、不可或缺的。此外，隐形并不意味着缺席，隐形只意味着另一种形式的在场。

第五章　媒介"内外":家庭场域 VS. 信息传播

人类有自己的时间史,而时间也有自身的历史。现在与过去、未来与现在,以及过去与现在的论述,是将时间看作一种进步观念的产物。我们目力所及的时间观念,就历史而言,发端于12~13世纪,上帝时间给商人时间让路,未来的观念以开放的形式展现在人类面前。18世纪进步观念逐渐嵌入人类历史,并开始时间化历史。"而当启蒙运动时期的自然科学将对新知识的追求纳入它的规划时,它们第一次提出了时间需求,由此产生的一个后果用布鲁门贝格的话说,即生命时间(life-time)与世界时间之间的剪刀差的形成。"(诺沃特尼,2011:9)19世纪末20世纪初,贵族及其中产阶级世界的等级开始摇摇欲坠,新技术如电话、打字机、电影制作技术、电视机、铁路、自行车等,将地理和社会空间的门打开了,社会将无法抵御时间和空间的侵袭了。

不同的社会秩序对应于不同的空间概念。不同的社会形态中,也会呈现出差异颇大的空间观,这一点在政治-经济结构分析的层次上表现突出。对于社会空间而言,其主要有两个特性:一是社会占据空间。比如在原始社会里,社会秩序被认为是不具有在自然空间的延展性的。因此,社会被固定在地球表面,诸如圣所、水源和传统营地这些特殊的区域中。而在其他社会形态中,社会秩序是具有空间覆盖性的,这个空间的边界具有领地性的特征。二是一个民族对其他民族和其他场所的认知和态度。原始社会中人们是极端中心主义的,空间就是他们所占据的场所或者领地。在其他社会形态中,人们对自己领地之外的领地有着较为清晰的看法。换言之,原始社会的空间观念是朴素的,人们对场所与社会之间的关联性依靠神话-巫术来实现,而其他社会形态的空间观念由于可以从概念上将自身从世界中分离出来,从而能够想象他人在这个世界中的存在以及属于他们的空间关系的存在,而相对朴素的空间观念而言,则是一种相对精致的社会空间观(萨克,2010:180-181)。

时间史和空间史在从传统社会向现代社会的过渡中,发生的变迁是巨大的,时空不仅被关涉起来，而且被看作现代社会不同于传统社会的一大特征。在将现代社会的观念发展分割为序列的过程中，学者指出第一现代性的三大主要动力是反思性（reflexivity）、时空分延（time-space-distanciation）和抽离（disembedding）。在从第一现代性到第二现代性的过渡中，资本与劳动之间的关系在时间和空间概念成为流动状态的同时也发生了变化。其主要特征体现在资本与劳动力之间的关系不再是一个双向的关系，资本在技术所带来的瞬时性（instantaneity）特征中，将劳动力和资本之间的关系改变为液态（liquid），信息取代物质产品、消费者取代劳动者（生产者）成为资本市场的动力（吉登斯，2000；鲍曼，2002）。在这个过程中，家庭的时空与工作的时空之间也发生了变化。

随着老龄化社会的到来，原本属于私人领域的家庭问题也被纳入了公共干预的范围之内。这种变化体现在两个方面，一个是家庭被要求承担更多的附加责任，另一个是公共政策对私人领域的渗透降低了对发生在家庭内部的身体虐待和性虐待的容忍度（切尔，2005：20）。就第一个层次而言，政府对家庭的干预程度加大了；就第二个层次而言，公共政策开始关注家庭成员之间的私人关系问题，或者是开始关注家庭内部的权力关系所导致的对个人基本权利的侵害。

随着媒介化时代的到来，家庭越来越受到媒介的影响，这些影响体现在两个极端的层面上，一个是女性权利的觉醒，另一个则是家庭价值的回归。同时，当家庭成员处在两个不同的家庭之间不得不进行选择时，即一个是原初的家庭，另一个是后来建立的家庭，哪个家庭具有优先权呢？这个问题对于农民工家庭中的"80后"和"90后"群体有着特殊的意义。帕森斯指出，在上述两个家庭之间面临选择时，美国人的优先权首先给予夫妇式家庭。因为美国人有强烈的文化偏好，他们将婚姻视为一种社会价值的表达（Parsons，1970：53-66）。但是在日本家庭中，父母仍然有很高的优先权（Maeda & Nakatani，1992）。家庭成立的意识，可以称之为家庭自我认同意识（family identity）（上野千鹤子，2004：5），家庭自我认同意识可以视为家庭边界概念在家庭组织这一形式确立上的观念形式，而家庭组织得以确立边界的合法形式则是法律和习俗。一旦形成一种家庭的自我认同意识，其物质基础便是共同的住房、共同的血缘和共同的财产等，其观念形式则是共同的家庭观念以及表现形式，二者是家庭时空传播的载体。在本章，笔者将从家庭时空与工作时空的关联、家庭领域的私人性与公共性两个议题中论述家庭与个体的边界关系。

一、家庭内外：工作时空还是家庭时空

在农业社会，人们完成工作大多在家里，或者在家的附近。家庭的生存是第一位的，家庭的目标通常也是为了生存所从事的农业活动（Beach，1989）。进入工业社会后，工作时空和家庭时空出现了地理空间和时间序列安排上的分离，这种分离是从男性开始的（Mccloskey & Igbaria，1998；Parr，1999；Silver，1989）。家庭空间与工作空间的分离使得人们可以把家看作"成为我们自己"（Nippert-Eng，1998）的地方。工作空间与家庭空间之间的一些实践，比如日历、钥匙、服饰、外表、饮食、金钱、谈话的方式、交谈的内容、阅读材料、习惯、休假，以及交往的人们及其这种交往的呈现物，如照片和礼物等，成为边界线上的产物，也可以称之为边界实践（Nippert-Eng，1998）。在工作和家庭生活之间，如何找到一个平衡点呢？通常有六种策略可供选择：一是在家工作；二是不规范的工作时间；三是改变工作惯例和职业习惯；四是减少有偿劳动的数量；五是在家庭内部和亲属之间重新分配劳动；六是使用商业化的儿童照顾服务或者国家提供的儿童照顾服务（切尔，2005：154）。随着新媒体的扩散，当家庭成员的工作可以通过在线的形式在家庭空间内进行的时候，"家庭-工作"这一形式模糊了工业社会中的工作时空和家庭时空的界限。一个家的主人确定自己领地的时候是依靠在家中"物体的认同"而实现的，而一旦这些物体认同的形式与"家庭-工作"关联起来时，这一时空对接中一个问题出现了：工作角色进入家庭的物理或者临时场所（location），挑战了家庭原来严格的边界结构。

概括来说，从时空上认知家庭有不同的维度，如有物理学维度、社会维度、自然维度，还有心理维度。中国传统对乡村家庭分工的模式最常见的是"男耕女织"。在这种家庭模式中，男性是农业生产的主要承担者，女性则是家庭副业生产的主要承担者。二者的合作才可以保证家庭经济功能的正常运作。在时间上而言，传统农业是以个体时间的消耗为主的，这一点与小农家庭经营的零细化是相适应的（王加华，2015：118）。虽然存在群体时间，但个体时间依然占主导地位。进入城市社会之后，家庭的经济基础发生了变化，家庭分工随之发生了改变，家庭成员在家庭与工作之间被分割为不同的时空段落。在这种时空段落中，重新构建自己的家庭生活。对于从事服务业的农民工家庭而言，工作时空与家庭时空之间的交叉性或者边界性状态有以下三种模式：一是家庭时空

与工作时空分离型家庭模式；二是家庭时空与工作时空同一型家庭模式；三是家庭时空与工作时空交织又分离型家庭模式。

（一）家庭时空与工作时空分离型家庭

时钟设置的机械时间观念对劳动管制产生了影响，资本主义的生产体系便使用时钟时间来管理和组织工人，并使之内化为新的工作习惯。在这个过程中，任务导向的工作替代了之前以自然节奏为基础的工作时间，定时劳动意味着在工作和生活之间进行明确的划分（Thompson，1967）。亨利·福特20世纪初期在福特汽车公司实行了大规模的流水线作业，流水线的五个特点即劳动分工、通用零部件、单一功能的机器、机器设备的布局，以及通过滑行和传送带将零部件传送到工人面前，因此可以将流水线作业定义为一种物质技术。科学管理理论的创始人泰勒展开了工作时间的定额劳动研究，目的是从工人手中取得对工作的控制权，"泰勒最大限度地实现了现存生产技术的效率，而福特则对生产方式进行了变革。泰勒的方法节省了时间，而福特却提高了生产速度"（奈，2017：32）。在后来著名的霍桑实验以及人际关系学派的主张中，对工作时间和空间的控制均没有在这一点上受到质疑。这种工厂制度中对时间和空间的控制模式，目的是对工人体力的控制，逐渐延展到办公室工作中，严格的时间控制和场所规范成为现代工业社会中职业官僚化规范的重要规则。随着新媒体技术的扩散与普及，时间的规制和空间的设定在21世纪并没有消失，反而是细致入微地渗透到社会的每个环节中了（惠普等，2009：170）。起初这种"新的时间规制是从外部强加的，即通过把时间与劳动力沟通的制度，以及强迫在工作日连续工作来实现的，之后它们连续内化为劳动者的日常劳动时间观念，并且在可靠的机械时钟得到普及的同时，这种时间观念也成为社会的主导观念"（惠普等，2009：172）。工业社会对时间的强制性，在雇佣关系中体现得更为显著。"因为工作时间不仅受到控制，而且要讨价还价。那种关系中交换的不是劳动，而是劳动时间。"（亚当，2009：132）劳动在这里被转化为中介，获取金钱的中介，时间则成为这种转换过程中的中介。以英国罢工史的研究为例，工人首先对抗这种工业化时间，认为其破坏了自然节奏。随着时钟时间的确立，随着时钟时间被广泛接受，围绕时间的斗争取代了与时间的斗争，而罢工史就是对时间控制的斗争。斗争的中心是工作日、工作周、工作年以及其工作年限的长短、工作和休息时间的步调、加班和下班时间、假期和带薪休假的时间等。汤普森指出："在其雇主的教导下，第一代工厂工人懂得了时间的重要性；在10小时运动中，第二代工人建立了自己的短时委员会；而第三代工人则为加班费或者相当于原工资一倍半的加班费而斗争，他们接受了各种类型的雇主，并且学会了抵抗。他们成功地汲取了教训：时间就是金钱。"（Thompson，1967：86）

吉登斯对工业化时间有进一步的解读，从在场与缺席的视角，将时间和空间概念结合起来。在传统社会中，尤其是在乡村社会中，时间空间与人本身没有发生分离，社会关系需要共同的在场感。而现代社会中，这种时空关系发生了变化，在场不再是一个必要的条件，时空发生了分离。"时间的商品化，以及它与进一步的空间商品化的过程之间的区别，是解答由资本主义出现而带来的日复一日的社会生活最深刻的转变的关键。"（Giddens，1981：131）

对进入城市社会打工的农民工而言，他们首先要面对的便是工作单位中的时间与空间的设置与家庭时空设置之间的冲突问题。研究表明，家庭式迁移农民工的工作-家庭关系由工作对家庭产生的冲突、家庭对工作产生的冲突、工作对家庭产生的促进和家庭对工作产生的促进这四个维度构成，由此得到如下结论：工作与家庭之间的冲突水平较低，而工作与家庭之间的促进水平就相对较高；家庭对工作产生的促进和工作对家庭产生的促进均与工作满意度正相关且对工作满意度具有显著的正向影响；家庭对工作产生的冲突与工作满意度负相关且对工作满意度具有显著的负向影响；工作对家庭产生的冲突则与工作满意度不相关且对工作满意度没有显著影响（钱文荣、张黎莉，2008）。个体、组织和家庭都是影响工作-家庭冲突和家庭-工作冲突的重要因素，其中组织因素的影响最大（许传新、杨川，2015）。在家庭时空与工作时空分离的家庭中，鉴于工作与家庭之间的冲突力度表现得较为突出，直接或者间接导致了家庭在居住空间上的变化。这里的冲突主要是指不同类型的时空观念的冲突，即组织的时空观念与家庭的时空观念，这也是时空分层的一种体现。

组织时空是指在不同的组织中，均有特定的基于该组织自身的时空规定性，组织时空观的根源在于社会高度化的分层和嵌入。在很多组织中，比如工厂、学校等，组织时空是按照一定的时间和空间次序来安排的。而对于家庭而言，则存在属于家庭自身的时空观，家庭时空观是基于家庭成员的生活工作习惯而构建的，是建立在组织时空观和个人的自我时空观基础之上的。对于农民工家庭而言，家庭时空与工作时空的分离主要取决于职业的类型。二者之间是否有明确的界限，与居住空间又有直接的关系。

个案 42 中的余某，1977 年生，来自河南，与丈夫在北京打工。余某从事某实验室器材的清洗和维护工作,余某的丈夫回收废旧家电,有时候会把收回来的旧家电修补好之后拿出去卖掉,贴补家用。夫妻俩有一个儿子一个女儿,大儿子(1991年出生)当时19岁,在江苏打工。小女儿(1994年出生)当时16岁,女儿8岁之前在老家,是典型的留守儿童,小学三年级后来到北京上学。一家人租住了一个大宅院的一间平房,大概20平方米,租金500元。尽管是平房,但是有不少租户和他们一样都是从河南来的,于是很多家乡人一起住在一个大院里面,相互依靠。

就家庭的时间和空间而言,在结婚之前,二人都曾分别出来打工。余某小学毕业后,最初经同村人介绍,从家乡来到天津的一家服装厂打工,后经亲戚介绍,又去无锡的一家五金加工厂做零件加工,在那里做了两年。后来由于工厂效益不好,一个月只有160元,她就回家待了三年。余某的丈夫一直在广州打工,先后从事过服务员、电工、家电维修工等工作。二人是邻村的,经人介绍,见过一面就结婚了。婚后,余某在儿子一岁半的时候出来打工。夫妻二人并没有在一个城市打工,丈夫依然在广州,余某则经老乡介绍去了苏州的一个钟表厂做工,和很多老乡一起去打工,时间为1996年到1999年间。钟表厂的工作很辛苦,经常是大夜班和大白班,12个小时轮班倒班。后因女儿生病,余某又返回家乡附近的县城打工五年。2005年与丈夫一起到北京打工,才开始租房子居住在一起。

余某丈夫来到北京开始做废旧家电的回收工作,每天骑着车去外面收废旧家电,然后拿回来修理,定期在家门口外面的空地上摆摊售卖。比起在广州时给别人打工维修家电,丈夫这一次是自己给自己打工,虽然辛苦,却觉得工作时间自由,这也意味着家庭时间的自由。

余某到北京后,先是在一个小区做保洁员,主要负责清洗楼道走廊等地方。但是,由于保洁工作需要每天早晨5点就上班,晚上6点才下班,丈夫认为余某6点下班后回家需要一段时间,这样就耽误了她回家做饭的时间,对家庭来说不太合适,导致家里人都不能按时吃饭。因为在他们家乡,他们一家每天都是天一黑就要吃晚饭,晚上七八点吃饭在他们看来感觉就像是半夜似的,尤其是冬天黑得早,完全不适宜,也不符合他们原有(在农村)的作息时间。因此,丈夫就不愿意让余某再去做保洁工作了。2007年,余某和邻居一起蹬三轮车收废品。这样两个人的工作时间自由,何时上班、何时下班、何时吃饭、何时休息都由自己决定,家庭的时间感知和居住的空间感知也符合他们在老家的习惯。

2008年，余某有一个老乡在某实验室干活，便推荐她去做保洁员。骑电动车上班的话，每天从住的地方到单位需要大约30分钟，下午4点左右就可以下班，也赶得及回家给丈夫和孩子做晚饭，一个月收入为1 000元，工作时间也缩短了。余某觉得这份工作很好，符合家庭的时间需要，收入也不错，所以就没有再换工作了。

从个案42可以看出，夫妻二人在结婚之前和之后都经历了多次的职业转换，而职业转换大多依靠的是老乡或者亲戚的介绍，选择去的城市也都有以乡村的社会关系圈子为基础的社会资源。即便有了孩子，也没有改变家庭外出打工的模式。尤其是对丈夫而言，这一点没有任何改变，妻子由于需要带孩子，会在家乡附近打工。而孩子稍微大一点，余某还是会考虑外出打工。当夫妻二人带着孩子在北京一起生活的时候，家庭时间和空间与工作的时间和空间之间发生了冲突，因为他们的作息习惯是依照乡村社会的农业时间。丈夫的工作时间是自由的，工作空间也由他自己决定，甚至他还可以把需要修理的旧家电带回家里修理。对他而言，工作的前提是一定要保证家庭的三餐时间与乡村社会时间的一致性。因为这个因素，余某便不断调整工作，如今二人的工作时间和家庭时间可以很好地匹配，收入他们也比较满意。

> 我们农村人作息比较早，我们通常晚上七八点就睡觉了。所以也没什么时间看电视。家中大部分的收入是来源于丈夫的，丈夫是家里的顶梁柱，我现在的工作要比以前好很多，尽管生活不是大富大贵，这样凑合过也还可以。（个案42）

对余某而言，家庭时间空间与工作时间空间基本上是分离的，但是其家庭时间空间处于优先地位，工作时间空间处于次要地位，这一点与丈夫在家庭中的经济地位有关。鉴于妻子的家庭位置处于次要位置，而丈夫的工作时间自由，又坚守乡村社会的时间逻辑，二人虽然生活在城市中，却仍保持着传统的农业时间和空间观念。

（二）家庭时空与工作时空同一型家庭

在同一状态中，家庭成员首先要面临的问题是角色模糊（role ambiguity）的境况。农民工家庭的基本时空观念原本是与农业文明的时空关联在一起的，他们对家庭时空的认知带有很强烈的感性色彩。而进入城市社会，不仅意味着另一种生活方式的展开，更意味着另一种家庭时空观的展开。"时间能够化为金钱时，典型的工业社会的时间态度才会出现，对生命时间的拆解过程也才开始。"（诺沃特尼，2011：25）生命时间的拆解对于家庭时空与工作时空同一型家庭而言，体现在其生命年轮在城市中的乡村时空延续中。个人时间或者说自我时间，在这里几乎是不存在的，存在的仅仅是家庭的时间空间和混在一起的工作时间空间。这一类家庭，几乎都是自谋职业者，以开小商铺为主。刚开始，城市治理对这种前店后住的形式没有规定，他们基本都是在前面的空间（店面）工作，在后面的空间（后厨）居住。笔者在小卖店里经常会看到电炉子，闻到方便面的味道。没有客人的时候，他们就看电视，或者打游戏，或者上网。小店生意不好的情形下，一个家庭的其他成员就会外出打工，只留部分家庭成员看店留守。

个案 20 中的一对夫妻便处于这样的状态。他们 24 小时待在一起，工作时空与家庭时空是完全重合的。二人分别来自山东和河南的农村，经人介绍，当时 21 岁的妻子汤某和 16 岁的丈夫李某认识。结婚之前，李某在上海打工，汤某在农村务农。三年后，24 岁的汤某和 19 岁的李某结婚了。两人结婚不到两个月，汤某怀上了第一个孩子，李某就跟着同村人去东北做建筑工人。大儿子两岁的时候，汤某忍痛将年幼的儿子留给爷爷奶奶照顾，跟着李某去河南卖煤球。两人在家凑了 6 000 多元钱买了一辆农用三轮车，在某县城的煤球厂买煤球，然后转卖到当地的住户家。两个月后，汤某的娘家弟弟小学辍学，投奔姐姐姐夫，汤某便趁机回家照看儿子。但拉煤球的工作也没有赚到多少钱，丈夫做了五六个月就回来了。随后，二人去山东滨州打工。李某在纺纱厂工作，汤某在卫棉厂工作。虽说规定一天工作八个小时，但实际工作起来都要十几个小时。当时正值夏天，两个人租住在一间小阁楼上，既没有电视机也没有手机，屋子里只有一张床和自己买的一台风扇，特别热。两个人只做了两个月，赚了不到 1 000 元钱，实在扛不住就回家了。用他们的话说："没少受罪，但没赚到什么钱。"

在 1997 年到 2012 年间，二人一直处在打工的途中，更换城市，更换职业，生活更像是一种对人的磨砺。他们后来在北京城中村开设卖米线的小店，小店成为夫妻同吃同住同劳动的场所。店面是一处有狭长过道的大杂院的门面，纵深进去一间间分租给了不同的人家，一个院子里共住了七八户。刚到北京时，夫妻二人租住在店面附近胡同的大杂院里。2014 年，在和房东沟通后，夫妻二人又租下了店面后的一间作为卧室，三间房的房租每月共 2 100 元。夫妻二人在经历了十余年的分离奔波之后,在北京一个不起眼的小店安心做起小生意。两个人谈起过去时光,笑声爽朗,清脆的声音回响在周遭嘈杂的环境中,恍惚间让人忘记了时间和空间本身。

"时间会说话,而且说得比言词更加明白。由于它不受人有意的操控,所以它不像有声语言那样受到扭曲,在语词撒谎的地方,它能高声宣布真相。"(霍尔,2010:1)同时,空间也会说话,因为每一个生物体都有一个身体的边界,由此与外界进行分离。人也是如此,每个人都有一个身体边界,但同时也有一个非身体边界(霍尔,2010:124)。对于上述案例中的夫妻二人而言,家庭的时间在他们当下的感觉里便是那无言的笑声,而家庭的空间则是由他们的身体边界和非身体边界组成的。非身体边界在这里笔者认为就是他们小店的边界以及流动中的客人和街坊邻居,这里便蕴含了霍尔所说的领地的意思。他们从农村到不同的城市打工,穿越了无数个不同的习俗与行为,落脚在这个不起眼但并非微不足道的小店里,小店的时间和空间以及由此形成的文化意识,成为他们构建家庭时空和职业时空的主要现场。当这一边界被超越的时候,他们便不得不再次踏上游荡的征途,或者到另一个城市,或者回到熟悉的家乡。

在这种边界内部(小店),出现了一个新的技术形式,这种新的技术形式使得非身体边界出现了新的标准。手机的出现,使得他们在小店里的工作时空与个人的休闲时空、家庭时空边界再度被重构。夫妻二人一共有三部手机,其中一部 iPhone 4s 是专门往家里打电话用的,另外一人一部手机用来接外卖电话和平时娱乐。汤某的是华为手机,李某的则是 iPhone 6。汤某每天都凑着孩子放学的时间往家里打电话,一打就是二十分钟。为此她专门办理了一张打长途便宜的电话卡,一个月 43 元钱可以打 2 000 分钟。老家孩子的爷爷奶奶也是一人一部手机,方便电话联系。

店里已经可以用支付宝付款,但大多数顾客还是习惯用现金支付。从 2016 年 12 月开始,李某办理了美团外卖的手续,扩大了外卖范围。米线店可以使用美团外卖了,夫妻二人十分开心。

在工作时空与家庭时空重合的过程中,新技术的加入对这种重合提出了挑战,新的时空观念出现了。对于在北京的农民工家庭而言,这种新的时空观念出现了以下特征:首先,他们的时间观念不再是单一依靠工业时间或者媒介时间,而且是依靠消费者的时间。因此,他们的时间观念不是由某种单一因素来决定,而是由他们所在的社会关系结构来决定的。其次,因为他们的社会关系结构处在城市与乡村之间，他们与家人之间的联系也处在一种自我设定时间的状态中。既要符合他们在城市中的职业时间和家庭时间，也要符合乡村社会中的家庭时间，借助网络的使用，还要顾及网络时间在其中的影响力。一个小店承载着一个家庭的希望，也将这个家庭的生活与职业边界完全融合了。在经历了十多年的奔波之后，他们将家庭与生活的边界跟个人的边界完全融合了。

（三）家庭时空与工作时空交织又分离型家庭

年长一些的农民工的家庭在时间与空间选择上，有可能的话，更愿意保留乡村生活的习惯；但年轻一代农民工的家庭，在时间与空间的选择上，将居住空间的同一性看作首位的问题。工作时间与家庭时间的交织与分离在他们看来，都是基于未来的一种考虑，无论是交织还是分离，最终都是为了小家庭的美好未来。

小家庭更多的是集中在"90后"农民工家庭中，他们可以说是从中国当代典型的留守儿童成长起来的。他们的打工经历往往是复杂而多变的，根据家庭关系、亲属关系以及老乡关系所能提供的打工机会，一旦辍学回家就马上进入打工的路径中。因此，他们与大家庭之间、小家庭之间的关系，在打工地的选择上，并未扮演十分重要的关系角色。选择"脱离家庭"外出打工这一点，也决定了他们自己的小家庭的时空观念与工作观念与原有家庭之间出现了明显的分离。

一对"90后"夫妻李某和王某，均出生于1990年，二人是在北京打工认识的。李某，祖籍河南，高二辍学，先去了东莞，跟堂哥在KTV帮忙，三个月挣了5 000元。2010年，李某在一个电子厂做苹果电脑的数据线，一个月挣2 000~3 000元，这份工作做了两年左右，后离开广东到北京打工，通过网络招聘，在一个大卖场里做售货员。王某来自山西，初中毕业，先后在山西、广东打工，做过销售员、服务员等，2009年来到北京。二人认识后于2012年结婚。他们下班后在某小区附近夜市摆摊卖寿司。这样，他们的时间特别紧张，每天5点起床，7点上班，下午5点下班回家就去摆摊，回来时间在夜里12点半到凌晨1点之间，再吃晚饭睡觉。他们说：

> 人只有做生意才有出路。打工的话，只能一辈子给别人打工。我想要去实现自己的梦想，希望将来有一天能够实现自己的梦想，在北京鸟巢开一家顶级的寿司店。

二人租的房子在该夜市附近的小区里面，是筒子楼里面一间大约 10 平方米的房子。他们住在一层，房间中间摆着一张床，左边是一张桌子，桌子上有电脑，桌子后面是冰箱，冰箱后面是水池，靠门口的墙上是厨柜，右边是一个衣柜，衣柜后面是一张小桌子，小桌子上面摆着电磁炉，这是他们做饭的主要工具。浴室在小桌子旁边，墙皮脱落了，有点破旧。因为每天下班就出去摆摊，没时间吃饭，他们的晚饭一般就在半夜 1 点，睡觉时一般在 1 点半到 2 点之间。家庭的时间与空间与职业的时间和空间既是交织的也是分离的。家庭时间只剩下吃饭的时间和睡觉的时间，休闲娱乐的时间在他们看来是很奢侈的事情，在预设的未来中，休闲娱乐的时间和空间是被暂时搁置起来的。[①]

同样的案例在"80 后"农民工家庭中也存在。个案 35 中的夫妻，白天均在超市做收银员，只是不在一个超市，下班后一起在街边卖一些日用品，然后深夜再一起回家。他们与另一对夫妻合租一个两居室，他们居住在两居室的其中一间。两个人的工作时间与家庭时间重合度很高。他们都是"80 后"农民工，之所以兼职是希望赚更多的钱，可以回到家乡开一家属于自己的店，好好过日子（个案 35）。显然，当一个家庭的成员从事同样的工作时，工作时间和家庭时间之间不仅是模糊的，而且是多元化的。他们下班后继续工作的前提是，二人下班时间比较早，还没有孩子。父母均在其他城市打工，用他们的话来说："家里没有负担，自己赚钱就想着将来该干什么。"

如果有了孩子，家庭时间和空间就不再是随心所欲的了。职业的选择也会变得越来越狭窄了，因为职业时间和空间的要求与家庭的时间和空间要求之间出现了冲突，家庭的选择便成为第一位的了。一般来说，来自乡村的青年人，结婚的时间比较早，他们的生育年龄大多在 25 岁之前。

个案 15 的主人公何某来自河北的一个小山村，出生于 1992 年。何某的家乡是典型的北方农村，村里以院落为主，村民以种地为生。祖母总共生育了七个孩子，何父是第五个，初中毕业。20 岁的时候，何父就和附近村子里的姑娘结了婚。何母高中毕业，辍学后，只有结婚这一条路。二人结婚后，住在村里的一间平房里，平日在村子附近城里的工厂打工。除了打工，他们还经营着四五亩地。婚后第二年，何某的姐姐出生了，在六年后何某出生了。何某的姐姐高中毕业后，到附近的秦皇岛打工，认识了同样打工的丈夫，结婚生子，定居

---

① 个案来自 2014 年 6 月在北京的调查资料。

在秦皇岛。因为何某父亲的姐姐考上了大学,并留在了北京工作,所以何某父亲对家里唯一的男孩何某读书寄予了厚望。

五岁的时候,何某开始在村落附近的幼儿园读学前班,上了两年。小学是附近几个村子合办的。升初中之后,何某的生活一下子都改变了,他开始变得努力学习了。上学时间提前到了 7 点半,放学时间也推迟到 5 点。进入高中后,他变得随波逐流、得过且过,沉溺于游戏,高考失利。高中毕业以后,何某慎重地考虑自己将来的道路——是和其他同龄人一样在当地找工作,还是去大城市闯一闯。经过深思熟虑之后,何某决定趁着年轻先到大城市看看(何某的姑姑在北京工作)。何父何母对于何某的选择并没有多加干涉,一辈子没有真正出过远门的何父何母自己也不知道到底怎样的决定才是正确的,他们觉得男孩子出去闯一闯是没问题的。

从家庭时空与工作时空之间的分离、交织与同一这三种状态,我们可以得出以下几点初步的结论。首先,就时间而言,家庭时间在农民工家庭中基本延续了在乡村社会中的状态,家庭时间围绕"一切为了生计"而展开。在城市里团聚的农民工核心家庭,其核心的时间还是围绕工作时间进行,"剩余的时间"才是家庭时间,那就只有吃饭和睡觉了。媒介接触时间尽管在不同的代际中有差异,但也基本上呈现出这样的趋势来,这一点将在第六章中进行详细论述。人类学家普林斯德在《努尔人》中提出"时间深度"的概念,所谓"时间深度"是指在一个代际梯级中,代际的梯级关系为该群体的成员们赋予了一个时间概念,这种时间概念确立了他们在这个群体中的参照点,从这种代际梯队中的参照点出发,延展出来时间深度的概念。他指出,世系群时间就是在同一个谱系的线性关系中不同群体之间的结构距离,而结构时间则是结构距离的一种反映。这样一来,一个人确立时间的方式包括个人根据自然现象的判断、其他个体的身份地位以及他自己生活史中的变化来计算等方式。但是通过这种路径确立的时间概念,不可避免的一个问题是无法获得广泛的集体效度(collective validity)(普林斯德,2017:159)。对农民工家庭而言,其家庭时间的概念是由几个因素决定的:个人对职业时间的感知、个人对城市与乡村社会生活的全方位适应度、家庭成员的职业类型及其工作时间、城市社会的工业时间系统以及周围人的行为等。这几个因素形成了家庭成员对各自家庭的时间认知,但这种时间认知带有很大的个体性效度,无法获得一个长期的集体效度。

其次,就空间而言,家庭空间对于农民工家庭而言,主要是指居住空间。

当一个家庭在共同的居住空间中生活时，家庭空间意味着成员之间在特定的时间点有可能进行面对面交流；而假如一个家庭在不同的空间里生活，面对面交流的可能性便被摒弃了。无论是否在一个特定的居住空间中，借助媒介进行交流的家庭空间越来越扮演着重要的角色（这一点将集中在第六章进行详细论述）。换言之，家庭时空与职业时空之间的关系，在媒介时空谱系中，成为虚拟与现实之间的一种交织空间。

二、家庭领域：家庭生产与社会再生产边界的重新设立

从传统社会到现代社会，个体对社会的参与度呈现出多元化的趋势。就中国传统社会而言，正如费孝通先生所说，"乡土社会是靠亲密和长期关系的共同维护来配合各个人的相互行为，社会的联系是长成的、是熟习的、到某种程度上使人感觉到是自动的"（费孝通，1998：44）。而西方传统社会的个人则是隶属于各种群体交织而成的同心圆格局。在一个同心圆中一个人从属于某一个社会群体或者网络，就意味着他必然从属于另外一些社会群体或网络。在现代社会中，同心圆格局转变为个体与群体的从属关系是相互交叉的圆交织而成，个体在其中是部分地相互独立的。这意味着现代社会中，虽然每个人参与了不同的社会圈子，但这些圈子对个体的要求都只是部分地参与，"个人不能完全地认同任何一个社会圈子，因此他的每一种参与必定是不完全的"（泽鲁巴维尔，2009：166）。个人与角色之间的这种差异体现在组织上便是私我（private self）和公我（public self）之间的差异，而现代社会的一个重要特征便是私人领域与公共领域的分离。正如哈贝马斯指出的，资产阶级公共领域形成的前提在于"市民社会对私人领域的公共兴趣不仅受到政府当局的关注，而且要引起民众的注意，把它当作是自己的事情"（哈贝马斯，1999：22）。同时，出版商、制造商等阶层对政府的政策产生依赖，"这样，政府当局和广大民众之间也就真正产生了公共管理和私人自律的紧张关系"（哈贝马斯，1999：22）。因此，"资产阶级公共领域首先可以理解为一个由私人集合而成的对公众的领域；但私人随即就要求这一受上层控制的公共领域反对公共权力机关自身，以便就基本上已经属于私人，但仍然具有公共性质的商品交换和社会流动领域中的一般交换规则等问题同公共权力机关展开讨论"（哈贝马斯，1999：32）。"资产阶级公共领域的作为公众交往的是一些私人……公开批判的自我理解主要靠这样一些源自家庭内在领域中与公众密切相关的主体性的私人经验。"（哈贝马斯，1999：33）

个人在商品生产过程中，家庭的边界被打破了。家庭与社会再生产在这种边界的打破中被重新设立了。"个人将商品所有者与一家之主、物主与'人'的角色完全结合起来。"（哈贝马斯，1999：33）私人领域在这种结合中，也开启了与公共领域之间的关联性。在这个趋势中，家庭领域再次被看作市场和社会的"对立面"而被抛了出来。传统社会中的家庭功能，在市场化、工业化和城市化的过程中被迫转型。家庭领域则徘徊在私人领域与公共领域之间，左右为难。"家庭生活的细节经常在大比例的视角下成为公共事务。"（切尔，2005：21）但与此同时，家始终是亲属间社会交往的主要空间，是一个典型的私人空间（Dyuvendak，2011）。因此，一定意义上可以说，纯粹的私人空间和公共空间是极少的，所以说，二者并非是对立的关系，也不是互斥的关系，而是一个程度上的问题。在家庭内部之间的人际交往，尽管私密性较强，但并非完全没有公共性。因此本书将私人性和公共性看作处于公私交汇地带的两种理想类型，而不是相互对立的概念（泽鲁巴维尔，2009：167）。同时，随着大众传播媒介以及互联网及其伴随互联网出生的一系列新的媒介形式的出现，私人性与公共性之间的边界被重构了。约翰·汤普森指出，在19世纪与20世纪期间做了一些关于公共领域与私人领域之间的区分，比如私人领域包括在市场经济中运作的、以盈利为首要目的的私有经济组织及正式或非正式地由法律批准的一批个人与家庭的关系（如婚姻关系），而公共领域则是指固有的一些经济组织，比如国有企业、公共事业单位以及二战后兴起的各种福利机构和组织，同时也有一些介于公共领域与私人领域之间的机构，比如非营利的慈善组织等。大众传媒则将人们或者事件原来在公共领域和私人领域的公众性或者可见性，与公共场所分离开来，出现传媒化私人事件和传媒化公共事件的情形。因此，"现代社会的私人领域——特别是私人家庭环境——已成为传媒公开性的主要场所"（Thompson，1995：264）。

对于农民工家庭而言，私人领域与公共领域之间的问题，在这里转化为两个方面。由于农民工的原有家庭观念在新迁移的社会关系中失去了原来的含义，而新的社会关系又对这些家庭观念提出了新的挑战，因此家庭领域的私与公的问题在这种社会背景中转换成经济理性和家庭理性之间的关系。首先，经济理性对家庭成员的影响力体现在家庭成员通过经济独立与原有的家庭之间的关系呈现出新的形式；其次，经济理性之后的家庭理性也成为经济理性的一个直接结果。因此，在论述家庭领域的私人性与公共性这一问题时，本书将基点放在经济理性与家庭理性分离的视角,结合媒介技术所扮演的角色,分别从家庭领域的私人性、公共性以及私人领域与公共领域的交织属性进行论述。

(一)家庭领域的公共空间:与私人空间边界的混合

"资产阶级公共领域是在国家和社会间的张力场中发展起来的,但它本身一直就是私人领域的一部分。"(哈贝马斯,1999:170)作为私人领域一部分的公共领域在家庭领域中的体现,与家庭成员的属性有很大的关系。同样一个人,在家庭中往往选择的是利他主义原则,在市场或者社会中往往选择的是利己主义原则。这二者在同样一个成员身上的体现,是一种复杂而充满内在冲突的形式。笔者认为,这种形式为我们讨论家庭领域的公共性提供了较好的视角。

首先,在工作或者职业导向的家庭,其私人空间与公共空间之间的边界混杂在一起。私人性的也是公共性的,公共性的也是私人性的,由此导致公共性与私人性在家庭与社会之间形成了一种混杂的状态。

这种状态主要由以下两种形式构成:一种是由于职业而导致的家庭时空的全方位分离(案例78),另一种是基于与家乡的分离而导致的家庭时空的全方位"孤立化"(案例100)。

个案78中的主人公鸥某,来自四川农村,1973年出生,有五个兄弟姐妹,其中两个哥哥、三个姐姐,她是家里最小的孩子。其中大哥比她大20岁,鸥某的家是很典型的贫穷农户,孩子多,收入少。父母为了让家里的男孩上学,她初一就辍学回家,务农五年。1992年,19岁的她和小学同学,也是同一个村子里的张某结婚。1993年儿子出生,后因计划生育政策,未再生育。1998年,夫妻二人在家乡开了一家饭馆,经营得还不错。由于村里很多人外出打工,挣得很多,他们动了出去打工的念头。1999年,二人到浙江打工,先后在工厂工作到2006年。2006—2008年回到家乡四川之后,夫妻二人用打工挣来的钱给老家盖了新的砖房。2010年,他们来到北京打工。在北京,二人由于受限于工作的时间和空间,并未像在浙江打工时居住在一起,而是吃住分离,出现了尽管同在北京却处在分离式居住和工作的状况。

> 我在北京的第一份工作是负责照看当时92岁的退休教授。家里只有我和教授两个人,我丈夫在建筑工地工作,住在集体宿舍,我们一个月见一次面。教授去世后,我在高校做宿管员,居住在集体宿舍,宿舍有六个人。我还在校外兼职做小时工,每个月合计可以净赚4 000多元。我丈夫在工

地受伤后，在高校里看锅炉，兼职送外卖，也住在集体宿舍里面，六个人一间。（个案78）

虽然夫妻二人分别住集体宿舍，不能住在一起，但是这并没有影响夫妻的关系。他们俩的关系非常好，很少会争吵。见面的时候他们会聊一些家长里短的小事，不见面的时候则会用网络来沟通，微信语音、视频都是常用的沟通方式。因为常年在外打工，二人对于新事物的接受程度比较高，不管是智能手机还是网络通信，他们都很快地接受了。相对于四川老家的很多同辈亲戚来说，他们觉得自己已经很"先进"了。

二人在北京打工的居住状况意味着家庭领域的私有空间是没有的，仅仅存在家庭领域的"公共生活"。家庭的时间和空间一方面是虚拟的，处在网络的"在场"时空中，另一方面是主体在场的，处在二人见面的公共场所或者集体宿舍中。

案例100的主人公小梦的父母，二人外出到异地打工，进而相识相恋，后来一直生活在一起。夫妻二人一开始在服装厂工作，后来干脆就在新疆种地，回归了农民的职业生活。他们家庭的私人空间和公共空间与夫妻二人的职业相关，始终处于混合状态。

小梦的父母都是河南人，两人相识却是在新疆。父母都出生在河南省的农村家庭，父亲家里有兄弟姐妹四人，家庭负担很重，初中毕业辍学，在17岁的时候便跟随亲戚来到新疆打工寻求发展。20世纪80年代，中国大西部正处于改革开放的起步阶段，发展迅速，有很多工作机会。母亲小学毕业，因为家里条件不允许，加上外祖父重男轻女的观念使得家里不再支持母亲上学。母亲只好被迫辍学，跟随舅舅来到新疆打工，和父亲在同一间服装厂工作。

父母结婚后不久，服装厂倒闭了，两人接着回归农民生活。"父母出来的时候都是想看看能干点啥新鲜的不同于以往的工作，最后发现种地虽然辛苦，但是来钱最实在，还是干这个最熟练、最踏实。我们一家人（小梦和她的妹妹）一起干活，累了就坐在地里边歇边唠嗑，中午也一起坐在地里吃饭，虽然很热，但是是开心的。"她们一家人能够聚在一起相处的时间其实并不多，平时可能两姐妹还没有起床，父母就已经出门干活了，只有晚上回来能见上面。父亲有时候有机会接更多的活儿，等他回来的时候，家人可能已经睡了。像这种一整天在一起的日子真的很可贵，暴晒、流汗，也都值得。"这个暑假我就回去了，也还要出去干活。妈妈小时候学习很好，特别渴望念书，这也是为什么后来我们家庭变故那么大，妈妈却一直坚持让我和妹妹上学念书。"小梦说。

　　个案100中的主人公一家人，从农村外出打工，历经波折后到新疆，再次回归农业劳动，并在当地安家落户。对他们来说，家庭领域中的私人空间基本处于缺席状态。生存的压力和生活的磨难，不断考验着他们。但是他们的孩子依然持有梦想，依然可以努力读书，通过高考完成父母的大学梦。这个家庭虽然是外出打工，但是更类似于学术界所说的"农民农"现象。"农民农"这一概念最早由华东理工大学曹锦清教授于2010年在上海浦东新区调研时提出，泛指那些离开本乡到异地通过租种当地农民或者集体的土地进行农业生产以获得货币收入的农民群体。"农民农"不是一个孤立的现象，它和农民工有着密切的联系。一是作为经济因素承担着拾遗补阙的功能；二是为身为异乡异客的"农民工"提供家庭支持功能；三是作为嵌入的外来社会服务网络强化了节点效应（奚建武，2011）。笔者认为，"农民农"依然是农民工的一个组成部分，就本章的议题而言，他们的家庭领域中公共性与私人性的边界还没有完全明晰。公共人还是私人的概念在他们这里是被悬置或者搁置起来的问题，因为公与私本身在该类家庭中是混合在一起的。

（二）家庭领域的私人空间：伦理秩序与个人事务

　　家庭这一单元，既是社会变迁最直接的表征之一，也是稳定社会结构的最重要的工具之一。表征和工具的双重功能合并在一起，使得家庭在现代社会中的角色变得复杂又多元。家庭领域的私人性是在公共性确立的前提下，或者是与公共性几乎同时出现的。从时间上而言，家庭这一概念，从基督教时期已经成为一个可以由个体做主的概念。古代的家庭作为共同体，首要承担的是生育的责任，婚姻背后承载的是家庭共同体的伦理秩序。因此，在罗马法的视野中，忠贞或者通奸在根本上所关注到的，不是独立个体之间的关系，不是夫妻之间的个体对个体的要求，而是家庭伦理秩序对个体的要求。奥古斯丁认为，婚姻是两个去自然的陌生人营造出来的团契，为了使得婚姻成为忠贞的团契，夫妻二人均要求对方在性事上对自己绝对专一（孙帅，2014：221）。契约婚姻的兴起，表明奥古斯丁的团契最终演变为滕尼斯所说的分裂的社会。"滕尼斯看到的现代人恰恰生活在奥古斯丁之'罪'中：在每个人都是商人的社会中，所有人在根本上都处于分离状态，他们的意志与利益交织在一起，他们的心灵缺乏深层的沟通和亲近。"（孙帅，2014：356）家庭生活中的私人领域是伴随着工业社会的出现而产生的，工业社会中的标志性场所，如办公室、工厂或者车间与传统农业社会中的职业场所的不同在于，它们将工业性的雇佣关系从家庭生活中分离出来了。

阎云翔认为，在 1949 年之前，中国农民的家庭生活中是没有私人领域的。1949 年之后，虽然在中国农村推行的社会主义改造运动没有产生预期的社会主义家庭模式，但为家庭关系与观念带来了一些重要的变化，如青年一代独立性增加，老一代权威下降，青年妇女在家庭人际关系中扮演角色的活跃性增加等。此外，农业集体化时期出现的一些与家庭相关的观念，如自由恋爱、婚姻自主等，自 20 世纪 80 年代改革开放以来在家庭生活中日益凸显出来，家庭的社会功能发生了变化。"中国农村的家庭本身被私有化并且不再主导社会生活，这种倾向在人民公社解体以后依然持续，因为非集体化只不过是回过头来推行家庭农业，却没有复兴原先的家庭式社会生活。因此，类似西欧发生的私人生活的双重转型也在这里出现，亦即在家庭成为私人生活圣地的同时，家庭内部的个人也更多地具有了自己的独立性。"（阎云翔，2006：12）来到北京的农民工，"暂时性地"从原有的农民家庭中脱离出来，他们既没有家庭农业的经济模式做支撑，也没有原有的农村社会提供的经济文化和政治资源，家庭本身成为他们唯一的依托或者载体。在这样的情形下，家庭领域的私人性对他们意味着什么呢？我们先从第一代农民工说起。

刚来北京的第一代农民工，往往没有固定的住所，与老乡或者亲戚挤在一起，是他们居住的一种常态。当他们找工作时，管吃管住几乎是一种最为理想的工作了。如果管吃管住的话，即便是工资稍微少一些，他们觉得也是非常不错的。但是，住在集体宿舍里意味着什么呢？"杂乱拥挤是集体主义的代名词，集体生活或者和某人合住成为了一种低劣的生活方式。"（桑格利，2012：58）而这种生活是很多农民工家庭到城市打工之后的一种常态。

个案 73 中的姐妹俩，都在某大学校园里工作。妹妹和妹夫先来到北京某大学工作，七年后姐姐一家也跟着妹妹来到同一所大学工作，一家人在教学楼里负责保洁工作、绿化工作，管理教室钥匙等。他们每天准时打卡上班，下班时间则根据教学楼的安排，有的是晚上 9 点半，有的是晚上 12 点。妹妹和妹夫大约是 2002 年来到北京的，有一对双胞胎，上小学二年级；姐姐一家人 2009 年来到北京，跟着妹妹到了大学工作。姐姐与姐夫有两个孩子，一个已经结婚，在北京打工，另一个在上大学三年级。姐姐每月工资 2 000 元，加上加班费的话，一般在 2 500 元左右。对他们来说，这份工作很轻松自在。他们居住在学校的集体宿舍里，每个家庭一间房子，大约有十平方米。他们觉得单位食堂里的菜太贵了，通常会在外面买饼干面包当早餐或者午餐，晚上就在宿舍里煮面条或者炒饭吃。为了补贴家庭，姐妹二人在中午休息吃饭的空闲时间，轮流到学校门口的一家馄饨店做服务员，每天两个小时，一周五天，每个月可以有1 000元左右的收入。妹妹的孩子放学后常常在教学楼的办公室里写作业，或者看电视。他们共同居住在一起，构成了一个类似于传统家族式的家庭居住形式。

教学楼里的老师和同学们经常遇到他们在楼下的办公室里吃饭、看电视，孩子也常常在楼上的教师休息室里看电视、做作业。私人生活以这种居住形式，将集体性和私人性混合在一起了。

个案9中的张某，是一名环卫工人，出生于1963年，老家在河南，已经做了十多年的环卫工作。张某出来打工的原因是父母在1999年左右都去世了，他想要出去看看，当时他已经快40岁了。2000年底，同乡帮张某在北京联系到了两份环卫工人的工作。于是，2001年初，张某带着妻子和五岁的女儿来到北京，暂时落脚于一个14平方米的小平房里，开始了长达16年的"北漂"生活。他和妻子有一儿一女，后来儿子结婚了，也有一儿一女。

他们的出租房，除了从二手市场买的黑白电视机之外，什么也没有。张某夫妻二人除了上班，回家就是吃饭睡觉，工作太累了。张某几次向领导表示想辞职回家，领导都没有同意。张某说："领导十分关心我们夫妻，经常来看我们，并对我们说，知道你们工作不容易，但坚持坚持就适应了，这毕竟是首都啊。"张某觉得领导说的有道理，首都就是首都，他的家乡和首都是比不了的。他们两口子累点没关系，重要的是，要让女儿在北京上小学——这也是张某夫妇来北京最重要的目的。不久，他们也适应了这样的生活，夫妻二人在环卫所（改制后成为环卫公司）认识了许多聊得来的同事，大部分都和他们一样，是从老家来城里打工赚钱的农民工。大家会在上班的空闲时间聚在一起，天南海北地聊天，多数时候，他们喜欢聊初来乍到的自己对北京的第一印象。有时候，领导也会趁午休时间给他们讲讲北京这座城市，哪里好玩、哪里有好吃的……张某说，聊归聊，多年来，这些好玩好吃的地方，自己一个都没去过。

私人生活在他们看来究竟是什么？这并不是一件可以考量的事情。工作就是他们的生活内容，生活内容也是他们的工作。

个案99中的夫妻二人，更是处在公共空间与私人空间混合的状态。夫妻二人均来自安徽农村，分别出生于 1977 年和 1979 年。他们所在的村子分别是李家村和常家村，和他们二人的姓是对应的。二人经媒人介绍相亲认识继而成家，有三个孩子。丈夫李某在家排行老八，有两个哥哥，五个姐姐和一个妹妹，从小生活拮据，"早点出来挣钱"是一种普遍共识。李某说："那时候我这个年龄段，大概 1977~1981 年生的小孩儿都上了初中，后来 1981~1985 年生的小孩儿基本上读了小学就出门打工了。我初三毕业没有参加中考就外出打工。" 1995 年，他跟随同村的伙伴，去到广东打工，在工厂工作，每个月 400 元。进厂时要先交一笔押金，垫付一个月的饭钱，还要扣除一个月的工资。这相当于一下子少了三个月的工资。李某 1996 年离开广东，去上海打工。1997 年底，李某过年回老家，经人介绍认识了妻子常某，两人开始交往。常某有两个哥哥两个姐姐，家中排行第五，小学五年级辍学，外出打工觉得太累，总是出去一个月就回到家乡。1998 年金融危机期间，李某在上海失业了，只能打零工。2000 年，李某到北京一家国营军工厂工作，他对这份工作十分满意：

> 在国营单位工作，按时上下班，不用担心晚上要不要加班，虽然临时工和正式工的工资待遇不同，但基本的工资都能够有保障。不仅如此，国营单位的福利待遇也很好，每个月、每个季度和逢年过节单位都会给员工们发奖金。我记得 2001 年的时候，过年回家前领了 2 000 块奖金，过完年回来上班，又领了 3 000 块。

2001 年两人结婚，李某继续外出到北京打工，妻子留在家里生孩子。2007 年李某带着妻子和儿子跟着妻子的姐姐一家来到北京，开始一起收废品，女儿则在老家上一年级。当时由于收废品，夫妻俩每天起早贪黑，挣的钱少，还要负担房租费用，家里经济很困难。2010 年，李某找了一家做实验室器具生意的公司打工。2011 年，一家人搬到了一间地下室，14 平方米，每月租金 600 元。当时房间里放了两张上下铺，吃住都在房间里。从此除了二人在村里照顾孩子一起生活的断断续续两年之外，他们在城市里第一次有了属于自己的临时住所。

2010—2012 年，这个家庭进入了最困难的时期。当时李某辞去了在那家公司的工作，自己单干，继续做实验室器具生意。事业刚刚起步时，几乎没有客户，也就几乎没有收入。当时妻子的工资是一个月 1 000 元，加上张某自己每月挣 1 000 元，无法维持家庭生活。那时候，张某晚上回家，吃完饭后不到 9 点就睡觉，睡到晚上 12 点醒来，一夜无眠。他只能望着天花板，不知道明天会怎样，"看不到前面的路啊"。2012年之后，生意开始好转，有独立的库房和十几家固定客户，还有几家外地客户。他们又花了300元把地下室旁边的房间租下来做厨房，总算将吃的空间和住的空间区别开来了。

上述几个家庭从20世纪90年代中期开始，始终围绕着家庭的生存问题。对于他们而言，家庭的私人空间与公共空间本身的问题压根儿就不存在。无论是住在集体宿舍、客户家里还是租住在地下室里，抑或是处在迁移的状态，生计问题始终是家庭的核心策略。家庭的私人空间虽然在短暂时间内有一个固定的空间边界，但是家庭事务问题依然是在一个熟人社会的范式里得到解决的。这些私人问题一定程度上的公共化，造成他们始终将私人与公共当作一个未被分割的前提。

本书使用伦理秩序和个人秩序界定此类家庭状况。伦理秩序在这里是就家庭内部的公私关系而言的，具体是指家庭成员特别是夫妻之间在家庭日常工作和生活中角色的变化逻辑，以及这种逻辑背后家庭内部的权力关系。个人秩序则是指在家庭的公私生活中个体所扮演的角色，以及这种角色背后的个人定位。基于本书所描述的案例，家庭领域中私人空间的产生，是基于家庭伦理秩序而产生的。当一个家庭的共同时间和空间都无法保障的时候，私人空间无从谈起，个体秩序更是妄言。但当家庭时间和空间即便是在短暂的时间内存在时，私人空间也会随之出现。

（三）家庭领域中的技术时空：私人性与公共性的再度混合与分离

技术在人类对时间和空间的认知方面，始终扮演着一个重要的角色。与技术相关联的时间空间，可以称之为技术时空。随着技术的延展，它借由对时间空间的作用给家庭领域中的诸多因素和结构都带来了影响。而由于技术对家庭领域中私人时间空间与公共时间空间边界的影响，使得公共与私人的事务呈现出公共事件私人化和私人事件媒介化的趋势。因此，进入21世纪之后，私人时间和公共时间的边界再度遭遇挑战。"从对于私人时间和主观地得到合法化的时间性存在的原初经验里到时间自我，还包括资产阶级的个体，都被猛烈地弹射到工作时间的规则、生活时间的规则、退休年龄的规则之中，是时候了，每个人的私人时间都已经在世界的时间中找到了安身之所。"（诺沃特尼，2011：20）私人时间与公共时间，在新技术的冲击下，不断遭遇着边界模糊化和边界重组化的挑战。

此外，随着社会化媒体的扩散，新技术对家庭的影响力在日益扩大。对家庭关系而言，尤其是对父母与子女的关系而言，在技术时空中将会呈现出怎样的状态呢？媒体的介入影响着家庭信息场景的建构，进而也影响着家庭成员的互动行为。在新的信息场景内，家庭内互动行为发生了巨大变化，呈现出家庭内群体感的重塑、儿童社会进程阶段化的缩短以及家庭权威的更替（何志武、吴瑶，2015）。受到网络监督行为的影响，数字家庭中的年轻世代倾向于消极地使用社交新媒体与父母进行亲密的家庭交往；多数数字家庭的成员沟通网络大于传统原生家庭的家庭成员的互动网络，年轻世代通过将亲戚或同辈亲友纳为社交媒体联络人的方式，建构出多重沟通路径的数字家庭沟通形态（杨佩，2014）。现代家庭由于科技的发展（尤其是媒体技术的广泛应用），融入了许多新的元素，呈现出新的发展形态，新媒体的广泛性、互动性等特征也不断挑战着传统家庭模式和价值观念（张煜麟，2015）。研究表明，在社交网站上，网民倾向于将自己的角色定位为一个成年人，目的是交友，由此来确立个体信息的私密性与公开性的边界。因此，网民通常会将自己认为可以公开的信息限定在自己认为是同一类的人群之内，进而保证自己的隐私安全。当父母要进入孩子所在的社交网络时，隐私与公开之间的边界便开始出现模糊，特别是对青少年用户。父母的监控可能会带来积极的适应过程，也可能会让青少年产生反社会和不尽责的倾向。不仅如此，即使亲子间的关系令人满意，高强度的监测还是会被认为是对下一代的不信任，由此引起青少年对监控的不满。某种程度上，这种监控也被看作家长对孩子是否能成为一个有责任感的成年人的质疑（Kanter, Afifi & Robbins, 2012）。2018 年母亲节，人民网转发了《人民日报》（海外版）的一篇文章《互联网时代如何表达爱 "90 后"感恩母爱晒出来》（作者李贞等），将社交媒体变成家庭成员表达感情的平台，公私之间的边界再次出现了融合。

随着新信息技术的扩散与使用，家庭领域被延展在多层面的空间中，家庭领域中面对面的交流在家庭交流渠道中的重要性逐渐下降，尤其是社会化媒体出现之后。对脸书（Facebook）的研究指出，年轻人在 Facebook 上互动，当他们的父母向他们发出"添加好友"的请求时，平时愿意分享自己隐私的子女会不假思索地同意母亲的好友请求。相反，其他人也许会调整自己的隐私设置后再同意该请求。但是面对父亲的好友请求时，却没有表现出这种特征（Jeffrey & Westermann, 2013）。

第一代农民工家庭在一定程度上也是从当地信息沟通中走出来的"创新者"。他们在城市生活中基本延续了其在信息技术领域中的优先地位（由于第一代农民工信息技术的使用状况相对落伍，这里主要是指第二代和第三代农民工）。

　　我是全村第一个买手机的人。2004 年，我还买了电脑，我开始连开关机键在哪里都不知道，于是就自己摸索起这么个"新奇玩意"。到目前为止我换过将近 20 部手机、5 台电脑，国内国外的手机品牌都用过，因为常常和客户打交道，也好面子，手机用的都不差，从苹果 4 出来后便一直使用苹果手机，家中存放的手机可以说是苹果手机的"演变史"。换手机的话，最开始是蓝屏、绿屏、白屏最后到彩屏，就感觉社会变化真是太快了，包括笔记本电脑、台式电脑都普及得比较快，然后有了电脑之后觉得离不开电脑，有了智能手机之后觉得离不开手机，就天天恨不得抱着手机玩，因为这上面信息比较多嘛。（个案 32）

对于家庭成员原本分离的家庭而言，家庭时间与技术时间的边界开始交融，对于家庭成员始终在一起的家庭而言，即工作边界和家庭边界完全重合的家庭而言，私人性与公共性在技术时间里有暂时分离的情形。总体而言，技术对家庭领域而言，如果忽略家庭的时间空间，在不可见之处为个体重构了一个特有的或者说暂时的私人空间。在这个私人空间中，他们可以利用技术维持私人空间，也可以利用技术参与公共事务。但这种情形一般是在家庭领域之外发生的，在家庭领域之内，就笔者的调研资料而言，这一点基本是不会发生的。

小结

就家庭领域而言，可以根据家庭成员的工作性质以及与其他家庭成员之间的关系分为三个层面：第一个层面是自我服务或者自我供给领域（self-provisioning）；第二个层面是为其他家庭成员而展开的活动或者服务；第三个层面是与职业领域相关但发生在家庭领域中的活动。家庭中的职业或者职业中的家庭，对一部分农民工家庭而言，是一种社会现实。对其他的家庭而言，家庭领域的三个层面的活动构成了其公共空间和私人空间的全部基础，唯有在这样的基础上，他们的家庭领域才得以展开。此外，当农民离开以土地为生计的生活来到城市的时候，其时间的等级被迫从农民时间向着工人时间过渡，他们无法掌控表层的社会时间，只能在不断变动的时间意识中感知时间。同时，城市居住空间的窄小与他们在乡村居住空间的开阔形成了一种巨大的心理落差，或者是空间落差，这一点也是导致他们在心里始终不愿意将城市看作最终归宿的原因之一。

就农民工的"工作-家庭"关系的研究而言，宋萍、郭桂梅（2016）探讨了新生代农民工"工作-家庭"冲突和社会支持对其主观幸福感的影响，并考察了社会支持对农民工幸福感的调节作用，认为通过企业帮助、政府支持及农民工自身调解可以缓解"工作-家庭"冲突矛盾。马洁（2006）指出，外出对务工人员的择偶产生了一定的影响；外出使夫妻间的权力关系趋于平等，在重大事务的决策权方面，"夫妻共同商量"已占主导地位；外出务工还没有严重影响已婚夫妇之间的情感交流和夫妻关系的稳定；外出一定程度上影响了对父母的精神赡养和对子女的教育；务工人员与留守家庭成员的经济联系、情感联系都比较密切。同时，组织时间或者职业时间对个体的压力显得越来越突出。唐纳德·罗伊在《香蕉时间：工作满意度与非正式互动》一文中指出，工厂里工作的工人，每周六天工作，每日都在重复着简单的操作，他们因此按照自己的时间对枯燥的工作时间进行了"置换"，采取桃子时间、香蕉时间、窗户时间、取货时间、腌鱼时间和可乐时间这一计算时间的系统来缓解工作压力（Roy，1959：158-168）。阎云翔认为，中国农村的私人生活发展，呈现出以下趋势：第一，国家是一系列的家庭变化和个性发展的最终推动者；第二，非集体化后国家对地方社会干预的减少，在引起了私人生活发展的同时使公众生活迅速衰落；第三，村民的个性和主体性的发展基本被限制在私人领域之内，从而导致了自我中心主义的泛滥，最终个人只强调自己的权利，无视对公众或他人的义务与责任，从而变成无公德的个人（阎云翔，2006：261）。

本研究认为，农民工家庭中的时空传播，呈现出以下特征：首先，家庭时空与工作时空之间，与农业社会的时空观念有连带的关系。外出打工的农民工家庭习惯了乡村社会的作息时间之后，在城市社会中不得不面对各种各样职业转换中的职业时间与家庭时间的冲突，他们在可能的情况下，更倾向于选择与农业时间和空间匹配的职业。其次，就农民工家庭的居住空间而言，由于不间断的迁移生活状态，即使有少数家庭在城市中购置了住房，多数人也会为了职业，而始终居住在出租房内，这种居住空间的选择优先考虑的是经济原则。此时，私人时空与公共时空之间的概念在他们家庭策略选择中并不扮演显性的角色。例外在于，技术给家庭带来了与公共空间联系的可能性，而个体也由此途径获得了私人化的虚拟时间和虚拟空间。再次，居住空间的流动性、职业的流动性，导致他们的身体时空始终处在家庭领域的公共或者集体空间中，私人或者个体基本是隐形的，也是潜在的。

第六章　媒介流变：家庭迁移 VS. 代际更替

无论是广泛意义上的媒介还是专业意义上的媒介，在家庭传播中都扮演着重要的角色。本研究之所以专门用一章来讨论这个问题，主要基于以下考量：一是通过考察家庭成员媒介接触史的变迁，可以更好地探究家庭变迁、家庭成员关系建构过程中媒介作为技术形式和信息载体所扮演的角色；二是对于一个家庭而言，家庭的传播实践是以家庭成员的共享知识体系为中心的，这一套共享知识体系是通过家庭成员之间进行物品交换和服务交易来构成的。"共享的知识体系"这一概念是伯格和凯尔纳（Berger & Kellner, 1964）提出来的，大卫·切尔认为，家庭实践是形成共享知识体系的过程，家庭实践包括了人们所有普通的日常行为，人们试图通过这些行为对其他家庭成员产生某种影响。家庭成员之间最重要的事情之一便是交谈，交谈的内容便是家庭中的日常事务（切尔，2005：14）。当家庭成员共同居住在一个空间中，面对面交流是较为常见的形式，一旦家庭成员之间出现地理距离上的分离，媒介便成为一种必不可少的工具。通过媒介进行的交谈，与面对面的交谈一起，构成了家庭成员之间交流生活经验的主导方式。

对于农民工家庭而言，自 1978 年以来，他们的家庭常态是处于长期分居或者短期分居的状态，每次分居后的团聚时光也会因为孩子的成年而面临再度分离的可能性，或者因为工作的因素而在不同的居住空间里而形成再度分居的情形。这两种情形之外，还要顾及他们与乡村社会中家族、地缘之间的交流形式。

2001 年，图罗从信息边界的视角将家庭与互联网结合研究，提出了四种研究领域：家庭沟通模式；过滤器和监控；信息披露实践；大的媒体环境下的互联网（Turow, 2001）。笔者关注的是图罗所说的第一种模式，试图探究媒介在家庭传播的代际转换中所扮演的角色以及从什么层面来理解这些角色。这一部分研究资料基于家庭深度访谈中的媒介接触史部分。一般来说，农民工家庭的媒介接触均始于乡村社会，其接触时间的早晚与他们所在的地区以及村落的经济发展状况、个人的家庭经济状况以及外出打工的年龄与时间有关。本章将从三个部分进行论述：首先，"媒介挪用"中的流变史；其次，虚拟与非虚拟关系场景中的媒介生活方式；最后，媒介中的代际勾连。

一、"媒介挪用"中的流变史

总体而言，农民工在城市中对媒介的使用，是一种"媒介挪用"，而不是积极的媒介使用。"媒介挪用"是指"利用媒介技术来消解时间本身，以及城市空间带来的孤寂感；……在挪用媒介技术之后，第三代农民工开始建立自己的日常技术意识，利用技术来形成自己的信息圈子，利用媒介逻辑来使用信息，这种日常技术意识是新一代农民工培育媒介新观念的主要特征；媒介技术的物品成为他们身份的一种代偿品。代偿品包含了文化形式和身份建构的含义"（李红艳，2016：170-171）。换言之，从媒介技术的挪用到信息主导和信息维权等意识的建立，是一个从第一代农民工到第三代农民工群体缓慢经历或正在经历、尚未完成的过程。

笔者把农民工分为三代：第一代农民工努力在主流大众媒介中寻找自己的位置，并试图为这种位置艰辛地努力着；第二代农民工的成长与乡村传统之间已经开始剥离，试图通过消费能力来获得城市中的"合法"社会身份了。第三代农民工在消费主义导向的市场社会中，既感受到了机遇，也对个体的独立性有了自我认知，他们还拥有了与乡村的其他同龄人不一样的文化娱乐和消费习惯（李红艳，2016）。就媒介使用种类而言，新生代农民工的新媒体普及率已经超过传统媒体。他们使用新媒体主要以人际交往、休闲娱乐功能为主，集中于对 QQ 和百度的使用（周葆华、吕舒，2011）。农民工子女对互联网的利用程度较低，互联网在他们的生活经验中更多扮演着玩具和社交平台的角色，尤其是满足其对"认识新朋友"的期待（何晶，2010）。

本研究资料表明，农民工家庭对媒介的最初使用与先赋的人际关系有极大的关系，外出打工后则与远距离的初级群体交流、职业的诉求关系更为密切。这种属性，与他们的受教育程度、家庭在乡村社会中的经济地位和社会地位、父母与子女的关系又有直接的关联，下面就逐层进行论述。

首先，农民工家庭的媒介流变史与家庭成员的先赋关系网络密切相关，这里的先赋关系是指家庭在乡村社会中的熟人关系属性，这种关系属性影响了一个家庭媒介使用情况。媒介技术作为一种"新玩意"，成为一个家庭在村落中无形的社会资本，而家庭成员外出打工的流动情形也影响了该家庭的媒介流变史。

> 我来自四川的一个偏远山村，20世纪90年代BB机慢慢地出现在了人们的视线中。村里一些有钱的年轻人会买一个BB机，当时的BB机成为一种时尚，谁有了BB机，谁就可能是全村年轻人羡慕的对象。（个案78）

> 我家在四川农村，我妈妈在1989年（那一年我出生）用卖两头肥猪的钱买了一台黑白电视机（价格为340元）。这在我们村里，已经处于落后状态。电视机买了，能收看的台只有两个，家里人通常在晚饭后观看电视，因为电费很贵，观看电视时间也限制在一个小时之内。1990年，我妈妈又用两头肥猪钱换回了当时很流行的收录机。（个案26）

无论是用BB机来成为村里年轻人羡慕的对象，还是在买电视机这一行为上落伍于村里人，其媒介接触的行为与"周围的人"，即与先赋的人际关系网络的影响不可分割。"面子"成为他们使用媒介的一个因素。那么，进入城市之后，这种"面子"是否还起作用呢？

个案26中的家庭，1995年搬到了县城。进城不久，家里购置了彩色电视机、电冰箱和洗衣机。21英寸的长虹牌彩电花了2 700元，容声牌冰箱花了2 800元，小天鹅牌洗衣机花了880元。彩电和洗衣机一直还能正常运转，只是由于买了更新的款式被替换了，但没舍得扔掉。1996年初，基于家庭对外业务的需要，安装了电话，父亲买了传呼机（也称BB机）。

> 这是做生意的需要，常换号，顾客上哪儿去找你？因为当时拥有价值一万多元大哥大的人少见，但拥有几百元传呼机的人却比较普遍，而城里公用电话已经比较多了，回电话很方便。

1999年，母亲花了近2 000元买了第一个手机。2005年，家里的电视机换成了海尔高清29寸彩电。这几年中家庭成员手机更换频繁，网络成为家庭成员联系的常用工具。

上述案例中的家庭，经历了从乡村到城市的生活，早期家庭的媒介使用在村子里始终处在"落后的状态"。进入城市之后，因为做生意和城市生活的需要，家用电器在20世纪90年代中期逐渐进入家庭，寻呼机和座机也成为人与人之间联系的纽带。网络的使用则与家庭（个案26）中的两名子女都是大学生有直接关联。

其次，随着家庭成员进入城市这一对信息诉求更加丰裕的场域中，媒介技术在家庭中扮演了越来越日常的角色。这种日常角色部分与家庭成员的职业诉求有密切关系，部分与外出打工的时间点有直接的关联性。打工使得原有的信息诉求与信息使用发生了改变，这种改变也产生了对新的技术工具的需求。换言之，媒介在家庭中使用除了与经济状况有关之外，更多的是基于家庭与外界之间联系的诉求。在城市里生活之后，家庭成员接触媒介的种类和时间都迅速增加，很大原因在于城市里的陌生人社会无法像乡村社会的血缘、地缘关系那样，使家庭成员感到安心，下一代的教育需求也是一个影响因素。

在个案 69 中，2008 年成为李某媒介使用的分水岭。在这一年，她的两个孩子考上了大学。儿子买了一台二手电脑，女儿买了一个台式机。大一回家的时候，女儿把电脑的主机带回家，又在家买了一个显示器，这样就能在家里上网了。家里的电脑只有在寒暑假才能上网，孩子回学校之后，网就断开了。2008 年儿子大学开学的时候学校里有充 200 元钱话费赠手机的活动，儿子参加活动后就有了两部手机，他把其中一部给了妈妈。后来，女儿也淘汰下来一部手机，李某便开始用女儿原来的那部手机。儿子工作之后，李某花 6 000 元给儿子买了个笔记本电脑。2010 年，李某在城里打工的时候有了自己的第一部手机。2018 年她的手机不小心丢了，便花 98 块钱买了一个国产老年手机。李某平时在家的时候爱看电视。只要家里有人，电视就会开着。

> 电视就像一个陪着说话的人一样。早上只要起来，便不自觉地去打开电视。人多的时候电视也开着，何况有客人来的话，关电视有点不礼貌，好像不想让人家看电视一样，显得小气。（个案 69）

显然，媒介的使用与子女们对媒介使用关联在一起，教育在整个家庭的媒介接触史中扮演了更为重要的角色。子女在外面的世界里所接受的新信息，带给整个家庭的是一种新的技术或者信息使用方式的改变，尽管这种改变是缓慢的，但却是"实时同步"的。

再次，媒介技术的使用，与家庭成员生活居住状况和工作性质关联在一起。个案 79 中的一家人（详见第七章）共同经营着一家店面，家庭成员的吃饭睡觉和工作全部集中在一起，无"差异"的空间和时间使得该家庭媒介使用的特点在家庭空间时间和工作空间时间上几乎是同一的。此外，由于农民工家庭在城市生活中社会交往圈子狭窄，即后赋关系网络较为单薄，借助媒介技术"重塑"

社会关系的需求并不强烈。因此，农民工的媒介接触史，处在一种乡村化的城市生活状态中，与媒介技术的市场化间隔较大。

从本章中的几个案例可以看出，流动农民工家庭的媒介接触史，一部分与媒介技术在中国社会的扩散和普及有直接的关系，尤其是移动传播媒介的普及对家庭媒介使用带来了巨大的改变。移动传播媒介普遍扩散之前的家庭，媒介接触的种类和时间是缓慢的，也是渐变的。而移动传播媒介出现之后，家庭的媒介接触史则发生了突变，诸多媒介使用形式在家庭成员中迅速普及。另一部分则是受到乡村社会之外世界的影响，无论是周围人的影响还是城市信息或者职业的诉求，抑或是安全的诉求、教育的诉求，还是外出与家人之间联系的诉求，这些因素都成为使用媒介构建家庭共享知识的前提和基础。

但是，值得注意的是，家庭媒介接触史的上述过程，并非是一种对于技术的积极诉求过程，而更多地呈现出对于技术本身的消极应对状态。无论是乡村社会关系中先赋关系的影响，还是子女教育带来的影响，抑或是家庭在城市中出于职业的诉求，都不是个体自身以作为信息载体的新技术为目的的技术使用，而更多的是一种应对性或者是挪用性的媒介使用。

二、虚拟与非虚拟关系场景中的媒介生活方式

各种媒介技术形式在扩散过程中，面向的不仅仅是原有的社会群体，还有伴随着不同媒介技术成长起来的一代人，他们也是网络时代媒介的原住民。对于农民工家庭的子女而言，尽管城乡之间的媒介普及及其应用功能之间有较大的差异，但是新的媒介技术"依然"是按照技术的步伐抵达了不同的地区。本部分主要针对的是留守儿童和流动儿童的媒介使用情况进行分析，试图回答媒介在他们与"远距离"家庭成员之间的"动态关系"中扮演的角色。

有学者提出"关系场景"这一概念，以对家庭空间中人们接触媒介的情况进行描述。"关系场景"是指当在某个空间内使用移动互联网时，他人与自己不同的关系对移动互联网接触率的影响。而"家"作为最重要的私人领域，逐渐成为移动互联网的据点，卧室（点阵式）和客厅（密集式）从接触率和接触时长来看都成为移动互联网高度使用的空间（李慧娟、喻国明，2016）。边燕杰也曾提出家庭生活方式的概念。他认为，广义的家庭生活方式是指"家庭成员在家庭之中是怎样进行生活的，形式和内容如何"，而狭义的生活方式则是指作为一个整体的家庭，其"享用物质和精神消费品进行物质和精神生活的方式以及

家庭成员共同和各自支配余暇时间的方式"（边燕杰，1986）。笔者在这里借用其广义的家庭生活方式概念，从"媒介生活方式"的维度进行分析，本书的媒介生活方式是指家庭成员在家庭内外交流中使用媒介的方式。同时，借用关系场景这一概念，将其使用在家庭内外的场景中，用虚拟与非虚拟关系场景来描述农民工家庭的媒介生活方式。

首先，媒介在留守儿童和流动儿童教育中扮演着与教育资源"消极对立"的角色，是读书的"替代品"。而对网络的沉迷行为在"家长虚拟在场"的情况下，成为"90后"丧失继续教育机会的主导因素。虚拟与非虚拟的关系场景对于教育资源的使用而言，影响并不显著。

> 我初中开始玩网游，当时的网吧一个小时只需要三块钱，经常去的老客户只要一两块钱。我爸妈在外面打工，春节才回来。高中毕业时，我的高考成绩很低，就出来打工了。（个案15）

> 我初一没上完就出来打工了，我爸妈就在家附近打工，他们也不管我的学习。我天天逃学去网吧，把网吧当成了家，现在有点后悔。出来这么多年，以前的想法都忘了，我都不像自己了。我家经济状况还不错，是我坚持辍学出来打工的，所以现在也不好意思向父母要钱，出来才发现赚钱很辛苦，打工后反而再也不玩网络游戏了。一天天的都不知道自己在干什么，虚度光阴。想学完驾照后就去河南、山西闯荡一阵，攒够钱后回到离家更近的石家庄加盟或者自己开一家餐馆做老板。（个案72）

迷茫，是早早辍学出来打工的青少年最直接的感受。无论其家庭状况如何，过早出来"混社会"的经历，对他们来说，反而形成了一种对网络的复杂态度。上述两个案例的主人公，在读书期间都曾经沉溺于网络游戏中，因此耽误了读书，辍学之后发觉打工辛苦，网络游戏反而"隐退"了。离开了网络游戏，替代它们的是什么呢？社交媒体，尤其是微信。

其次，社会化媒体在家庭交流中扮演了"代际和解"的角色，但对家庭原有的权力结构形态并未产生较大的影响。

研究指出，互联网可以给使用者带来心理健康，对人际关系的形成和维护起到作用，对群组成员身份和社会身份、工作场所和社区参与等方面产生影响（Bargh，2004）。而社交媒体则可以增强家庭联结的潜力（Williams，2011）。父母往往对下一代的媒介参与表示出复杂的情感，这种复杂的情感也成为制造家庭生活紧张气氛的重要来源。由于子女比父母对数字媒体有更多的经验、知识和兴趣，父母对子女使用数字媒介所采取的主要措施是家庭依赖（reliance on family）、额外监视（additional supervision）和购置手机（pay-off cellphone by oneself），或者父母会让年龄较大的有网络经验的兄弟姐妹来充当"教育者"的角色（Clark & Schofield，2009）。就家庭虚拟关系场景而言，家庭隐私趋向更加开放和公开的年轻人会与他们的兄弟姐妹进行更多线下交流，而非通过Facebook在线交流，与他们的父母在Facebook上进行更多线上交流和线下交流。对话导向型家庭，孩子对于信息交流持有开放且积极的态度，会更愿意加父母为好友，且很少进行隐私设置。而服从导向型的家庭中，由于成长在绝对服从的家庭中，子女们缺少一个自由的环境，从小被要求规定的价值观，他们会更加偏向于隐藏自己内心的真正想法和隐私。但是，即使亲子间的关系令人满意，高强度的监测还是会被理解为对子女的不信任，可能导致子女对监控的不满，这种监控也可能被认作家长对于子女是否能成为一个有责任感的成年人的质疑（Child et al.，2015）。

新一代留守儿童，尤其是"95后"，由于家庭的虚拟缺席状态，社会化媒体成为他们缓解精神压力的安慰剂，或者是替代社会关系的角色。这种替代社会关系中包括替代性家庭关系和替代性职业关系。

> 我以前玩交友软件，在陌陌上认识一个女朋友，是个女大学生，后来因价值观不合而分手。我觉得自己是比较脚踏实地的人，而当时的女朋友向往物质充裕的生活，走上了非法职业，所以在2014年和女朋友分手了。希望自己在30岁的时候开一家自己的餐厅。①

案例中的李某来自山西，生于1996年。因为父母离异，学习成绩下降，无心读书，12岁来北京打工。当时在一家餐馆的连锁店上班。他从2012年开始使用微信，QQ则是用了十年，其他的媒介几乎不用，手机是承载微信的工具，打电话的功能用得也很少。在无法获取家庭情感的过程中，依靠社会化媒体营造现实的社会关系网络成为他的一种潜在诉求。

张某15岁来北京打工，一直在理发店工作，父母都在外面打零工。社会化媒体对他而言，意味着工作和客户。张某说："我通过微信和客户交流、预约时

---

① 个案来自2017年7月25日在北京的调查资料。

间,QQ 的好友都是工作之前的同学、朋友和家人。在北京打工后,开始主要使用微信,大众点评经常去看,因为要看客户的评价。"支付宝、淘宝、饿了么等基本常用的 App 他也在使用中,快手是张某的最爱,"主要关注和自己行业(美发)相关的主播,还有好看的小姐姐,喜欢在上面看看正义、感人的小视频,自己不拍也不发"。不久前他刚下载了陌陌与探探,但没想过用此类软件接触朋友,主要是为了在上面拉业务,找人做头发,受访时已经成了好几单(个案 74)。

对于张某而言,工作关系的建立与社会化媒体平台的使用基本绑定在一起了,美容店里的现实客户与虚拟世界里的客户预约和客户评价合并在一起,构成了他以职业为中心的社会关系网络。

> 我的业余爱好是玩游戏,在游戏上投入很大。初中学习成绩不好一方面是没有学习的天赋,另一方面是自己沉迷游戏,无心学习。每天下课回家都是直接打开电脑,沉浸在游戏的世界里面,作业和学习早就被抛向一边,久而久之彻底丧失了学习的动力。我现在玩的《地下城》这个游戏是从初中开始接触的,但是玩了一段时间就没继续玩下去了。这个游戏需要花一定量的钱,才能有良好的游戏体验。工作之后,我有了充足的时间,又重新捡起这个游戏,并把它发展成为自己的爱好。在这个游戏上已经花了一万多元。我这花的还真不算多。我有个同事玩《大话西游》这个游戏,其间买了很多号和装备,从开始玩到现在都花了十万多元了,再多花一点就能买一辆车了。(个案 80)

无论是网络游戏还是社交媒体,都承载了他们对家庭生活的渴望之情、建构新型社会关系的朴素愿望。无论出于何种原因,随着打工时间的积累,对"95 后"青年而言,社会化媒体的使用已经成为主流,其他的媒介形式渐渐"隐退"了。

"95 后"的青年,属于农民工家庭中的第二代第三代,他们很大一部分是初中辍学的,觉得读书没有意义,读书期间不断逃学去网吧玩。不听父母的劝告,离开学校之后到了工作现场中,才会反思自己以往的行为,移动传播媒介成为他们的另一个"社会家长"。从"准家长"的角色到"社会家长"的角色,其间的变化在于"准家长"是在未成年读书期间的伴随物,"社会家长"则是外出打工期间的伴随物。在"准家长"身上,他们获得的是童年时期叛逆的虚假自由感；在"社会家长"身上，他们开始以成年人的目光看待自己的生活，反思自己以往的行为。"社会家长"一定程度上帮助他们与父母在未来的一段时间内达成代际和解。媒介在"准家长"角色被弃置后，进而成为个体社会化的主要工具和替代品。

三、媒介中的代际勾连

从文化反哺和父母管理媒介使用研究的视角而言，很多家庭在亲代向子代请教问题的过程中，化解了家庭矛盾。通过技术传播之间的文化反哺，亲子双方的距离被拉近，技术成为缓和亲子冲突、改善家庭内部结构的良性工具。微信为文化反哺提供了一个很好的空间。由于微信交流成本低，亲代请教子代的动力、子代获得反哺的能力均得到了有效的实践，比如子女会通过截图、视频、语音等远程方式来教授父母使用微信功能。这种文化反哺主要体现在手机技术、手机信息搜索和手机流行语三个方面。此外，尽管文化反哺会使父母传统的权威地位发生动摇，但文化反哺带给下一代的是一种"自豪感"，有助于他们对"他们共同体"认同的建立和发展。在这一过程中，亲子双方主体对主体的交流体现为彼此学习、互换、沟通。这种良好的沟通模式在一定程度上影响着家庭中的亲子互动关系，从而推动了新型代际传播模式的形成。但是父母暂时"让渡"的权力，并没有改变家庭原有的权力结构。父母对子女的远程监控改变了传统的形式，父母改为在社交媒体上"管教"子女（周裕琼，2014；吴炜华、龙惠蕊，2016）。对于未成年子女而言，研究者提出了三种父母管理媒介使用的模式：积极媒介化（active mediation）、限制性媒介化（restrictive mediation）和共同观看模式（co-viewing）。对于兄弟姐妹而言，他们之间的媒介关系是一种同伴关系，媒介成为促进孩子之间情感的工具（Jennings & Nancy，2017）。其他一些文献以移动电话为主的电子媒体形式与家庭关系作为研究对象。马蒂诺等（Madianou & Miller，2011）针对英国菲律宾移民与其留在菲律宾的子女进行比较研究，认为双方通过"手机养育"（mobile phone parenting）行为重塑着母女关系，且双方对这种手机养育方式所持态度也有较大差异。也有用数字媒体（digital media）概念进行的相关研究，内涵几乎等同于数字化新媒体的概念。安德森（Anderson，2011）等的研究是基于尼尔森公司公布的针对新型数字美国家庭（the new digital American family）的调查报告，对美国家庭的家庭动态、媒介以及购买行为趋势结合数据进行了分析。李（Lee，2007）研究了家庭环境下儿童的互联网使用对家庭关系和父母介入产生的影响。该学者调查了 222 个韩国四到六年级的儿童，认为互联网使用时间与家庭时间下降有关，但与家庭沟通无关；从父母中介技术（parental mediation techniques）与儿童在线活动关系的分析来看，父母推荐及共同使用有益网站对儿童教育在线活动有正向作用，但父母限制时间和网址不会改变儿童实际的互联网使用。如果原本父母与孩子之间就很少发生争吵，那么这项活动只能维持彼此之间的关系稳定；如果父母与孩子之间的争吵很频繁，那么这会让孩子误以为父母在侵犯他们的隐私，从而加剧了关系的恶化（Kanter，Afifi & Robbins，2012）。

同时，"孩子的影响"（child effect）成为新媒体与家庭关系研究的一个新的关注点。孩子对父母的影响也被称作"代际传播"（inter-generational transmission）。孩子被视为家庭中的一个平等的参与者（De Mol et al.，2013）。科雷亚等（Correa et al.，2014）和伊藤等（Ito et al.，2009）发现，孩子会教父母如何使用电子媒介，包括电脑、手机和网络，并将这个过程命名为"技术反转传播"（bottom-up technology transmission）（Correa，2016）。孩子在家庭中的媒介使用角色被定义为家庭中的"年轻专家"（youthful experts）、"媒体经纪人"（media brokers）、"技术专家或经纪人"（technology experts or brokers）、"电子原住民"（digital natives），父母则为"电子移民"（digital immigrants）（Livingstone，2009；Ito et al.，2009）。此外，克拉克认为孩子与父母一起学习怎么使用新媒体是一个"分享式学习"（participatory learning）的过程（Clark，2011）。

对于农民工子女而言，无论是留守一代、流动一代还是家庭团聚式的一代，社会化媒体在使用中扮演着"代际勾连"的角色。基于农民工家庭的不同形态，孩子在家庭媒介中扮演的角色与上述研究之间有一些差异。

本研究显示，媒介使用在家庭代际中呈现出很有趣的现象：年长者使用的媒介往往都是年轻一代淘汰下来的媒介。这种淘汰形式不是一次性行为，而是多次行为，有时候是父辈对子女淘汰媒介的使用，有时候则是子女接受父母淘汰的媒介，后一种情况往往发生在未成年子女与父母之间。笔者将其称之为"家庭技术多元淘汰中的扩散行为"。比如个案 76 中的主人公李某，就是一个很鲜明的例证。

李某，在乡下务农，受访时 67 岁。20 世纪 90 年代，李某家里买了第一台电视机，是最老式的黑白电视，后来依次更换为老式彩色电视、彩色液晶电视等，这些都是儿女成家之后淘汰下来的旧电视。2002 年，李某拥有了第一部手机，仍然是从下一代那里淘汰下来的。因此，随着子女更换手机，李某的手机也不断更换。

李某的女儿小李，是家庭媒介中的第二代使用者，当时 40 岁，在城市里做小生意，小学毕业。小李最常用的媒介是收音机，电视机基本上是和收音机同一段时间出现的，电脑是 2012 年买的，为了方便使用 QQ 联系客户，就买了第一台电脑。她依次使用过按键手机、翻盖手机和智能手机。更换手机的动机主要是工作需要。小李可以说是该家庭中媒介使用的中坚力量，在新技术扩散中扮演着核心角色。同样，李某的儿子，小李的哥哥，也是家庭媒介中的第二代使用者，当时 45 岁，小学毕业，外出打工。

李某的孙子小小李，是家庭媒介使用中的第三代，出生于 1999 年，初中开始去网吧，15 岁退学外出打工。小小李 14 岁开始拥有自己的第一部智能手机，是从父母那里淘汰下来的二手手机。外出打工领到第一笔工资之后，他就给自己换了一个新手机。

李某的外孙小林出生于 2005 年，当时 13 岁，读小学六年级。小林用父母淘汰下来的手机玩 QQ 和别人聊天，看电视剧、玩游戏、刷短视频。对于他而言，手机就是一个休闲娱乐的工具，用来打游戏、聊天、看电视剧。

上述案例中的家庭，四代人（小小李和小林虽然是一代人，但是年龄跨度较大，可以看作媒介使用中的两代人，故而是四代人）在媒介使用中呈现出这样的特征：一是老一代人获取的媒介工具通常由下一代手中淘汰而来，比如电视、手机等。二是"80 后"和"90 后"这两代人在使用媒介时，开始是从上一代人即父母手中获得媒介工具的资源，比如购买电脑、手机等。三是进入手机时代之后，这几代人都以手机为主要使用的传播工具。四是在四代人之间，在媒介工具的使用中，"60 后"和"70 后"在家庭中扮演者承上启下的角色，一方面他们要给自己的上一代进行媒介启蒙，另一方面他们要给下一代提供资金购买媒介工具。最后，上述案例中还凸显了重要的地域性：来自偏远农村的李某一家人，在媒介使用流变中，尽管有代际差异，但是从李某的子女开始，此后的几代人都受到农村当时使用的媒介形式的影响，地域性在代际的媒介流动之中也扮演着重要的角色。

因此，对于农民工家庭而言，代际媒介流动的中间一代，通常是"60 后"和"70 后"扮演了较为关键的角色。他们不仅承担着自我学习媒介技术的使命，还要承担老一代的媒介使用教育和新一代的媒介使用限定与控制。

其次，代际的媒介流动中，子代的经济地位决定了父母和下一代媒介的使用情形，呈现出以孩子的影响和父母的职业与经济地位为主的技术扩散模式。

个案 77 中的家庭，郭某，当时 60 岁，务农，第一部手机是儿子给买的。2008 年，从北京打工回来的大儿子给郭某买了一个诺基亚手机。刚买回来的时候，郭某还责怪儿子乱花钱，慢慢地就越来越离不开手机。刚开始用诺基亚时，儿子们教他如何打电话、保存联系方式、发短信，不久儿子又给母亲买了一个新的诺基亚。

除了年龄、地域、经济地位和外出等因素的影响之外，代际的媒介流变如果发生在一个从山村单枪匹马奔到城市读大学的青年人的家庭中，教育扮演的角色则会凸显出来。

个案 66 中的韩某是一名来自江苏农村的大学生，出生于 1995 年。在韩某的成长中，主要是爷爷奶奶伴随着她，因此韩某的叙述内容主要是关于爷爷奶奶的媒介使用记忆，而关于父母的媒介使用记忆则寥寥无几。这是一个隔代媒介流变的案例。

这个家庭中媒介使用的第一代，即韩某的爷爷奶奶，很喜欢看报纸，并一直在订阅报纸。韩某初中毕业的时候，广播在乡村生活中的作用逐渐减小了，主要还是因为受到了电视、手机大规模进入乡村生活的冲击。韩某说：

> 爷爷奶奶购买的最早的电视是 12 寸的黑白电视，能接收到的电视频道很有限。彩色电视在爸妈结婚的时候买了第一台，24 寸的松下电视机。后来家里安了有线电视盒，就能收到 100 多个频道了。我上了高中家里换了液晶电视，现在家里有三个电视。小学时换新电视机的时候，爸爸给爷爷奶奶顺便也买了一个。在我初中毕业的时候，姑姑给奶奶买了手机，爸爸给爷爷买了手机。

韩某的父亲因为外出做生意，是最早用上大哥大的一批人。因为经济富裕，父亲换手机的频率比较快，一般一年一换，当时用苹果 6s。韩某说：

> 我上初中的时候，妈妈买了第一个手机，现在用的是三星 Galaxy 系列比较早的一款手机。妈妈一般喜欢打电话，不喜欢打字，微信她一般都只用语音功能。初二的时候，我有了自己的第一个手机，因为住校需要一个手机跟家里联络，1 200 块，步步高的，可以上网。这个手机一直用到高中

毕业，上了大学之后开始用苹果 4s，大一第一学期被偷了，然后买了 5s。都是父母给钱我自己买的。

在个案 66 的家庭中，家庭的中坚力量韩某的父母因为外出做生意，在家庭技术扩散中通常采用购置新的技术工具的手段来完成，而不是采用淘汰给上一代或者下一代的形式。

还有一种情形是，媒介扩散的动力来自"家庭的外来者"，即儿媳妇。个案 31 中，老一代开始使用微信，来自儿媳妇的帮助。在儿子结婚之前，尽管儿子也会教他们使用媒介，但是不太耐心。虽然老一代拿着智能手机，但是手机里什么软件也没装。儿媳妇非常耐心，也很热心，发现公公婆婆虽然有手机，但不会上网，就教给他们怎么找视频、怎么玩微信、怎么打字……儿媳妇是"95后"，结婚之前一直在外面打工，使用各种媒介工具得心应手。她进入这个家庭之后，对老一代的媒介使用带来了较大的影响。

综上所述，媒介流变在不同家庭中呈现出多种形式。首先，媒介的代际流动是以"60 后"和"70 后"为中心的，他们承担了中间人的角色；其次，媒介的代际流动与教育、外来者、个体的成长经历等关系密切；再次，媒介流变的历史也是家庭变迁史的组成部分；最后，媒介流变与媒介记忆共同构成了当代中国农民工家庭流动迁移史的一部分。

小结

媒介技术对于第二代、第三代农民工而言，从技术和消费两个视角塑造了他们的媒介观念。作为道德经济的媒介技术及其文化含义在农民工新的媒介观念塑造方面扮演了很有意义的角色（李红艳，2016）。萨尔兹曼指出，虽然世界可能永远不会完全变成马歇尔·麦克卢汉所狂热描述的"地球村"，但每个村庄——不管在乡下的或都市的、前工业的或后工业的——正在变得越来越全球化。从电子化角度来看，世界正在进入每个村庄和街道、每个部落和居留地、每个社区和郊区。媒介在乡村生活现代化进程中所扮演的角色越来越重要，有四种进程：民主化、消费主义、城市建模和语言霸权（约翰逊，2005：173）。从微信的生命时间而言，大学生的微信实践活动，是他们当下与未来树权型生命时间体验的模板，而新生代农民工则因为拥有的社会资本和文化资本有限，从而使得其在微信的实践中，生命时间呈现出一种线性的关系（刘谦、陈香茗，2017）。基于数字鸿沟造成的网络社会不平等，与原有的社会排斥因素交织，使得新生农民工在城市中被边缘化，形成了新的贫困境况（管成云，2017）。

本研究认为，从媒介变迁史的角度来看待农民工家庭关系，呈现出如下特征：首先，对第二代、第三代农民工而言，媒介在乡村生活记忆中扮演的角色呈现出多元化的形态，一种是"准家长"角色、一种是家庭生活记忆中的主角、一种则是作为外面世界刺激物的角色。对于第一代农民工而言，媒介在他们的乡村生活中，首先是作为一种"新事物"成为被村里人羡慕的对象，继而是作为一种信息工具被接受并传播的。其次，对于农民工家庭而言，媒介使用的历史与几个因素密切关联：受教育程度、外出打工、成长经历以及性别因素等。最后，媒介流变的历史与每个农民工家庭的变迁史几乎是交织在一起的。某种程度上可以说，媒介流变的过程也是一个家庭逐渐走向"远方"的过程，媒介成为家庭开放的一种重要指标。但是父母与子女之间的媒介共同使用特征，并没有出现与上述已有研究现状相匹配的状况。主要原因在于，对于农民工家庭而言，父母外出流动频繁，与子女共同成长的经历缺乏，媒介的共同使用和控制或者限定并不是一个家庭问题。反而是在短暂的团聚中，父母对下一代媒介使用表现出了纵容态度与好奇的学习态度。

下篇

移动的尺度：
家庭单位 VS. 阶层选择

插图：敖松

因为我们的思维模式习惯性地遮蔽了我们现实关系的大片领域，包括我们对别人的真实依赖。我们就抱着这些天真的想法，只考虑自己的钱，自己的"光"，因为构成我们社会理想的那些部分已经从根本上凋谢了。

——雷蒙德·威廉斯《漫长的革命》

第七章　农民工家庭的阶层传播

对阶层概念进行界定，唯有将其放在与阶级概念相关联的历史背景下才能获得较为清晰的认知。"阶级"这一概念最早源自古罗马时期的健康状况调查，以健康状况为基础的人口分类产生了阶级（classis）这一概念，英文中的阶级（classes）主要与工业革命的兴起相关。上述这两种含义在社会学研究中均有体现，核心是把"阶级看作在一个综合的体系中按照等级排列的经济集团，且在这种体系中阶级本身并不是孤立的，而被规定为彼此联系的"（布赖恩特等，1987）。马克思认为，生产力和生产关系决定了社会的不同特征，早期社会中人们是共同消费自己所生产的产品的，社会处于自给自足的经济水平，自然是没有阶级存在的。随着生产技术的发展和劳动分工，产品剩余成为可能，剥削性社会关系的萌芽出现了。这种剥削关系构成了社会阶级形成的客观基础，而私有财产则是以阶级为基础的剥削的必然产物。因此，马克思的阶级概念是内嵌在经济生产和产品分配、产品消费和剥削过程中的，资本主义社会内在的根本性对抗是由无产阶级和资产阶级的关系构成的，资产阶级通过意识和文化将其剥削地位合法化。在此基础上，马克思区分了"自在阶级"（class in itself）与"自为阶级"（class for itself）两个概念。阶层的概念对于马克思而言，是属于阶级的子概念之一。马克斯·韦伯强调从市场、分配和消费角度来认知阶层概念，认为决定社会分层的主要包括三个方面的因素，即收入、权力和声望，基于收入而形成的阶层是阶级，基于权力而形成的阶层是政治党派，基于声望而形成的阶层则是身份团体（布赖恩特等，1987）。

20世纪80年代，法国社会学界普遍认为，各社会阶层的家庭模式不尽相同。文化水平高的家庭与其他家庭行为方式的主要差异在于它们在面对公众的自我定义方式上。比如，中产阶级和上流社会成员十分在意标榜自己的"现代性"，对个人自主性有较高的追求，大众阶层的成员对家庭融合和彼此亲密关系的青睐则与他们渴望彰显自身的良好教养紧密相连。工人阶层家庭和小职员家庭则坚持强调家庭成员思想和行为有必要体现彼此的团体性，这是一种占主导地位的典型形式（桑格利，2012：94-95）。

保罗·福塞尔在《格调》一书中将美国社会分为几个等级：上层阶级包括看不见的顶层、上层和中上层阶级；中层阶级包括中产阶级、上层贫民、中层贫民和下层贫民；下层阶级包括赤贫阶层和看不见的底层（福塞尔，2011：23）。他通过直觉观察的形式，对不同等级在容貌、住房、消费休闲和摆设、精神生活等方面进行了描述，并预言了整个社会不可避免的贫民化趋势，这是发达工业化的一个产物。具体征兆表现为批量生产、批量销售、大规模通信以及群众教育不可避免的伴生物。"贫民阶级表面上看起来是失败者，事实上却是永远的赢家。……贫民原地不动，并没有侵略任何阶级，倒是社会顶层自动滑落下来使自己适应他们的需求，因为购买力越来越集中到贫民手中。"（福塞尔，2011：256）排队和自助是两种日常表现形式。尽管福塞尔带着精英主义视角的描述有一定的片面性，但在一定程度折射出一个问题：阶层的流动蕴含着经济、政治和文化的属性，这些属性从原生家庭开始被携带着，在阶层流动的过程中家庭自身也被赋予了这种阶层的属性。同样的，布迪厄在《区隔》中通过经验研究的方式，对阶层与品味之间的关系做了详尽而周全的描述与解读（布迪厄，2015）。查尔斯·默里（Murray，1984）则认为美国黑人和白人在家庭构成上存在的差异主要是基于阶级差异。

在日本社会中，上层阶级的家庭体制被公开定义为文化理想而强加在下层阶级身上，越是下层阶级家庭，越被看作具有劣等的社会价值。二战后，美国将其公民规范强加于日本的家庭体制之上，家长位置被废除，丈夫和妻子被赋予了同等的法律权力。而在西方社会中，上层社会的家庭规范很少通过法律而强加于整个社会之上（切尔，2005：36）。

就中国而言，改革开放以来，国家政策层面逐渐淡化阶级概念，阶层概念凸显，但并非意味着这两个概念之间的必然分野。国家意识形态话语从阶级向阶层的转变，意味着国家淡化了关于社会的冲突论假设，转向以促进社会和谐作为社会治理的首要目标（冯仕政、朱展仪，2018）。当下学术界关于阶级分析的主要有两个视角：一个是把阶级关系中内在的对抗性看作社会变迁的动力，从社会政治信仰或者行动自由的阶级自我定位来考察人们的阶级意识；另一个是通过组合或者分离各种职业类型的内涵来建构阶级概念，这种视角通常是通过调查研究完成的（斯凯恩，2005）。本书采用的是第二种视角。

本书所说的阶层是按照社会所提供的不同的机会形式来区分的。在阶层的认知和经验中，本章侧重两个视角，一个是代际流动，一个是代内流动。代际流动侧重的是子辈和父辈之间在职业成就上的差异（斯凯恩，2005：48），代内流动则是指同一代人在职业类型和职业成就上的差异导致的流动状态。

一、阶层的自我认知

中国人的社会地位是由家庭或者家族而不是个人来决定的，"对情境中心的中国人来说，阶级为一群体属性"（许烺光，2017：137）。人们改善地位的愿望不是很强烈，阶级关系更趋于缓和。而农民工家庭对阶层的认知，起初是建立在1949年之后的社会阶层定位上的。1925年，毛泽东在《中国社会各阶级的分析》中指出："工业无产阶级是我们革命的领导力量。一切半无产阶级、小资产阶级，是我们最接近的朋友。"该论述解决了在民主革命时期要团结谁、依靠谁、打倒谁的首要问题。1950年土地改革时期，当时的政务院发布了《关于划分农村阶级成分的决定》（1950年8月4日中央人民政府政务院第四十四次政务会议通过，1950年8月21日公布）。根据这个决定，农村被划分为五个主要阶级：地主、富农、中农、贫农、工人。除了这五个原则性的阶级划分之外，对其他阶级也做了补充说明和规定，这些阶层包括：小手工业者（社会地位和中农类似）、手工业资本家、手工工人（社会地位与工人、雇农同）、自由职业者（医生、教师、律师、新闻记者、著作家、艺术家等）、小商和小贩、商业资本家或商人、开明士绅、革命烈士家属等。1953年土改之后，中国农村阶级阶层结构发生了变动：土改前，贫雇农、中农、富农和地主比例分别为70%、20%、6%和4%；土改后分别为30%、60%、6%和4%（陆学艺，2002：163）。经过社会主义改造、工业化运动，中国社会的阶级结构发生了改变，形成了以工人阶级、农民阶级和知识分子阶级为主导的阶级结构。改革开放之后，随着经济体制改革的推进、社会流动机制的逐渐形成，原有的社会阶层结构发生了变化。1989年，改革开放十余年后中国农村社会可以分为八个社会阶层，即农业劳动者阶层、农民工阶层、雇工阶层、农民知识分子阶层、个体劳动者和个体工商户阶层、私营企业主阶层、乡镇企业管理者阶层、农村管理者阶层（陆学艺，1989）。十年后的1999年，农村社会阶层按照此前的阶层划分，其中取消了农村管理者阶层，且各阶层比例有所变动（见表7-1）。

表 7-1　1999 年中国农村社会阶层变动表（%）

	1989 年	1999 年
农业劳动者	55～57	46～50
农民工	24	16～18
雇工	4	16～17
农村知识分子	1.5～2	2.5
个体劳动者、个体工商户	5	7～8
私营企业主	0.1～0.2	0.1～0.6
乡镇企业管理者	3	1.5

数据来源：陆学艺，2002：178.

就当代中国社会的阶层而言，一般被划分为十个阶层。[①] 值得注意的是，学者在划分改革之后中国社会阶层时，都不由自主地会遇到一个难以克服的困境，即农民工群体的阶层划分问题。从上述分析可以看出，改革开放之后的十年、二十年的研究中，农民工群体依然被归为中国农村社会阶层结构的一个主要组成部分。由此可见，农民工的非农化并没有带动他们的社会身份转变（王春光，2003）。

王春光（2005）根据职业分类，以组织资源、经济资源和文化资源的占有状况为基础，指出现阶段中国社会已分化为由十个社会阶层组成的社会阶层结构：（1）国家与社会管理者阶层；（2）经理人员阶层；（3）私营企业主阶层；（4）专业技术人员阶层；（5）办事人员阶层；（6）个体工商户阶层；（7）商业服务人员阶层；（8）产业工人阶层；（9）农业劳动者阶层；（10）城乡无业、失业、半失业人员阶层。改革开放 30 年之后，农民工阶层开始被归入产业工人阶层。而在农村的社会阶层划分中，农民工阶层依然扮演着一个重要的角色。李培林（2017）认为，改革开放 40 年以来中国社会阶层变动的特征发生了变化，变化之一在于工人队伍空前壮大，农民工成为新生力量。随着工人队伍总人数

---

① 这十个阶层分别如下：国家与社会管理者阶层，1978 年占我国就业人口的 0.98%，2001 年占 2.1%，当前大约占 2.5%；经理人员阶层，2001 年占比 1.6%，2010 年占比 2.7%，当前估计占比超过 3%；私营企业主阶层，长期以来被认为是国内外衡量改革动向的风向标，目前占比大约为 3%；专业技术人员阶层，在社会等级结构中属于俗称的"白领"，是中产阶层的重要来源；办事人员阶层；个体工商户阶层；商业服务员工阶层；产业工人阶层，1978—1988 年，产业工人占比由 17.3%增加到 22.4%，1997 年增加到 23.7%，2010 年为 22.7%，目前变化不大；农业劳动者阶层，2010 年农业劳动者阶层占比是 30.4%，比 1978 年减少 37%，目前大约占比为 25%；城乡无业、失业、半失业人员阶层（张林江，2015）。

的大幅度增加，工人队伍的结构发生了三个显著变化：一是农民工成为工人队伍中庞大的新生力量。二是服务业工人的人数超过了工业工人，成为工人队伍中人数最多的部分。改革开放初期，服务业工人是三大产业中从业人员最少的部分。截至 2016 年，服务业工人的人数不仅超过了工业工人，也超过了农民。三是工人队伍中的国有企业职工比重大幅度减少，其经济社会地位分化较大。变化之二在于农民数量大规模减少，并且日趋分化和高龄化。农民阶级发生了几个大的变化：一是大部分的农业劳动力，特别是绝大多数农村青年劳动力都转移到非农产业就业。2016 年，我国农村户籍、从事非农工作的农民工总量达到 2.8 亿人，其中以进城务工为主的外出农民工达到近 1.7 亿人。二是在务农的农民中出现了一些从事种植、养殖、渔业、牧业、林业等规模经营的农业大户以及数量众多的兼业户，纯粹务农的小耕农的数量和比例都大幅度减少，完全靠几亩土地耕作维持生活的小耕农成为农村和整个社会的低收入群体。三是留在农村从事农耕的农民，呈现高度高龄化。四是务工经商、参军、上大学、嫁入城市等似乎成为农村孩子改变自身命运的主要渠道，地主、富农、中农、贫农等改革开放前仍作为农村阶级分析的"家庭成分"概念已经成为历史记忆（李培林，2017：5 - 16）。尽管"家庭成分"业已成为历史记忆，但在农民工对自身阶层的自我认知中，"家庭成分"则以另外一种形式依然扮演着重要的"现实角色"。换言之，当以阶级确立"家庭成分"的历史逐渐消失的时候，他们的阶层认知一部分回归到士农工商的阶层划分上，一部分则以城乡二元分割的户籍制度来划分自己的家庭身份，还有一部分则由于住房、户籍这两大关涉家庭"成分"因素的变化，在家庭的阶层认知上发生了质的变化。

首先，家庭的阶层理想在代际发生了"变动"。

比如，个案 9 中张某的家庭就是一个阶层理想不断发生"变动"的案例，这个过程与村落和外面之间的互动关系密切，与家庭成员自身的流动直接相关。

张某的父母是北方农村的农民。张某的爷爷奶奶，从小都是一个姓杨的地主家的长工，每天吃、住、干活都在杨地主的家里，两个月才能回家一次（其实，杨地主并不是真正意义上的"地主"，他家的地也不过比其他人多一些而已，雇了几个长工）。张某的爷爷奶奶给杨地主干了一辈子的活儿，他们这样教育张某的父亲："长大以后就在村里，种自己的地、收自己的粮食，自己当个小地主。"在爷爷奶奶的眼里，小地主是"成功的农民"。所以，他们希望儿女们自己当地主。张某的父亲一直谨记父母的教导，19 岁那年和兄弟几个一起，把自己家附近那一大片土地开垦了。兄弟几个相继娶亲后，分了家，也把土地分了。数十年过去了，父亲和叔叔们并没有如他们父母所期望的那样，成为一个雇长工的小地主，而是成为和村里千百农户一样的普通农民。他们待在村里一生务农，从未离开过这片土地。张某的父母以及张某的爷爷奶奶，坚守土地，家庭的理想便是成为一名地主，改换身份，实现"阶层变动"。50年过去了，这一理想在乡村社会的土地联产承包责任制度的实施中，发生了变化。

从张某这一代，村民们开始"走出乡村看世界"。张某的大哥18岁就外出当兵了，退役后在当地武装部当干部，妻子是护士，他们的女儿当时在上大学。三弟18岁以志愿兵的身份，离开家乡去了成都，当时在某批发市场开了个文具店。四弟从18岁当兵后，便一直留在河南，当时40岁，未婚。唯一没有当兵的是张某，因为与张某同龄的青年们几乎都选择了出去打工。张某在22岁结婚，妻子来自陕西一个农民家庭，是经亲戚介绍认识的。婚后二人仍然和父母住在一起，1989年和1997年相继生了儿子大张和女儿小张。儿子上初中那年，张某带着妻子、女儿去北京打工了。儿子大张初中毕业后上技校，学电子机械维修，去广东打工两年，认识了妻子小林，两人是自由恋爱。之后，大张与妻子一起在河南开了一家外贸服饰店，生育了一儿一女。"俺（张某）当然是希望孙子当官嘞！那能不能当上俺咋知道？也不是俺期望咋样就能实现的，俺一个扫大街的，俺咋期望也不算数嘞。"为了孙子能来北京接受最好的教育，张某愿意尽己所能、倾其所有："受过教育，在外面别人就不会歧视俺们，不会受人欺负。"

个案9中的张某，几代人都生活在河南农村。一家人的希望是踏实种地，成为一个"小地主"，转换身份。他们对生活的希冀，还落在土地上。从种地的希冀到当兵的希冀，再到打工的希冀，他们随着社会的变迁不断地改变着对自我阶层的认知。"有时觉得自己是城里人，有时觉得自己是农民，回到村里，乡亲觉得我是城里人，城里人又把我当农民工。对于家乡，对于城市，我都是外人。"这是一位农民工的困惑。

2006年的调查显示，新生代农民工中，13.5%的人认为自己是拥有部分非农业收入的农民，而认为自己是农民工的只有3.8%。在老一代农民工中，虽然大部分的人认为自己是普通的打工者（比例为56.1%），但有22.9%的认为自己是农民工，比新生代3.8%的比例要高很多。但认为自己是"拥有部分非农业收入的农民""既不是城市人也不是农村人"的新生代农民工的比例要比老一代的比例高。新生代和老一代大多将自己的身份归于普通的打工者（魏晨，2006）。

其次，还有一类农民外出者始终以农民的职业在异地徘徊，其阶层的自我认知出现了内在的冲突与紧张状况。他们原本以为通过流动可以获取身份，但事与愿违。在脱离原有乡村社会藩篱的同时，又进入了另一种阶层自我认知的怪圈中。

个案 100 中的家庭便属于这样的情况，夫妻二人来自河南农村，打工期间因为所在工厂破产，无法找到新工作，只能选择在异地务农，十多年后在当地的村落盖了房子，成了迁移后的"新"农民。

> 2018 年前，我们家都是租村里农民的房子来住，房主要将房子卖了，被迫搬家，总共搬过三次家。尽管还在同一个村子，搬的房子也能越来越大，但还是渴望着能有一个只属于自己的房子。2018 年，当初父亲欠下的医药费才陆续还清，一家终于拥有了真正属于自己的一套房子，买房花了十几万块钱，整个装修都是自己装的。虽说土坯房，但我爸爸妈妈就特别喜欢它。政府想要征收，盖楼房给他们，爸爸妈妈不愿意。爸爸说，这是他自己亲手打造出来的，他不希望别人去破坏它。

虽然依旧是农民，他们一家人远离家乡 18 年后，才回到家乡。

离开家乡原本是为了脱离农民这一职业，最终还是回归了这一职业。在异地空间中继续务农，在农民看来，无疑是一种无奈的选择。而读书对于外出打工的农民而言，是一种救赎的希望，对于在家的农民而言，同样是一种救赎的希望。换言之，无论是农民家庭还是农民工家庭，在子女读书的预期中，观念是延续的，并没有发生中断或者断裂现象。与之前相比，观念的差异在于，一旦子女读书遇到了困难，如遇到户籍问题带来的读书障碍、遇到学习的具体困难，父母的坚持或者关于读书的理念则直接决定了孩子未来的读书生涯。个案 98 中的父母，二人均是高中毕业，高考失利之后，父亲在村里做过五年小学教师，目前在家里务农。夫妻二人同村，通过媒婆介绍结婚。在家里经济最困难的时候，父母即使借债也要坚持让两个孩子读书，所以家里出了两个大学生：大女儿出生于 1987 年，二女儿出生于 1995 年，大女儿毕业后在广州定居，二女儿当时还在上大学。

小女儿回忆说，记忆最深刻的就是七岁那年。她刚刚上小学，有一道算数题不会，父亲边教她，边叹息："你为什么这么笨？"这是一件令她非常沮丧的事情，随后她一气之下就跑出去。高考成绩出来的那天是晚上12点，短信发过来的一瞬间，她蹦了起来，告诉父母亲自己考了614分。父母表面很平静，笑着说挺好，并让她早早睡觉，结果第二天父母说他们一晚没睡。父母为人非常低调，在他们看来，无论农民还是农民工都是一样的，要转化身份，只有通过高考读大学这一条路径。

在阶层的自我认知上，笔者在2007—2008年关于农民工与市民相互角色认知的调研中发现，农民工对个体身份的认同比较多元化，他们多半以新兴的职业身份来界定自己的身份，比如服务员、市场销售人员、经理、主管、保洁员等（李红艳，2009）。本研究针对的是农民工家庭阶层认知，他们认为读书可以使得自己的家庭与原来的农民以及农民工家庭有所不同，这种不同体现在什么地方呢？对他们来说，并非是阶层转换，而是一种可以得到社会地位上升的潜在机会。但对家庭而言，个体通过高等教育改变身份，也会出现家庭内部阶层并置的现象。

所谓阶层并置，是指家庭部分成员通过教育资源的获得或者经济资源的提升"实现"了阶层转换，但基于亲属关系，他们之间的交往常常充满了内在的冲突。尽管"兄弟姐妹间的阶层分化导致网络家庭中出现了阶层并置"，但"这增进了跨阶层的互动与交往，提高了社会的开放程度"（郑丹丹，2017）。

二、阶层的互斥性

就阶层而言，城市市民的自我设定，是与乡村生活的自我设定为潜在前提的；城市农民工的自我设定，是与城市市民的自我设定为潜在前提的。在农民工群体的城市自我认同更为明确的情形下，这一飘荡在城乡之间的群体内部分化便可能造成潜在的社会问题。研究显示，在城市生活的时间和被调查者的年龄这两个主要因素导致农民工群体在城市生活中的分化现象：老一代与新生代对乡村生活的记忆与认同、对城市生活的接受与体验、对城市本身的接纳度等诸方面都表现出鲜明的差异来。对城市他者的想象，主要与大众媒介的报道倾向和内容有关，而大众媒介的把关者主要由城市市民群体构成，也自然而然在想象中把农民工群体当作城市生活的外来者、潜在威胁者、扰乱社会秩序者等等，这也加大了城市他者与自我之间的心理距离。乡土记忆、城市期望与城市体验，影响着农民工在城市的生活感受和社会心态，而户籍制度、社会保障等制度化因素强化着这种心态，使得他们在面对城市市民时，因为各自的境遇不同，认知和态度有所差异（李红艳，2009）。

我是谁？我是什么？我能不能有一个确定的答案？是否应该更简单地自问：我认为自己是谁？我是什么？再多问几个问题？您说我是谁？他们说我是谁？或者更经常地问：他们说我们是什么？我们说他们是什么？我们说我们自己是什么？其实，对每个人，"我们"都是多重性的，"他们"更是多样化的，因为"我们"完全不具备单一属性。除了危机情境之外，他者不会反对将单一性视为极端的他性的观点（格罗塞，2010：6-7）。对于农民工群体而言，他们普遍认同自己是农民。调查显示，不管是从事何种职业，每个月工资如何，是否在城市里有了住房，农民工群体均异口同声说自己是"农民"（李红艳，2009）。对于农民工而言，对"我是谁"这一身份的追问，其蕴含的意义更多的是从农民这一社会阶层"沿袭"而来的观念，这一点可以从其所在组织的管理者的评价进行印证：

> 我最不满的是他们的生活习惯这一方面。他们上完厕所从来不洗手，还不冲水。那时候大家都共用一个卫生间，我每次进去都要先花很长时间打扫才行，实在受不了了。他们的孩子由于太小，无法蹲在便池上，就在台阶上或别的地方大小便。此外，在饮食上他们连坏了的鸡蛋都吃！这根本不是节约，是陋习。鸡蛋坏了已经不属于粮食了，谈不上浪费不浪费，纯粹是他们的那种观念在作祟，宁可得食道癌都要吃那臭鸡蛋。还有他们自己腌的咸菜，上面都长着绿毛，每次吃饭还都给我夹，我吃一次闹一次肚子。他们喝起酒来也没有节制，不像我们喝还知道什么时候就应该停。他们每次都往酩酊大醉里喝，然后要么就打架生事，要么就像一团烂泥一样被别人背回去。更要命的是，他们甚至都不知道把人打伤打死自己是要负责的。卫生习惯不好，只能从管理上下功夫。他们不爱洗澡，我们就每周带着他们去；他们乱扔垃圾，我们就罚他们的钱。①

> 我觉得农民工的角色就是参加比较初级的劳动，农民工给北京人的生活提供了很多方便，跟他们相处也还行。不过，他们最大的问题还是素质方面有待提高，学历教育普遍都不好。②

对农民工家庭而言，他们对家庭共同体的认知与定位以及他们的阶层观念

---

① 个案来自2007年暑假在北京的调查资料。
② 个案来自2007年暑假在北京的调查资料。

等都导致他们对阶层转换这一现实带有很深的畏惧感，而对农民阶层的阶层认知带有很强烈的认同感，这种现象出现的原因首先在于结构性的制度障碍。这种结构性制度障碍首先是以隐性和显性两种形式凸显出来的；其次，体现在阶层的潜在亲近性中；再次，家庭阶层的迁移与个人迁移之间存在着巨大的沟壑；最后，家庭阶层的认知与管理者阶层对农民工阶层的认知观念交织在一起。

首先，结构性制度障碍的隐性形式和显性形式。其隐性形式体现于固有的城乡结构带来的社会文化差异，其显性形式则体现在制度性的规定、社会地位以及相关法律法规的设定上。

下面两个个案来自笔者2008年寒假在北京做的调查：

> 我家在山东农村，每年回家一次。大约待半个月到20天，主要是因为已经不习惯家乡的生活，虽然村里也有自来水了，马路也变成柏油马路了，但是还是感到不方便，没地方去，也没地方玩，与村里的人也没有共同话语，说不了几句就没话了。他们对我在城里的生活没有兴趣，我对他们的生活也不了解了，感到很不习惯。我们村里像我这样的年轻人，95%以上都出来了，18岁以上的年轻人几乎没有留在村里的，大多是在初中毕业后出来打工，有出息的家里就会让上大学，我们村里去年考上了20个大学生。①

> 我每月工资3 500元左右，每周工作6天，与丈夫在北京工作有10年了，孩子在老家。我一直是做美容的，换了几个地方，与丈夫租房子住。丈夫工资4 000元左右，租房子每月1 200元。我每年只有春节才回去几天，一般和孩子通电话，把钱寄回去就行了。不是因为北京的借读费高，而是孩子在这里没人照看，也不方便。回到老家，待两天就不适应了，皮肤也变得不好了。我在北京每天早上要用牛奶做面膜，回家后觉得不适应，想赶快到北京来。家乡生活已经完全不习惯了。②

对于城市居民而言，与农民工家庭之间最密切的接触，除了在职业上，主要是集中在教育制度以及由此所导致的教育资源共享上。笔者在2008年的调查中提出，如果让北京市民的子女和农民工的子女一起上学的话，北京市民的态

---

① 个案来自2008年寒假在北京的调查资料。
② 个案来自2008年寒假在北京的调查资料。

度如何呢？有56.3%的被调查者表示他们觉得无所谓。有19.6%和6.4%的被调查者则表示非常愿意和有点愿意。而14.1%和3%的被调查者表示不太愿意和非常不愿意。而服务业的农民工群体，则在文化诉求上有了自己的独特属性（李红艳，2009，2015）。2018年，笔者在调查中发现市民的态度有很大的改变，大部分觉得与农民工子女一起上学没有关系。随着消除制度性障碍成为社会成员的普遍共识，这种制度性障碍的力量也在逐渐削弱，个体之间由于户籍差异而带来的阶层距离在渐渐缩小。但这并不意味着教育资源分配的均衡化和合理化，这一点在本章中将会进行更为详细的描述和分析。

其次是阶层的潜在亲近性。农民工来到城市打工，很大一部分是源自血缘和地缘的连带关系，而他们在城市社会中的社会关系和社会资源也主要是以地缘和血缘为基础建立起来的。血缘关系是农民工进城选择的最初关系，地缘关系最早是以在城市中共同居住的模式来维持的。随着职业的转化和家庭的迁移，手机成为他们联系的重要纽带。近些年，老乡微信群成为维持地缘关系的重要工具。对于农民工群体而言，阶层是一个陌生的概念，他们的社会关系网络自然而然维系或者延续了原来的乡村社会关系网络。也有一些独自来到城市打工的农民工个体，他们并没有能力建立足够支撑其在城市生活的社会关系网络。因此，他们总是"跟着地缘和血缘的关系"所能提供的就业机会游走于不同的城市之间。那么，对于打工者的管理者而言，他们如何看待农民工之间的这种社会关系呢？一位管理者说：

> 他们喜欢抱团，有的时候发生了争执，他们总是以集体辞职来威胁。但是他们不知道我们公司那么大，走一二十个人不会对公司产生任何影响。我从来不请工人吃饭，也拒绝工人们请我吃饭。作为管理层，要与下属保持一定的距离才能不妨碍工作。与农民工交朋友，大部分我不愿意交，有的可以交，但由于工作关系我不能交。[①]

再次是家庭阶层的迁移与个人迁移之间存在着巨大的沟壑。这种沟壑，不仅无法依靠读书填补，依靠财富也很难填补。

> 我们就是外地人，根本不可能融到这个北京人的社会里去，主要原因就是我们没有钱，没有那个经济基础和社会关系。在这谈不上什么平等，就拿

---

① 个案来自2008年暑假在北京的调查资料。

我家用电来说吧，居民用电每个字才四毛多，但房东要收我们一块多一个字的电，跟工业用电一样，但是就得拿，不拿就没地方住。而且城管也很严，平时还能好一点，要是赶上什么重大节日，领导视察的话每天就在那转悠，看到有卖东西的就没收东西，还要交罚款。有时候交了罚款，东西什么的也要不回来了。我要是不出来卖东西，我吃什么喝什么去啊……①

最后，在上述三个因素之外，管理者对于农民工群体的阶层认知也是导致农民工群体阶层迁移或者转换的障碍之一。对农民工阶层而言，上述态度与认知形式和观念是多层障碍交织在一起的结果。

> 我经常去美容店，美容师大多是农民工。因为他们生活也苦，一个月只挣2 000多块钱，挣钱挣得也特别辛苦，几毛钱的公共汽车也要省，吃饭也是一两块钱都打发了，租房子也租得特别便宜。她们找到的老公和男朋友还是一起打工的农民工居多，也有找着城里人的，比较少。很多是一起来打工的农民工，我都听那些美容师说的，他们中很多结婚了，有些找不到男朋友的也有回去的，在城里学到本事了，回去自己开店。②

由于不同阶层之间的体验，无法在一个阶层维度上获得满足，这不仅仅基于制度所设定的障碍，还包括其他差异，诸如受教育程度、家庭环境、个人差异以及社会环境差异等因素所带来的影响。一位从事物流行业的经理觉得，不同阶层之间融合特别困难，即便在一些日常生活习惯上，也是有较大差异的。

> 我主要与这些农民工打交道，很少和城市居民打交道。一般与农民工沟通都是在吃饭的时候聊聊天，每次先说工作，而后是聊聊家常。一般都是他们说，我在一边听着，很少发表观点。作为管理者，我要了解他们的家庭情况和他们当下的想法，才能做出进一步的行动。听他们聊还行，要自己参与进去很难，根本聊不到一起去。③

在阶层的制度壁垒、阶层的潜在亲近性或者自我选择性之外，不同阶层的生活经验和个体或者家庭记忆使得阶层之间对阶层固化的感知十分显著，他们似乎很明确地在心里将阶层之间的距离排列开来，这种阶层距离看起来是无形

---

① 个案来自2009年暑假在北京的调查资料。
② 个案来自2009年暑假在北京的调查资料。
③ 个案来自2007年暑假在北京的调研资料。

的,却是铭刻在群体心灵之中的。

三、阶层的同质性

尽管农民工家庭在对阶层的认知中与其他阶层有着显著的差异性,但是媒介所带来的信息扩散却在悄然改变着阶层与阶层的异质性程度。研究表明,青年人的意识并不主要在工作类型、工作场所和彼此之间的亲密关系中形成,同质性的购物、图像和广告文化等导致他们形成了在消费行为中的相似性,依靠个人奋斗获得阶层的体验和消费成为塑造阶级体验同质性的主要因素。

个案 55 中张某的父母都来自北方农村,父亲小学毕业,1996 年和家中亲戚一起到北京做钢材生意,生意发展顺利后自立门户,在北京买了房和车,经济状况良好且稳定。张某 1996 年出生,两岁大的时候跟随父母到北京,之后留在了北京。张某有一个小他十岁的弟弟,当时读小学四年级。张某对北京的最初记忆来自南三环的一个临时出租屋里,后来他们一家搬去了东四环的一个临时出租屋,前面是家里做生意的店面,后面是家人住的地方。一间屋子里面两张床,他和爸爸睡一张,妈妈睡一张。屋子里很暗,常年见不到阳光。下大雨的时候家里面真的会下小雨,冬天的时候采暖就靠在屋子里烧煤气,他们一家在这个出租屋里住了四年。张某小时候没有什么玩伴,因为住的地方大多是来北京打工的成年人,几乎没有小孩子,只有老乡的一个同龄小女孩和他一起玩。张某小学时的性格比较腼腆,同学大多住在小区的楼房里,有一天他从同学家里回来对妈妈说:"妈妈,我也想住楼房。"妈妈回忆说:"要不是儿子的这一句话,那时候真的没有在北京买房子的打算。"于是他们就在北京买了一套 110 平方米的房子,搬进了楼房。但是并不是有了房子就实现了阶层转换,由于没有北京户口,张某上初中的时候,父母打算让他回老家读书。张某暑假回老家的时候看到哥哥姐姐们作业特别多,学习很苦,很害怕。于是跟妈妈说:"妈,我求求你了,别送我回老家,我打死也不回。"后来父母听说燕郊那边买房子可以送户口,能在那里上学和高考,于是就去和房屋中介商量,租房子可不可以也管迁户口。几经协商,张某和妈妈的户口落在了燕郊。然后张某就在河北读初中,因为离家比较远,初中就开始寄宿。

这一家人经过个人奋斗之后,在北京购房居住,张某考上了大学。用他们的话说就是"生活稳定,经济状态不错,周围结交的都是一些长期居住在北京的人,很多人都是白领阶层或者企事业单位的人"。有了住房,孩子也上了大学,对于农民或者农民工这一社会阶层的认知体验，在该家庭的记忆里逐渐退隐了，日常生活过程中的人际交往基本与原来的阶层发生了脱嵌现象。但对他们来说，这种脱嵌依旧是藕断丝连的，比如张某的弟弟还在读小学，因为没有北京户口，高考如何也不清楚。制度的壁垒在张某父母于北京拼搏了 20 多年之后的今天，依然是一道门槛。不仅仅是张某一家如此，笔者在调查中还遇到一种与此类似但又不完全相同的情形。

这是个很小的美容店，有经理、店长和两个员工。经理出生于 1980 年，店长出生于 1986 年，两个店员分别出生于 1995 年和 1996 年。经理毕业于北京某大学，计算机专业，原来在中关村某公司工作，收入颇丰，但是 2015 年生了双胞胎之后，没办法经常出差，就辞职了，在美容店做经理。她的先生自己做生意，二人都来自农村，由于孩子没有户口，她就在孩子即将上幼儿园的时候，不断权衡着各种选择。而该店的店长是 1986 年出生的女孩子，当时孩子两岁，来自河北农村，有一个哥哥、一个姐姐。哥哥大学毕业后在北京工作，嫂子是同班同学。二人的孩子出生后，由于父母没有北京户口，就打算让孩子上小学时回老家。这名店长的丈夫是北京本地人，她本人虽然是初中毕业，但很自豪地说："我家娃肯定没问题，有户口。"其余两名店员是夫妻，初中肄业，他们在农村不满 18 岁就结婚了。孩子不满一岁时，夫妻二人就离开家乡到北京打工。很显然，不是学历而是户口成为分割他们后代的主要标准。经理感叹道："没有户口也行啊，能赚到足够多的钱读私立学校，然后再出国读书也可以啊。这样的话，就没有户口这个问题了！"①

我们还可以看一下个案 7 的状况，刘某留守儿童的身份一直持续到初中，母亲担心女儿的学习，最终辞职，与丈夫分居，回到家乡照顾女儿。长久的分离使得母女关系处于紧张状态，刘某正处于叛逆期，大事小事都和妈妈对着干。加上远离自己的丈夫，刘某的妈妈感觉压力与日俱增，十分辛苦，常常通过给丈夫写信的方式来发泄情绪，只是这些信从来都没有寄出去过。陪伴了女儿初中三年，待刘某上高中后母亲又出去打工，与丈夫团圆。但是刘某高一那年冬天，爷爷外出打工时，在工地不小心摔倒了，摔到了头部，经抢救无效去世，那时还不满 60 岁，只剩刘某的奶奶一人在家。刘某的妈妈多次想要回到家中陪着奶奶，奶奶都拒绝了。为了不让家人担心，奶奶主动提出去刘某高中所在的县城陪读，奶奶和

---

① 个案来自 2018 年 6 月 20 日在北京的调查资料。

孙女两个人在学校附近租房。从此,刘某一家都不再生活在老家了,老房子里也没有人了,家里的田地给刘某的姑姑帮忙耕种,刘某的父亲母亲和弟弟也在湖州定居。刘某上大学之后,刘某父亲成为小管理者阶层,夫妻二人也买上了汽车,刘某的奶奶搬到了湖州照看弟弟,刘某也即将大学毕业了(个案7)。

显然,这个家庭算是一个相对"成功的家庭"。两个孩子在父母眼里通过读书走了出来,父母也通过奋斗提升了经济能力。姐弟二人都在读书这一传统而唯一的"提升"社会地位的路径上努力,他们全家也离开了农村,购房定居在城市里,原有阶层的感觉几乎消失了。刘某的父母认为自己就是"城里人"了:定居在城市,孩子上了大学,也不会回到农村。他们有工作、有房子、有收入,他们在"城里人"中属于什么阶层?无论是住房还是购物,抑或是子女教育还是消费行为,他们几乎是"完全"脱离了原来的阶层,而与其他的阶层相比则获得了更多的同质体验。这种阶层体验的同质性构成了农民工家庭在城市定居的一个特点。

在一定意义上说,正是经济地位、教育资源、新的技术和市场所带来的消费主义思潮,对他们在城市中的阶层体验带来了较大的影响力。同时,他们还可以利用新技术,维持或者延续甚至是重建原有的乡土关系。

> 老家的人的电话号码都在手机里存着,老乡也有我的电话号码。我们平时联系几乎都是打电话。虽然现在有微信了,但是在微信上说话还是少。有的时候在微信里也说说话发点儿好玩的段子什么的,但是也没有那么多话可说,就不怎么在微信上聊。一般有事就打电话。像我过生日,就是他们给我打电话问我定在什么时候,告诉他们定在星期六在哪儿哪儿吃饭,他们就知道了。如果不知道谁的联系方式或时间,谁又换手机号了,我们就问别人啊。你告诉我,我告诉你,一搭一地就连上了,不会跟谁失去联系。或者实在联系不上,春节回家的时候碰上面就会问"哎,你电话号码是多少,我把你加上吧",或者是互相加下微信。我们老家的人在春节都会回家。大家都觉得老人在家里头,应当每年回去尽点孝,就算今年回不去,明年也必须要回去看看老人什么的。(个案31)

再如,个案49中戴某的母亲,生于1968年,家里有三个兄弟姐妹,一个姐姐,两个哥哥。父亲是上门女婿,母亲辛苦能干。母亲是家里年纪最小的女孩,没有上过一天学,每天在家帮助父母做家务、割猪草。7岁时放过鸭,去海边卖紫菜,收鸡蛋、泥鳅,挑去温州卖。15岁时邻居家结婚要送新娘,她才有了自己的第一件新衣服。十几岁开始白天赚工分，晚上和闺蜜一起绣花赚钱。16 岁时，自己开小卖部，后来也做过小摊小贩，卖过水果，一心只想着赚钱，最后她成为村里人口中能干又有自己存款的女人。但因为家里的哥哥要结婚，家里穷没有钱，只好把她嫁出去，后因家暴离婚。第二次离婚则因为生了一个女孩被夫家嫌弃，在孩子不满一个月的时候离婚。1994 年，戴某母亲的哥哥们开始创业开办厂房，生产阀门零部件，算是家族企业。2000 年，家族企业在北京开了一家五金店的分店，戴某的母亲来到北京公司工作。她开始到北京时租了一个类似农家院的房子，2006 年在北京南三环买了一套 157 平方米的房子。买房子的初衷是觉得在北京待了很久，也该有自己的一套房和一个家，不然总觉得心里有些不安定。只是那时房子买完装修了之后基本没人住，她和女儿大部分时间住在库房里。

  房子或者类似的经济地位，还包括接受高等教育这样的资本，在很大程度上都不能改变他们来自农村、在城市打工这一社会现实。市场以商业的自由力量不断赋予了这个阶层无限的机会，他们在常人无须看到或者完全忽视的市场中寻找生存的机会，寻找着改变家庭命运的机会。但其对阶层的感知，始终没有发生质的变化。

四、阶层变动与社会再生产

  无论是来自北方还是南方的农村，农民从乡村迁移到城市之后，他们对自我阶层认知有一个变化过程。如前所述，他们在城市中的生存，包括生活与工作，都处在一个"默默无闻"的状态中。他们对子女的希望，就是好好读书，依靠教育机构提供的合法性实现永久性迁移。在他们看来其他路径都是暂时的，或者"不保险的"，即便是已经在城市购置了房产，也会在乡村同时修缮或者新建自己家的房子。这种迁移的行为与策略，构成了作为农民工阶层进行社会再生产的形式。先从一个典型的案例开始吧。

  个案 79 中的欧阳先生家族，来自山东。欧阳先生的曾祖父是农民，在欧阳先生爷爷 13 岁的时候就去世了，现在的后人对曾祖父都没什么印象。受访时，欧阳先生的爷爷 80 多岁，1958—1960 年左右是村里供销社的会计，读过几年私塾，平时喜欢看书、听戏。奶奶和爷爷同村，已经去世。虽然奶奶去世了，爷爷还是自己住自己家，凭心情去子女家轮流住一段时间。欧阳先生认为爷爷是一个很正直本分的农民，"跟多大的官也敢去讲理"，也会教给家里的孩子老老实实做人，规规矩矩做生意。

欧阳先生爷爷一家一共六个孩子，两个姐姐三个哥哥，欧阳先生的父亲是最小的孩子。两个姐姐分别是老大和老三。大爷家有两个孩子，其中堂哥有一个女儿两个儿子，女儿已经成年上大学了。堂姐有两个女儿，在上初中。二大爷家有三个孩子，老大老三是儿子，老二是女儿。老大有两个儿子，老二有一个儿子，老三有一个女儿。三大爷家有两个儿子，老大有两个儿子，老二家还没有孩子。小姑家两个儿子，老大有一个儿子，老二还没有孩子。当时大姑已经60多岁了，有两个儿子，其中老大有两个女儿，老二有两个女儿。大姑家的两个哥哥均已年过四十，他们的女儿们在读高中。除了大姑家两个儿子的女儿们外，剩下的家族后代们集中在4～5岁到13～14岁之间。

欧阳先生的父亲在村里上过小学，小学毕业便辍学了。一开始他在老家老老实实种地，通过相亲和住在邻村的妻子结婚后卖蔬菜粮食等农产品，1990年欧阳先生父亲及其大哥二哥和几个邻居一起来北京做生意。父亲蹬着自行车，在北京挨家挨户搞批发零售，来北京二十几年了。欧阳先生有兄弟三人，三人在家族同辈人里也是最小的。欧阳先生是老大，当时28岁，二弟27岁，三弟小学六年级，刚13岁。欧阳先生强调说，父亲这一支一直没分家，这要是在农村的话，早就分家了。

欧阳先生和妻子同样是通过相亲认识的，介绍人是村里的老乡。妻子之前也在外地打工，两人通过手机信息联系。结婚以后，欧阳先生将妻子从山东老家接到了北京。妻子比欧阳先生大两岁，在家带孩子，和欧阳先生的母亲、弟媳妇一样，都不再出去工作。按照欧阳先生的话说，"女性出去干活，家里就没人带孩子了，孩子那么多，根本看不过来……"

欧阳先生的姨夫一家，其父母也是通过家族安排相亲结婚的，他自己也是如此。姨父出生于山东一个富裕的书香门第，他的爷爷是一个私塾老师，是村里少有的有知识文化的人。到了他父亲那个年代，流行教洋学，所以他的父亲就开始教数学科学一类的课，成了村里第一个开始教洋学的老师。姨夫出生于1953年，小时候上过私塾，刚上初中因为社会变动就回家了，在老家种地。1966年姨夫13岁，刚辍学回家的时候，因为年纪太小就没让他种地而是去放牛。"你可别瞧不上放牛，放牛也是赚工分的。"每个家里都有一个放牛娃，可以挣工分，养活一个半人。进了生产大队以后，召集大家集合的就是村西口的大钟了。每个生产队都会有一个这样的钟，还有专门的撞钟员，有事的时候，就会来回拉绳子当当当地响。受家庭环境影响，再加之自己破碎的上学梦，姨夫一直教育他的后辈们要好好读书。按照他的话来说:"可能也是基因的关系,家里人都好读书。"

姨夫 21 岁的时候通过乡里人介绍认识了他的妻子。那时候听从"父母之命,媒妁之言",封建的环境里如果公开谈恋爱会被村里人当作一个笑话,是一件很丢脸的事情。他没有像他的父亲一样有甜蜜的爱情经历,有媒人做媒,两家人互相了解了一下家里的经济情况,男方女方互相见过照片,两家都满意了,没多久就结了婚。

布迪厄在《实践感》中写道:"每一场婚姻游戏的结局取决于当事家庭拥有的物质和象征资本,以及生产工具和丁男资源,而丁男资源被视为生产力和再生产力,旧时还被视为战斗力,故而又被视为象征性力量;另一方面取决于这些策略的责任人最佳利用该经济和象征资本的能力。而对(最宽泛意义上的)经济逻辑的实践掌握则是生产被集团认为是'合理的'并得到物质和象征资产市场客观法则认可的实践活动条件。"(布迪厄,2012:268)对于欧阳先生一家而言,其家庭或者家族在北京闯荡期间奠定了经济基础,但是这种经济基础是相对于其原来所在的乡村社会而言,而不是相对于城市社会而言。因此,他们的婚姻策略基本都选择从老家介绍、相亲,然后带到北京或者留在老家两地分居的形式。比如欧阳先生的姨夫,也从老家出来跟着欧阳先生一家一起经营建材店,目前负责店里的账目统计。根据家谱记载,姨夫的爷爷那一辈有七个孩子,老大老四老六老七是男的,老二老三老五是女的,爷爷是老四。当年家庭财产分配不平均,家里穷的就少生,富的就多生。姨夫的爷爷又生了六个孩子,姨夫的父亲是家里的老二,中间老三老五老六是女的。而姨夫自己是家里的老大,下面五个全是弟弟。姨夫 2018 年已经 68 岁了,独自一人来北京的,老婆孩子当时都还在山东。

从欧阳先生的曾爷爷、爷爷到父亲,再到他自己,婚姻策略都是相亲,选择的对象均在本村或者邻村,通过说媒的形式,双方简单相处之后结婚。不仅男性这样,女性也是如此。

就迁移史而言,欧阳先生的曾祖父最早是因为饥荒从山西逃到山东菏泽市的一个县城。该县属黄河冲积平原,耕地面积 153.8 万亩,95% 为优质耕地。整个地势西南高、东北低。欧阳先生的老家最早的时候并不是一个村子,只有一间破庙,后来外来人口越来越多,逐渐发展成了一个村落。欧阳家这次迁移属于明末以来最严重的一次旱灾——清光绪年间的"丁戊奇灾"(19 世纪 70 年代中后期)导致的移民潮的一部分。欧阳先生的爷爷一直留在农村种地,和奶奶小时候是青梅竹马,非常要好。欧阳先生的父亲出生于 1968 年,2018 年 50 岁。他是个精明的生意人,带着全家人一起在北京市郊区某村经营一家五金店。他是一家之主,是全家的领导者和决策者。

就教育而言,欧阳先生的爷爷读过私塾,对孩子的教育比较严格,在这样的家庭氛围下,欧阳先生的父亲从小就养成了老实真诚的品质。他父亲说:

> 我在山东的老家念过小学,当时小学经常是大孩子小孩子们一起上课,学得很杂、很多,知识很实用,比较适用于农村的生活。读完小学之后,因为村里没有村办初中,就在家帮忙种地。基本上都是自给自足,如果当年的收成好也会售卖一些农产品。村北有一条大沙河流过,带着水库的水,一直流到下一个村庄。村民主要的经济收入来源于种植、养殖业。种植业以冬小麦、玉米为主,辅以大豆、高粱、蔬菜及少量经济林。平时,几乎每家都养一些家禽,鸭子、鸡等,其实这些并不成规模,仅是散养,满足日常生活需求。能带来经济收入的是生猪养殖。每家少则一两头,多则几十头。

当时交通不发达,闭塞的环境使得人与人之间的交流也就仅限于村子和邻村。欧阳先生的父亲通过亲戚介绍认识了同村的姑娘,相处一段时间后,两人的家庭也都觉得合适就结了婚。他的妻子没有外出打过工,一直在家里务农,嫁给他以后就在家做起了家庭妇女。

就职业而言,欧阳先生的爷爷一家迁移到山东后,爷爷一辈子以种地为生,没再离开,农民是他终生的职业。在 20 世纪 80 年代改革开放初期村里兴起的下海潮中,欧阳先生的父亲与家人一起到北京打工创业。

刚来北京时,欧阳先生的父亲想法大胆,通过抵押财产,贷款 8 000 元买了一辆四轮车。刚开始他定居在了北京市郊区,曾经尝试售卖过副食、小商品,之后才确定五金行业。当时还没有店面,他就骑着一辆自行车在北京城里走街串巷去拉客户,租了个便宜的小院放置材料。客户需要的话,再把材料一趟一趟用四轮车送给客户,逐渐地在客户那里建立起了口碑。积累了一些资本后,他决定开一个店面,用自有资金和贷款把小店开了起来,全家人的生活重心也跟着集中在小店里。刚开小店的时候,正是物资缺乏的年代,任何货物都是稀缺品,只要有货物就能获得不错的收益。再加上改革开放时期国家建筑工事很多,积累了不少忠实的老客户。2008 年北京奥运会之前,北京市政府对北京城内进行了规划拆迁,建筑材料一时间又变成抢手货。在那段时间,小店又赚了很大一笔。之后经济萧条了,欧阳先生的父亲觉得自己的年纪也大了,守着这个店就可以了。

之后，欧阳先生的父亲把小店里大部分的工作都慢慢交给了大儿子和二儿子，但是店里的财务收支还是由他一手把控。他虽然只念过小学，但是来北京近20年的时间后已经能说一口流利的普通话。他把北京看作了自己的第二家乡，对北京这个地方已经有了很深的感情。

欧阳先生五岁的时候，父亲把妻子和儿子接到了北京。但是他对父亲是怎么打拼过来的没有太深的记忆，只是记得父亲经常不在家，到了晚上才回家，一大早又出门。来到北京之后，他们全家就一直住在郊区。因为家庭经济条件，再加之幼儿园比较少、离家很远，所以，欧阳先生没有上过幼儿园或是托儿所，在家里由母亲照看。他后来在一所私立小学读了两年，再到附近的一所公立小学念完了小学、初中。读完初中后，他一方面觉得自己不是块读书的料，另一方面因为户籍问题也阻碍了他继续进入高中学习，于是就和父母亲商量不再继续读书。欧阳先生就到父亲的五金店帮忙。

2017年的时候，欧阳先生和朋友一起售卖一款运用"物联网"销售的养生产品。因为从父亲开始到现在，家里一直都是经营实体店，上上下下老老少少都依靠着实体店过活，他想尝试尝试其他的赚钱途径。欧阳先生说："想了解一下新的东西，也不能一直守着传统的吧。"

欧阳先生的二弟比他小一岁，和哥哥在同一个学校读小学和初中，初中毕业后就在家里的小店工作。三弟当时在上小学六年级。欧阳先生的姨夫和欧阳先生一家住在一起，帮忙经营五金店。他平常就坐在店里帮忙招待客户还有记账。姨夫头发几乎全白了，是不到一厘米长的毛寸，佝偻着，因为出行不便，再加上他也没有太大兴趣出游，所以他的活动范围仅限于五金店周围。姨夫有初中学历，经常教育自己的小孩要好好上学。姨夫之前一直在种地，欧阳先生的父亲请他过来帮忙，姨父就来北京在店里工作，自始至终，没有做过其他工作。

与欧阳先生一家一起在北京的，除了姨夫，还有他大爷家的二女儿，也就是他的二姐。二姐在北京郊区开了一个建材店，与欧阳先生并不在一个区。二姐从小在山东老家长大，她在村里读小学，因为欧阳先生的父母和她的父母一起到北京闯荡，她就跟着父母来到了北京。在创业初期，父母因为买店铺面临着巨额的贷款，为尽早还完贷款，他们每天都很忙碌，没有太多时间照顾她。因为村里小学的教育不足以支撑她完成初中学业，所以她觉得自己的初中读得很艰难，即使她很努力，也还是和城里的同学有一定的差距："我最差的就是英语，其他科目我努力背背也还是能取得不错的成绩，所以我的成绩一直在班上都是二十多名。"后来她父母交了钱、托了关系，让她在私立学校从初中读到高中毕业，考到一个职业学校读书，毕业后，一家食品加工公司录用了她。可是，公司在房山区，没有能力负担租房费用的她在郊区的家里居住，每天赶最早的公交车去上班，工作不到一年，她就辞职回家帮父母经营建材小店了。她失望地说："感觉我读书也没什么用，到头来还不是得回到老地方。"

到了适婚年纪，她的父母开始催促她找个合适的对象成家。无奈她平常接触的都是客户，自己也没什么同龄人朋友，所以她迟迟没有结婚。过年回到老家，亲戚朋友介绍了一个邻乡小伙子给她，她对这个小伙子印象不错，两人就接着试着聊了聊，之后正式确认了恋爱关系。谈恋爱谈了半年左右，两人就去见了家长，征得家里人同意之后便组成了家庭。她的丈夫和她一起在北京经营建材小店。她的两个孩子一个读小学一年级，一个读小学五年级，她最担心的就是他们之后的读书问题。她想让孩子能够一直上学，之后能考个好大学。可是苦于不能解决户口问题，她还是考虑把孩子送回老家读高中："虽然我也不想和他们分开，也想盯着他们学习，可实在是没办法，我不想他们走我的老路。"

案例79中，一个家族的一部分成员，从20世纪80年代中期来到北京。以欧阳先生的父亲为核心，从贷款开始，做起了生意。欧阳先生的大爷在北京郊区某县区开了建材店，欧阳先生的父亲则在另一个区为这个家族和他自己的家人建立经济基础。随着家庭的第二代、第三代的成长，经济核心依然是小店，第二代基本上都是初中毕业，大爷家的二姐是职高毕业。除了二姐自己找工作在外面做了不到一年之外，其他在京的家庭成员都是在辍学之后进入家庭小店帮忙的。他们组成家庭的方式是通过山东老家媒婆做媒相亲认识，结婚后带到北京生活。尽管他们在北京待了二十多年，其社会关系依然保留在老家，他们的后代与留在老家的家族成员之间来往已经很少了。但是，他们依然因为没有户籍，无法让自己的后代在北京获得合法读书的权利。

对未来而言，这个家族的人们，无论是留在山东老家还是居住在北京，对后代的期望依然是他们努力工作、多多赚钱，以保证孩子们能够有机会好好读书。那么，好好读书了又能怎样呢？这个家族中的代际再生产并未由此而衍生出新的希望。30多年过去了，从种地的职业中摆脱出来，在城市里建立起商业和贸易的关系，市场的意识与观念弥漫在他们朴素的意识中，但除此之外，并没有留下更多的东西。他们依然是来自山东的农民或者农民工，他们的家庭几代人在北京的读书打工循环中，依然在维持着农民工家庭的阶层再生产。

个案 90 中的一家人，尽管是第一代农民工，但是从一开始就举家迁移到北京打工。华某来自四川，12 岁与丈夫订婚，18 岁结婚，19 岁大儿子出生。夫妻二人均是四川人，丈夫 17 岁在北京打工。大儿子出生后，夫妻二人就在北京共同打工，那是 1988 年，受访时也有 30 年了。华某说："因为当时家里人多，仅靠地里的一点收成养不活那么多人。"于是她只能外出打工。夫妻二人一开始就没有找工作，而是选择自己给自己打工。他们先是在菜市场卖菜，发现利润不高，风险太大，就改为卖水果。二十多年过去了，他们已经共同经营了两家水果店，华某负责开工资、跑营业执照、开发票等事务，她的丈夫主要负责采购水果以及卸货。除了大儿子大儿媳帮忙经营的一个店之外，另外一家水果店还有几个雇员。

就文化程度而言，夫妻二人均是小学肄业。他们的大儿子是留守儿童，跟着爷爷奶奶长大，高中毕业后上了大专，学的是水利工程专业，毕业后做了一段时间与专业相关的工作。但大儿子觉得这样太累，加上父母店里缺人，就选择到父母的水果店工作。对于儿子的选择，父母倒是无所谓，"养家糊口最重要"。华某一家在燕郊买了一套 100 多平方米的房子，贷款 100 多万元。因为每个月还要还房贷，他们暂时没给自己交社保。不久后大儿子和大儿媳搬到燕郊住，华某的父母也从老家过来一起居住在燕郊。这个房子可以让他们把户口从四川迁到河北，过年回家的频率更低了。按照他们的话说，一是生意忙，二是舍不得交通费用。燕郊的房子有点远，华某一家在水果店附近的小区租住了十几年，中间换过好几次房子，后来住的是 60 多平方米的三居室。华某跟丈夫、小儿子住一间屋子，睡上下铺。大儿子和大儿媳一屋，另一间房给在店里工作的店员住。这套房子一个月的租金 8 200 元，还有 7 000 元的中介费。谈到中介费，华某十分生气。找的是黑中介，常常因为涨房租的事闹得不痛快，但大多时候也只能忍气吞声。

华某一家在迁移中，依靠买房获得了河北户口，一家人团聚。但是读书并没有带来该家庭阶层的转换。他们的圈子依然是以四川老乡为主，随着家庭资本的迅速增长，全家人的希望放在小儿子和下一代身上。小儿子喜欢击剑，也参加各种比赛，学击剑一年费用一万多元，还不包括平时去外地参加比赛的车旅费。华某并不认为击剑会带来什么好处，只是因为孩子喜欢，她觉得读书好才可以改变社会身份和地位。

上述两个个案，对于外出打工的农民工家庭而言，算是相当成功。他们不但在北京购置了住房，还将户口迁移到北京附近的河北，孩子也多多少少进入了高等教育体系中，大学毕业之后也曾尝试出去工作，但最终都回归家庭。两个家庭在北京安家之后，都逐渐把老家的亲戚朋友带到北京，他们在市场中寻找商机，建立商业信誉，获得经济利润。教育在这个过程中并没有扮演显著的角色，这导致了即便他们的后代接受了高等教育，依然会选择回到家庭工作。当然，这里还涉及高等教育产业化之后带来的诸多问题，以及高等教育的等级化和功利性问题，此处不做赘述。

正如个案 25 中李某所说，在北京"漂"了二十多年，虽然辛苦，但并不觉得后悔或是想要放弃，反而觉得兄弟姐妹互相帮衬着，就在北京生活下来了。一起努力为留守家乡的孩子攒钱，这就是最幸福的事儿了。他们已经做好了准备，再做几年之后，回到家乡，含饴弄孙。这种选择几乎是所有农民工家庭成员年长之后的最终选择。他们都会在家乡盖好房子，房子空荡荡的就等着那一天的到来，可谓是等候中的选择。

无论是"扎根"式的还是"举家离乡"式的农民工家庭，依然都是父系继承男性嗣续制。相比具有较大弹性的婚居模式，父系的世系传承才是父权制最核心的部分。因此，流动家庭父权制的重构，也主要是围绕着如何完成父系制再生产的目标而运行的（金一虹，2010）。"90 后"农民工作为一个阶层正在兴起，这个新的社会阶层有以下几个特点："一是这是一个处在雏形阶段的阶层。该阶层脱胎于原有的农民工群体，拥有相对多元化的阶层意识；二是该阶层的阶层意识是通过网络信息而发展出来的，社会化媒体和移动传播工具对他们起到了关键的作用，他们的社会资本和技术运用是关联在一起的，或者说技术资本成为这个阶层形成的主要因素之一；三是该阶层的文化参与意识和信息主导意识较强，他们开始利用技术和信息进入文化生产和信息生产领域；第四，该阶层的媒介技术物品化和工具化的特点显著，在现有的制度设定范围内，技术对他们而言是一种抵抗现有制度的工具；第五，该阶层基本脱离了原有的集体主义意识，对通过个体努力可以获得成功有一定的信念，个体主义成为他们获得独立和成功的主要依仗；第六，该阶层轻视正规教育，将工作经历、工作中学习和培训看做是进入社会主流、获得成功的路径之一；最后，也是最重要的一点是，该阶层是中国市场化发展的产物，是市场力量和行政力量博弈的结果。目前，这个新的社会阶层得到的关注度远远不够，其发展趋势和基本构成，也有待进一步观察。"（李红艳，2016）

但对于家庭阶层的再生产而言，笔者并不持有乐观的态度，或许个体在观念上能够实现阶层认知的转变，然而对于家庭而言，这种转变需要的时间要更久远，这个过程要更艰难。

小结

对于社会不平等以及世代之间的变动关系，社会学家主要关注世代之间的变动关系，经济学家则主要考察同代人之间的关系。因此，在确立一个人的社会地位时，社会学家通过对其背景、阶级或者中兴制度的影响来确定祖先的作用，经济学家则会忽略家庭传递引起的不平等。但是个人不是孤立的，应该把家庭这个因素包括在其中，因为家庭成员跨越几代人，部分家庭成员对于家庭收入和孩子照料做出了贡献，而年长的家庭成员则通常是家庭的核心决策者，他们不会牺牲下一代的利益来增加其当前的消费，而同一家庭里世代之间的这种连接纽带，是要依靠父母转移给孩子的家庭捐赠来维系的（贝克尔，2011：241-242）。因此，试图通过个人努力完成家庭在阶层上的转换，确实比较困难。从经济上看，一个既定家庭的收入可能正好高于或者低于连续几代人的平均收入。所以，同一家庭里连续几代人的福利总是紧紧相连的（贝克尔，2011：252-253）。

从家庭制度的演变来看，1992年开启改革开放新阶段，发达地区的农村正在走向夫妻平权这样一种家庭制度。大量青壮年劳动力外出打工，这在改变了家庭成员的职业结构的同时，也使农村家庭的收入结构发生了根本性变化，即非农业收入构成了家庭收入的主要部分，从而使农村家庭的非农化进程不可逆转。一方面，打工的收入首先是以个人收入的方式进入家庭的，这就使以家庭为单位的统收统支被削弱，甚至名存实亡。像在发达地区的农村，家庭的"当家人"的权力就被削弱了，家庭成员的独立性则增加了（杨善华，2009）。第二代农民工的现状与流动或留守经历高度关联，他们更可能成为城市和农村之间真正的"两栖人"；同时，"乡城流动""外出打工"的代际传承并未使第二代农民工获益，并未提升他们对城市的认同（梁宏，2011）。王春光（2001）认为，如果短时期内不能解决城乡二元对立的结构，农民工群体则会出现内卷化现象，即认同自己这个社会群体，但对城市社区和农村社区均不认同。

"在美国人的生活方式里，婚姻可以整体性地改变一个人的社会环境；而对中国人而言，婚姻极少提升男性的社会地位，却可以彻底改变女性所处的环境。"（许烺光，2017：125）。罗小锋（2011）认为，农民工夫妻共同外出后，夫妻间的性别关系并没有发生根本改变，原有的不平等关系复制到了城市。相反，张传红、李小云（2011）认为，从整体来看，流动后的农民工家庭中妻子对家庭地位的满意度和婚姻满意度都得到提高。流动在一定程度上改变了流动家庭所处的社会文化环境、夫妻双方所拥有的社会资本的结构、夫妻双方的收入结构、受教育程度和文化水平，从而提高了夫妻双方的性别意识。而这些因素又在一定程度上影响了性别关系状况的变化，使流动后的家庭性别关系更和谐。在理想初婚年龄方面，婚姻讨论网络成员的数量、质量，尤其是网络成员的平均理想初婚年龄对农民工理想初婚年龄的延长有显著影响；在初婚行为方面，婚姻讨论网络成员的数量可以降低男性农民工早婚的风险。个人因素和流动因素对农民工理想初婚年龄的延长和降低早婚风险也有一定影响（靳小怡等，2009）。农民工家庭中婚姻暴力现象较普遍，以冷暴力为主，女性施暴率显著高于男性；夫妻相对资源因素和情感关系因素对男性和女性实施婚姻暴力都有显著影响，相对资源因素对男性实施婚姻暴力的影响大于女性，情感关系因素对女性实施婚姻暴力的影响大于男性（李成华、靳小怡，2012）。农民工的务工经历对婚姻关系具有显著影响，男性对婚姻关系的评价要高于女性；农民工的工作特征如月收入、每日工作时间，以及个人特征如健康状况、心理状况对婚姻关系也具有显著影响；结婚年数与农民工的婚姻满意度具有非线性关系（卢海阳、钱文荣，2013）。

针对家庭成员之间阶层差异的研究指出，在家庭外部基于兄弟姐妹之间拥有资源的差异，在阶层上出现了差异与分化，但在家庭内部则表现为阶层并置。所谓的阶层分化，指的是人们在稀缺资源的分配体系中处于不同的位置。兄弟姐妹之间资源拥有量出现了差异，甚至是很大的差异，但由于亲属关系，他们不得不经常性互动。鉴于出现了阶层并置，其互动中往往潜藏着矛盾和冲突。总体来说，兄弟姐妹之间是情感和伤害相互交织的，同时各种形式的互助总是存在的。"由于原本可能很生硬的阶层分化与互动发生在家庭内部，加上中国特有的家庭文化观念的影响，兄弟姐妹之间的分化就可能通过柔化机制、连接机制以及连带机制，实现跨阶层交往，减少阶层矛盾与冲突，消减社会分层给底层人民带来的压力和负面情绪，有利于社会的稳定与融合。"（郑丹丹，2017）

本研究认为，对农民工家庭的阶层再生产而言，部分家庭确实有这样的阶层并置现象。在这些家庭中，家庭成员之间的相互帮助使得阶层分化以阶层并置的形式实现了转型；而在大多数家庭中，阶层分化没有实现或者正在进行中，对于整个家庭的阶层而言，依然处在阶层再循环、再生产状态，或者说阶层内卷化状态。那些实现了阶层并置的家庭，大多是由于第一代农民工在市场中的奋斗，或者是子辈获得了高等教育资源。一个家庭内部的阶层分化与并置，影响因素较为复杂，需要对资料做进一步的深度挖掘。

终篇

流动的边界：
个人主义 VS. 家庭主义

插图：敖松

工人阶级中最自觉的阶层在文化和语言方面仍旧极度服从于占统治地位的标准和价值；因而这个阶层对权威的强制作用极度敏感，任何一个拥有一种文化权威的人，都能对这样一些人实施这种强制作用，包括在政治上。对这些人，学校教育系统——初等教育的社会作用之一就在这里——灌输一种无需认识的认可。

——布迪厄《区分：判断力的社会批判》

第八章 媒介承诺：流动中的家庭生命周期

本研究从家庭的策略传播、家庭的代际关系、家庭的仪式传播、家庭的时空特征、家庭的媒介流变分别进行论述，并将落脚点放在农民工家庭的阶层再生产或者循环上。从上述几章的论述中，得出如下几个初步结论。

一、家庭生命周期呈现出"伸缩性"与"延展性"的特征

格尔茨认为，对生命周期的关注，尽管来自对人类生存之生物性基础的一种感受，但其实并不具有生物学的性质；同时，虽然这种生命周期将社会、文和心理现象都设置在职业的语境之中，但它也不是传记性的。"在民族志分析中，过渡仪式、年龄与性别角色的界定、代际关系（亲子、师徒）等一向都是最重要的，因为它们标定了几乎每个人都会经验到的状态和关系……"（格尔茨，2016：249）作为一个家庭的成员，其在进行经济选择时，利他主义和利己主义选择动机均存在。比如一个利他主义的丈夫总是避免向这样的地区转移，即在这里他的收入有所提高而他妻子的收入则更大下降；反之，若他妻子的收入有所下降，而他的收入却有更大提升，他会乐意进行这一迁移（贝克尔，2011：331）。因此，家庭迁移很大程度上取决于家庭成员之间的利益选择，而这种利益选择又与家庭成员对该家庭本身的情感认知关联在一起。利他主义的家庭和利己主义的家庭在选择迁移的时候，经济考量这一因素就决定了家庭的聚合形式和整体迁移时间。但是究其实质而言，利他主义多存在于家庭内部，而利己主义则多见于市场之中，其主要原因在于，在市场交换中利他主义的效率较低，而在家庭生活中利他主义的效率较高（贝克尔，2011：354）。

在影响家庭迁移的个人特征方面，女性比男性，已婚者比未婚者，年龄较大者比年龄较小者，受教育程度较低者比受教育程度较高者，迁入时间较短者比迁入时间较长者，更可能带动家庭人口迁移。在影响家庭迁移的家庭因素方面，家庭劳动年龄人口越多，迁入地家庭收入越高。往原籍的汇款越少，发生

家庭迁移的可能性越大。原籍家庭人均耕地面积、迁入地亲戚人数的影响不显著。除了个人特征外，以新迁移经济学理论为依据的家庭因素变量对农民工的家庭迁移行为有显著的解释力（洪小良，2007）。朱明芬（2009）也持相似观点，认为在影响家庭人口迁移的家庭因素方面，家庭劳动力人数越多，家庭成员随迁的可能性越大；原籍家庭收入等级越低，随迁可能性越大。农民工家庭首个农民工迁移表现出与中国农民工流动的宏观趋势和代际特征密切相关的三阶段特征；首个农民工的个体特征不仅影响自身迁移，还决定后续成员迁移的实现；农民工家庭处于生命周期前、中、后期时，家庭成员结构、年龄结构和支出结构均对迁移产生不同影响，也反映出第一代、第二代农民工家庭和农民工家庭内第一代、第二代成员迁移对成员有序迁移直至举家迁移所产生的影响（孙战文，2013）。职业收入、外出务工时间、受教育程度、社会保障制度对新生代农民工家庭迁移城市有重要影响（刘燕，2013）。影响农民工子女随迁的主要因素包括户主配偶是否迁移、户主就业合同的状态、迁移的距离、户主的收入水平和户主配偶的受教育水平（宋锦、李实，2014）。

研究表明，20世纪90年代以来中国家庭结构变动呈现出以下特征：一代户，即单人户、一对夫妇户，比重大幅度上升；二代户，即核心家庭、隔代家庭、两代联合家庭所占比例大幅度下降；三代户，即三代直系家庭、三代联合家庭所占比例有所上升；四代及其以上户比重小幅度上升（刘庚常等，2006）。许烺光先生通过对云南喜洲文化的研究，指出父子同一是喜洲文化的首要构成因素，其余的因素则包括性别疏远、大家庭的理想、教育的模式和祖先庇佑，这五个因素中权威和竞争是两大共同特征（许烺光，2001：207）。

就"永久迁移的人口而言，主要是通过政府计划或被教育机构录取这些制度机会来实现迁移的，而临时迁移人口则主要是通过市场或者说国家计划外的方式进行迁移，在年龄、性别、教育或原居地等个人属性之外，国家独立扮演着迁移人口能否获得移入地户口的守门人的角色。换言之，通过制度手段，国家引发的迁移人口的文化程度高于个体自发迁移人口，国家通过前者户口及相关福利来强化迁移人口的分层"（范芝芬，2013：87-88），但其中文化和环境因素的作用也不可忽视。就文化因素而言，人们在对自己的家庭进行定位时，对家庭周期之内的成员是有一定的边界划分的。这种划分中的文化差异是指人们按照一定的规则进行选择。而这些规则是人们决定如何将其他人包括在家庭中的一些规范，比如在个体的时间、金钱或者其他资源缺乏的时候，个体如何对他与其他家庭成员之间的关系优先权做出选择（切尔，2005：48-49）。

每个人的时间有限，我们无法在有限的时间中，做任何自己想做的事情，这也意味着每个人都必须面临选择。体现在时间划分上时，我们会给某些家庭成员更多的时间。处于不同文化中的人们，是按照不同的规则来对时间进行分配的，这反映了不同社会中的家庭文化价值观念的差异。

宏观而言，一个家庭在形成一个组织的时候，无形中便确立了该组织的结构、文化和责任与义务模式。对农民工家庭而言，家庭生命周期的转换来自第一个家庭成员的外出。对作为组织的家庭而言，一个组织成员的短暂或者长期离开，都意味着组织中其他成员必须对该组织成员的缺席所形成的功能缺位有所弥补或者承担，由于组织成员离开而形成的功能性缺席，依靠经济因素的弥补是不完整的。

现实的缺席与经济形式的虚拟在场，都无法实现作为正式组织的家庭生命周期的完整性。笔者把农民工家庭第一个成员基于生存本位暂时或者长期离开家庭这一行为称为家庭生命周期的伸缩性特征。这里的伸，是指一名家庭成员的外出行为在家庭形式上的一种拓展；缩，则是指外出的家庭成员对现实中的家庭组织带来的成员"缩减"现象。对于王绍琛、周飞舟（2016）从生命历程之间的代际延续出发将代际延续放置在城乡之间的起点与终点之间的观点，笔者不完全同意。

当家庭策略从生存本位转移之后，或者说当同一个家庭的第二代外出的时候，生存本位的选择因素降低了，职业诉求以及与之相关的诸多诉求合并而来，使得家庭这一组织的生命周期再次出现了新的特征，即延展性特征。这里的延展性与伸缩性并不完全相同，延展性可以说是家庭生命周期的一次革命。一个家庭有两个及以上的成员来到城市打工时，他们的家庭形式虽然并不一定处于团聚状态，但乡村与城市之间、城市与城市之间的共在性使得家庭成员在分居、团聚或者团聚再分居的过程中，延展了家庭组织的属性。本研究在这里并不专指核心家庭。事实上，农民工家庭无论在城市定居还是最终返乡，其家庭始终包括了原来家族的部分含义，或来自父母一方，或来自父母的父母一方，家庭成员始终处于大家庭而非核心家庭的现实感知状态中。

虽然家庭化完整迁移的主要动力最初来自生存的压力，但最终则取决于职业的选择与流动。农民工进入城市这一行为，可以说是理性的选择（当然，这里关键看如何理解理性这一概念，这里的理性概念，是从与感性相对立的角度来使用的）。但是他们在职业的选择上，则带有很大的盲目性和无计划性。这种盲目性和无计划性导致他们在家庭团聚上或者家庭的现实组织中并没有理性的计划，只是抱着走一步看一步的临时策略。这种临时策略，也正是本研究前面所说的职业本位主义。职业本位主义之前，则是生存本位主义。二者相互作用，共同形成了农民工家庭迁移模式的发展历程。

因此，尽管农民工是作为某个特定家庭的成员离开农村来到城市的，但一旦进入城市社会，其被分离的家庭关系使得家庭原本的生命周期出现了转折。这种转折或者是一种家庭路径，也可以是一种家庭生命周期的断裂，另一个新的家庭生命周期的开启。在断裂和开启两种状态中，伸缩性与延展性这两大特征便凸显出来了。

二、家庭团结和家庭个人主义的内在冲突与妥协构成了家庭传播的核心

关于中国家庭制度研究，科恩（Cohen，1970）提出的合作社模式（the corporate model）至今影响依然很大。依照这一理论，中国家庭是由完全理性的、有清晰利益诉求的成员组成的经济单位，家庭的共同财产与收支计划都是统筹安排的。因此，家庭的选择都是以经济为导向的。在这样的模式中，中国家庭包括了三个要素：财产、经济与家庭成员。在家庭成员成家之后，原生家庭的模式会受到影响。也有学者从性别视角研究中国的家庭制度，但始终没有挑战占主导地位的合作社模式。比如贾德认为，在国家与家庭关系变化中，权力与性别也发生了变化（朱爱岚，2021）。中国城市居民和家庭普遍延续了中国传统，重视发展密切的亲属关系。亲属关系并不像经典现代化理论所预示的那样趋于"消失"，亲属间的亲密情感和密切的互动、互助行为相当活跃。尤其是与父母的亲属关系，即使在家庭结构日趋核心家庭化的背景下，也依然在很大程度上维持着传统的"团结"。但是，亲属关系失去了控制和支配个人的权力。在密切的亲属联系中，个体依然能够发展和保持自身的自主性。中国城市亲属间交往的频度和亲密度，主要取决于血缘和距离。第一是依血缘、亲缘关系亲疏远近不同而排列的差序格局，与个人关系越远的亲属，情感联系和互动、互助关系越少；第二是距离，亦即流动性（唐灿、陈午晴，2012）。黄宗智在经济史和法律史研究中指出，对于大多数农民工家庭，"半工半耕"的逻辑仍然适用。留守的妇女、儿童和老人一般在生活上都会部分依赖外出打工家人的补贴，

而在外的打工者则会依赖老家作为一种失业或者"退休"之后的保障。换言之，在全球化的制造业和服务业所形成的大规模就业形势之下，农村家庭仍然作为一个经济单位而存在（黄宗智，2011：89）。同时，在城市打工的农民工家庭，其家庭的经济逻辑与农村的农业加工业虽然类似，却呈现出不同的逻辑。这一点在服务业中的个体户农民工家庭，或者自我谋生、自我创业的农民工家庭身上表现得尤为突出。在这些农民工家庭中，以家庭作为劳动单位依然是他们家庭生产的一种重要组成形式。这些家庭式的服务业小店或者小摊位，其家庭组织形式通常是核心家庭，其经济逻辑是廉价的家庭辅助劳动力，这样的组织适合于技术含量低、工作时间较长而劳动力投入参差不齐的经营，其经济原则就是农业加手工业家庭农场的延伸。换言之，在全球化之下，兴起了一个庞大的城镇家庭经济，这种经济形式是与内存的半工半耕的农户经济一起扩增起来的经济体（黄宗智，2009：90）。彭希哲、胡湛研究指出：我国改革开放 30 多年来的家庭户变动体现出诸多新情况、新特征，比如家庭规模小型化与结构简化。首先，在相关的家庭政策影响下家庭户数增长速度明显高于人口增幅，家庭户型规模呈现小型化趋势；其次，家庭老龄化趋势不断加剧，与子女同居也是常态；再次，非传统型家庭大量涌现（彭希哲、胡湛，2015）。此外，研究者还指出，中国农村现代化过程中有一种新的家庭类型，即亲子网络家庭，也即扩展家庭。这是以亲子关系为纽带，由两个以上家庭组成，其中包括一个以父亲为户主的母家庭和一到数个以子为户主的子家庭，该家庭是顺应家庭核心化的现代潮流、以传统家庭类型的某些功能为目标，使得从母家庭中分离出来的子家庭又以网络的形式重新组合起来，以适应现实生活的需要（郭虹，1994）。

尽管上述研究针对的问题和时代有所差异，但核心都指向一个问题：农民工家庭或者说打工家庭，在流动中或者说迁移中，家庭成员之间的经济诉求始终占主导地位，其他的诉求往往被搁置起来了。

本研究认为，农民工家庭的团结与家庭成员的自我选择之间的关系，始终处在动态过程中。家庭团结与家庭个人主义之间的关系，在农民工家庭中呈现出较为明显的变化趋势。一方面，家庭团结沿袭了以生存理念为价值选择的导向，家庭成员之间的合作有点类似于合作社制度，但并非完全是合作社制度。就家庭成员之间的分工合作而言，类似于合作社的性质；但就家庭成员的自我选择而言，则并非是合作社性质的。因为，无论是外出还是留守，所依据的日常生活和职业选择基本以个体当下所能给予或者被给予的潜在机会为前提。而这些前提与其他外出的家庭成员之间并无合作关系，他们之间的财产也并非是共享或者共有的。本书也不完全同意黄宗智提出的农业家庭作为经济单位的观点，对于农民工家庭而言，虽然其身份还是农民，但就本研究的资料而言，他们作为一个家庭经济单位的提法并不完全符合农民工家庭的社会现实。

在过去的 40 余年中，随着改革开放的逐渐深入，市场赋予了农民工大量的生存机会，他们的学历集中在初中及以下，依靠体力劳动或者不需要太多技术的工作市场，获得了越来越多的机会。同时，农民工的第二代、第三代出现了分化，在学历上他们大多数与父辈差异不大，但是新的媒介技术本身赋予了他们获得社会"潮流"信息的机会。尽管这种机会无法弥补教育带来的差距，但在观念培育方面则起到了潜移默化的作用。因此，农民工的家庭团结认同感，更多地与乡村社会的家庭文化和社会结构之间关联在一起，离开了乡村社会之后的打工生活（尽管在城市中他们依然保留了血缘和地缘的很多联系），则培育了农民工，尤其是农民工的第二代、第三代更多关于个人主义的诉求。但这种个人主义，并非是自由主义意义上的个人主义，也并非是阎云翔所说的"利己的个人主义"，而是家庭个人主义。所谓家庭个人主义，是指家庭成员在家庭内部进行选择时，原有的父权制模式遭遇了较大的挑战。新一代农民工，经历了城市观念的晕染之后，更多地依靠个体所获得的观念和价值体系进行选择，而这种选择从他们辍学开始到寻找工作，直至最终走向新的家庭。在这个过程中，父权制的影子始终存在，但是新一代的选择力量正在崛起，他们会采用自己可以接受的形式，实现与父权制之间的并存。需要说明的是，这里的并存并非是一种此消彼长的过程，尽管也是一个动态的过程，但这种动态过程的诸多因素促进了家庭权力关系的改变。

三、家庭内部的劳动分工改变了家庭原有的权力结构

劳动分工在现代社会中扮演着重要的角色，由于劳动分工的不断深入和不断细化，人们被赋予了越来越多的社会角色，人们对社会的参与越来越深入了。荷兰经济学家伯纳德·曼德维尔在《蜜蜂的寓言》中，首先提出了劳动分工的概念，但对劳动分工这一概念进行详尽论述的是亚当·斯密。他在《国富论》中指出："由于我们所需要的相互帮忙，大部分是通过契约、交换和买卖取得的，所以当初产生分工的也正是人类要求互相交换这个倾向。"（斯密，2015：12-13）"人们天赋才能的差异，实际上并不像我们所感觉的那么大。人们壮年时在不同职

业上表现出来的极不相同的才能,在多数场合,与其说是分工的原因,倒不如说是分工的结果。"(斯密,2015:13)与动物不同,人类"彼此间,哪怕是极不类似的才能也能交相为用。他们依着互通有无、物物交换和互相交易的一般倾向,好像把各种才能所生产的各种不同产物,结成一个共同的资源,各个人都可从这个资源随意购取自己需要的别人生产的物品"(斯密,2015:14)。"分工起因于交换能力,分工的程度,因此总要受交换能力大小的限制,换言之,要受市场广狭的限制。市场要是过小,那就不能鼓励人们终生专务一业。因为在这种状态下,他们不能用自己消费不了的自己劳动生产物的剩余部分,随意换得自己需要的别人劳动生产物的剩余部分。"(斯密,2015:15)亚当·斯密关于劳动分工的解释,部分可以用来解释农民工家庭与劳动分工之间的关系。

家庭功能主义视角强调家庭成员之间经济和情感的支持,以及身体上的照顾。但是随着农民工群体在城市社会中打工时间的延续,以及由此带来的家庭群体的多样化情形,我们所要面对的问题随即发生了变化。环境多变和个性化等因素导致农民工群体的家庭观念发生了变化。大卫·切尔指出,在大众文化中有一些这样的典型,某些人通过与一个新的伴侣的浪漫关系而发生了奇迹般的转变。因此,找到一个合适的人或者说有幸能够在一个恰当的时间里遇到一个合适的人变得越发重要,然而大部分人只要对方能够与他们浪漫梦想中的某一部分稍微接近就可以了,这种浪漫梦想中的幻想是两个人能够合二为一(切尔,2005:105)。女权主义视角将家庭看作一种专制性的社会建构。在20世纪50年代到60年代的西方家庭生活中,养家糊口模式/家庭主妇模式是比较有影响力的一种模式。这种模式在经济学的视角下,可以被解读为按照劳动分工而形成的,因为丈夫和妻子对婚姻的体验有差异,丈夫工作支撑家庭的收入,妻子在家承担所有的家庭劳动。这种模式产生了一种婚姻制度内部的非正式交易形式,即金钱和劳务的交易形式。交易本身是建立在平等的、双方都可以获得同等数量的利益基础之上的,但有些时候交易确实是不平等,比如说,提供家庭劳动的人要比提供经济收入的人牺牲更多的休息时间(切尔,2005:16-17)。

这种浪漫主义的情感或者文化关系的考量,与农民工家庭的现实距离还比较远。而女权主义意识本身,对于中国农民工家庭而言,还处于萌芽或者模糊状态。笔者也不完全同意家庭功能主义的分析视角,而更愿意采用多元化的分析视角,即将性别、功能主义和个人主义结合起来的视角来分析。

就本研究而言,家庭内部的劳动分工,对于农民工家庭来说,家庭内部的权力关系的变化有如下特征：首先，夫妻之间的权力关系呈现出日益平等化的趋势，父权制留下的只是一个模糊的背影。在城市里打工的农民工家庭，夫妻之间是依靠能力和社会资源来区分的，而不是父权制的权力机制；其次，父母与子女之间的权力关系，对于第一代留守儿童的父母而言，与子女之间早期的分离状态导致父母与子女之间的情感关系比较淡漠，他们对子女相对处于放任状态，子女的决定高于父母的决定，子女的权力高于父母的权力。对于第二代农民工家庭而言，由于子女还在读书阶段，呈现出比较复杂的权力关系状态。这种权力分配关系的变化，一部分和家庭成员在城市里或者乡村中所扮演的家庭角色有关，另一部分则主要与家庭成员在家庭中的经济地位有关。当家庭的经济或者财产不再是完全共享的时候，这一点在家庭的权力关系中变得更为突出。第三代农民工家庭，由于大部分刚刚成家，他们大多在未成年时期便开始外出打工，原生家庭的成员与他们之间的关系是基本疏离的。留守记忆使得这种疏离的家庭关系在他们成家之后变得更为显著。在个体的新建家庭中，平等意识与共同奋斗的家庭权力意识较为显著。还有一种情形值得关注，第一代农民工家庭成员依靠在城市的奋斗，给家庭带来了稳定的经济基础，第二代、第三代的家庭成员便在这一经济基础之上，延续家庭的关系。这种劳动分工在一定意义上还保持了父权制的家庭权力分配模式，但并非是主导趋势。

四、媒介承诺成为重塑家庭文化的形式之一

信息技术在当代中国社会中的普及，对原有的社会关系特别是家庭文化带来了较大的冲击。不同的媒介在不同的历史时期，在家庭教育中发挥的功能有所差异。比如印刷传媒时期是家庭教育工作的普及期，视听传媒时期是家庭教育工作的发展期，网络传媒时期是家庭教育工作的创新期。现在和未来，家庭教育工作将超越媒介实现历史回归，传播媒介的革新深刻地影响了家庭教育工作的结构、形式、内容和特征。移动互联网环境下日常生活空间功能发生了变化，表现为私人空间的社会化扩展，前后台区域的进一步交融；从工作日到周末，夜间闲暇时段的客厅和睡前阶段的卧室都是移动互联网的高使用度空间，家成为新的媒体中枢，"客厅争夺战"方兴未艾；在不同的关系场景中，"疏远的陪伴"成为普遍现象（李慧娟、喻国明，2016）。

就代际关系而言，学者通过对 200 个家庭中亲代和子代共计 400 个样本的问卷调查与配对比较，指出亲子两代在新媒体采纳及使用方面存在显著的数字

代沟，而在新媒体知识的学习方面，子女对父母的反哺显著多于父母对子女的哺育。亲子双方的年龄、教育和收入在不同程度上影响数字代沟和文化反哺。文化反哺程度越深的家庭，亲子关系越和谐，子女在父母眼中的地位也越高（周裕琼，2014）。在同一个家庭不同成员的微信使用中，大学生与父母之间的数字代沟主观和客观上均存在，同时这种代沟与城市的经济发展程度、家庭成员的受教育水平之间关系密切（林枫等，2017）。对大学生和新生代农民工的微信社交研究表明：在不同生命时间与社会资本交互作用下，大学生群体在处理现在与未来的关系中体现出枝权型模式，即存在多种增长点和发展可能性，且各种方向和发展点之间没有必然的相关性和连续性，实践主体需要通过选择与行动承担风险与机遇。新生代农民工群体关于现在与未来的模式中，更体现为线性模式，并指向更具现实意义的行动与期待。两个群体不同的微信实践正是两种模式的写照与实施环节（刘谦、陈香茗，2017）。

上述研究关注媒介对家庭空间场所、时间的影响和改变，也指出新媒体使用中的文化霸权问题，同时将农民工个体与大学生做了比较、将父母与子女之间的媒介使用做了比较。笔者认为，上述研究忽视了从整体上将家庭与媒介技术尤其是新技术关联起来的视角。

本研究提出媒介承诺的概念，来说明本书的初步结论。媒介承诺是指，农民工家庭在媒介使用中尤其是在新的媒介技术的代际学习中，呈现出老一代依靠新一代引导的特征。但这种引导与文化反哺的不同在于，这里的媒介承诺更侧重于信息方面的选择与删减的引导，而不是文化意义上的哺育功能。同时，在这种信息引导中，老一代逐渐放弃了生活中的一些决策权，将家庭中的权力逐渐下移，出现了在信息引导下家庭权力逐渐变化的格局。媒介在这个过程中，成为这种变化的保证。媒介承诺在农民工家庭中所呈现出来的特征，可以忽略经济、地域、性别等因素，一定意义上重构了家庭的文化和权力形式。

媒介承诺在农民工家庭的变迁中，扮演着信息和权力的两种角色。信息角色是通过技术工具的普及和选择实现的。在这个过程中，不同家庭子女的受教育程度起到了关键作用。受教育程度较高的子女，面对信息渠道和信息内容时，与父母存在由教育带来的信息鸿沟，尽管受教育程度较高的子女条件提升，能够带动父母在信息获取方面的提升。这样一来，便导致了不同的农民工家庭内部虽然子女和父母之间存在媒介承诺现象，但同时也存在数字鸿沟。此外，子女受教育程度较高的农民工家庭与子女受教育程度较低的农民工家庭之间也存在数字鸿沟。

五、家庭出身与教育获得之间逐渐形成了阶层再生产的逆循环模式，在这个过程中仪式传播扮演了重要的角色

社会学家布劳和邓肯（Blau & Duncan，1967）提出了一套研究社会流动独特的分析框架、专门化的分析技术和系统严谨的分析模型。布劳和邓肯用两个核心概念——先赋性因素和自致性因素——作为自变量，将个体在社会流动中获得的社会地位作为因变量，建立了一个五变量因果模型：

地位获得＝{<u>父亲职业地位，父亲受教育程度</u>，<u>本人受教育程度，初职和现职</u>}
　　　　　　　　　先赋性因素　　　　　　　　　　　自致性因素

其核心观点认为，在现代工业社会中，遗传并非社会地位获得的主要途径，而更多依赖个人自身人力资本和努力。社会阶层现象包括了先赋性和自致性两种因素：先赋性因素指的是与个人出身背景相关的各种因素，主要是父亲的职业和父亲的受教育水平；自致性因素则是后天靠个人的努力和经历所获得的一些个人特征，主要是个人的受教育水平。个人的社会地位一方面取决于个人的能力和努力，一方面也要受家庭出身的影响，上一代中的不平等会在下一代中不同程度地再现。就教育获得与社会出身之间的关系，1966年的科尔曼报告（Coleman Report，1966）和1971年的普洛登报告（Plowden Report，1971）均指出，社会出身与教育获得之间关系密切，但是这两项报告均以西方发达国家的人群为研究对象。针对1949年之后中国教育分层的研究指出，社会主义的平均主义模式和自由竞争模式是中国教育政治安排的主导形式（Hannum，1999）。

研究中国教育的学者指出，改革之后中国教育的主要模式为自由竞争模式，社会出身与教育获得之间的关联性有所加强。他们通过对1920—1993年70个年龄组的量化研究发现，首先，性别因素导致的教育不平等从20世纪70年代后期开始减弱。其次，就户籍而言，从1949年到1980年中期，高等教育机会在户籍上的差异被迅速拉大，发生了从平均主义模式到自由竞争模式的转变，其中20世纪80年代中后期是发生变化的转折点。再次，父辈受教育程度对子女受教育水平的影响随着时间推移而变化，该过程呈现出"M"形的特征。最后，父辈职业地位对子代高等教育获得的影响总体上呈上升趋势（方长春、风笑天，2018）。

本书的研究表明，家庭出身与教育获得之间产生了阶层再生产的逆循环模式。所谓阶层再生产，是指农民工家庭在改革开放 40 年来，其身份和社会地位在整个社会结构中没有太大变化。代际的生育转换，并没有转换他们的社会阶层，他们依然在原来的社会阶层中不断进行再生产。而逆循环是指这种阶层再生产中子辈的教育获得，始终保持在小学毕业初中肄业状态，与他们的父辈并无太大差异。

详细而论，农民工家庭中出生的第二代，其学历与父辈基本相同，均在小学毕业、初中毕业或者初中肄业的状态。在这些家庭的后代进入受教育阶段之后，其受教育状态呈现出如下特征：首先，外出打工时间越久的农民工家庭，对子女通过教育获得更好的社会身份或者地位比起打工时间短的农民工家庭，其信念更为强烈；其次，农民工家庭中父辈的受教育程度是决定子女是否有能力或者资源获得更好的受教育机会的主要因素；再次，农民工家庭中父辈在城市中所获得的经济财富的多少是影响其子女求学意愿的关键因素；最后，在子女获得的基本教育资源中，教育费用不再是阻碍子女求学的主导因素。上述几个因素都取决于一个宏观社会背景，即接受高等教育之后可以获得的经济资源、社会地位等，农民工家庭获得这些信息的主要渠道是各种媒介。

从社会出身与教育获得的关系而言，在教育由平均主义模式进入自由竞争模式之后，对于农民工家庭而言，个体通过教育获得社会地位、从而改变个体阶层的可能性降低了。即便获得高等教育资历之后的农民工第二代，在市场上工作之后，也总有一部分回归家庭的商业中，当然也有一部分依靠专业获得了经济资本。但由于户籍的限定，他们的后代再度进入阶层再生产的逆循环之中，即只能回到户籍所在地参加高考。这种阶层再生产的逆循环现象在农民工家庭中具有较大的普遍性。在笔者所调研的 100 多个家庭中，大多处于这种状态。

同时，在种阶层再生产的逆循环过程中，城乡之间的仪式性流动，或者更准确点说是仪式性传播，扮演了重要的角色。仪式传播在本研究的语境中有以下含义：第一，仪式是一种行为，在本研究中主要是指城乡流动这一行为。第二，仪式是一种文化符号，在本研究中主要是乡愁与寻根。第三，仪式是一种集体无意识，在本研究中是指农民工家庭在返乡行为中的一种潜意识活动。仪式传播本身支撑了阶层再生产逆循环的物质基础，户籍制度则是支撑阶层再生产逆循环的制度基础。家庭的资源是导致阶层再生产的土壤，社会环境对这种阶层再生产的逆循环提供了温床。

第九章 余论

"乡村在生活方式上完全城市化了,但乡村和城市之间的差别仍然如此之大,以至于城市人一有可能就从城市溜走,以便到乡村和小城市里去重新找回城市的乐趣,仿佛只有这一点才赋予生活一种意义。"(孟德拉斯,2005:303)

通过对农民工家庭在改革开放 40 年来的变迁研究,笔者描述和讨论了家庭在迁移过程中,其家庭成员的家庭模式、家庭内部的时空关系、教育与代际关系以及新媒体在其中的作用,并提出了阶层再生产的逆循环结论。基于本研究所选择个案的局限性,以及个案研究法的局限性,笔者在研究中延伸出来几个问题,期待在未来得到进一步佐证。

一、个体生命历程的重构与家庭生命周期的转折之间是什么关系

生命历程是指"个体在一生中会不断扮演的社会规定的角色和事件,这些角色或事件的顺序是按年龄层级排列的……年龄、成长和死亡这些生物意义在生命历程中是由社会建构的,年龄层级表达的也是一种社会期望"(Elder,1998)。如前所述,时间是人类设计和创造出来的。城市节奏的社会生活时间是依照人类创造的钟表时间的秩序来测量变化的,"这意味着集中把抽象化、非情景化与合理化作为支撑现代化计划的过程来考虑"(惠普等,2009:17)。自然时间与钟表时间的不同在于,自然时间是以大自然的周期变化为标志的,钟表时间则是以同一时间的稳定为标志的。"自然中每个节奏的往复同时依赖背景的更新,而钟表时间同一时刻的往复却与背景和内容无关。"(惠普等,2009:17-18)换言之,自然时间原本是与人类自身生命周期的变化相一致的,而钟表时间则将人类的生命周期换算为恒定时刻循环往复。就历史而言,钟表时间的采用是由中世纪僧侣引进并完善的,其目的是克服自然状态,把修道士从依赖冲动和自然世界中解脱出来,将其训练为服务于上帝的人。"这种对理性行为和恰当时间的关注逐渐进入乡村和市场中……避免任何浪费时间的否定性时间规制都与

增强努力的积极行为结合在一起,即追求最大的速度和效率。"(惠普等,2009:18-19)个体的自我生命历程随着从乡村到城市的迁移,发生了时间序列上的转折与重塑,因为某种程度上,人们是持续不断地在记忆和期望之间的复杂关系中展开其生命历程的(茹科夫斯基,2015:7)。

生命历程理论极力寻找的是一种个体与社会的结合点,它试图找到一种将生命的个体意义与社会意义相联系的方式,而时间维度是寻找这种联结的重要方向。"轨迹"(trajectory)、"转变"(transition)、"延续"(duration)这三个时间性的概念都关涉个体生命历程动力的长期或短期观。轨迹指毕生发展中的某一实质上相联系的社会或心理状态,这种具有跨时间性的倾向或行为模式可能转变,也可能持续。在个体身上,轨迹可以表现为某种延续很长时间的社会角色。转变则是一种短期观,描述了各种状态的变化。转折点对于转变非常重要,代表了一种方向的变化。延续是指相邻的转变之间的时间跨度。延续的时间可长可短,取决于当时所处的情境自身,而且延续的时间越长,越可能导致相应行为的稳定性上升(包蕾萍,2005)。农民工早婚年龄男女最早均为14岁,就代际比较而言,"90后"早婚比例飙升,跨省流动比省内流动的农民工早婚比例更高。青年农民工早婚大多数是在家长并不知情的背景下形成的事实婚姻(刘成斌、童芬燕,2016)。

换言之,个体的迁移带来的家庭迁移,必然导致个体在家庭中的位置变化。从个体生命历程视角而言,个体的生命历程是由一系列的社会位置构成的,当个体的生命轨迹发生变动的时候,与其相对应的社会位置的次序或者序列便会发生变动。这便会导致某些特定社会位置对于某些个体而言,显得格外重要。家庭策略的选择,一定程度上也是对个体生命历程进行一种干预的过程。

此外,社会变迁的过程必然会影响家庭成员作为个体的生命历程,当个体的生命历程发生阻隔或者转折,抑或是中断的时候,作为组织的家庭的生命历程也必然会遭遇到相应的变化。笔者在本书所关注的农民工家庭,既处在改革开放的社会背景之中及其过程之中,也处在变迁之中。从农村到城市,从城市到农村,时间被重新组织,空间被二度分割。现代社会对个人偏好的强调,一定程度上侵蚀了传统家庭结构的文化基础。但是家庭本身的价值并没有被削弱。当个体在进行职业选择,不得不面对与家庭成员在空间上的分离时,他们的选择行为在代际分离上表现得更突出。

那么,需要追问的是,个体的生命历程在迁移中,其日常情感的历程发生了怎样的变化？在这种日常的情感变化中，个体的行为选择，比如择业观、婚姻观、育儿观会发生怎样的变化？这些因素之间是什么关系？这些问题与家庭生命周期的转折趋势之间又呈现怎样的关系？

二、家庭空间与社会空间：政治抑或文化

就中国乡村结构、家户与国家之间的行政关系而言，在两税法实施之前，中央政府课税的基础是丁而不是户，但历代的乡村组织都是以户或者里为基准的。秦汉以来，里成为乡村组织最基本的单位，而以百户为一里也渐成定制。宋元明清等朝代，在设置里甲制及保甲制时，用里甲和保甲户来划分，是为了采用一种与自然村落不同的制度，以便减少地方村落组织的影响力。唐宋以来，镇开始出现。到清代，乡已经不再是地方的行政单位了，而是整个乡村的代名词了（张哲郎，2011：149）。就家庭空间与社会空间的关系而言，家庭制度阻碍着极端个人主义向一种新型社会意识的转变，原因在于中国社会是由家庭单位组成的，家庭成员拥有的是家庭意识，而不是社会意识。家庭与家庭之间缺乏真正的联合，社会意识和国家意识是由家庭意识来替代的（林语堂，1994：189）。摩尔在《专制与民主的社会起源》一书中指出，与印度、日本等的乡村社会比较，在中国乡村中很少有需要众多村民一起通力合作完成一个任务的机会，从而形成团结的习惯，并培养起休戚相关的情感。中国的乡村更像是众多农民家庭聚集在一起居住的一个场所，而不是一个活跃的运转良好的社区（摩尔，2012：213）。也有学者指出，家庭生活本身是反社会的，一个社会如果强调家庭就是将个人利益置于优先位置，并将其凌驾于公众利益之上（Barret & McIhtosh，1991）。

就家庭主义与社会秩序关系而言，可以借助家庭关系秩序来对社会秩序进行构建（盛洪，2007），但是这一观点需要回应的问题在于传统人际关系是否可能建功于现代公共关系？问题核心在于"公共"和"个人"关系的性质（张静，2011）。因为"家庭主义原则难以进行公共扩展的原因，在于它的忠诚必须指向具体对象，某个人或者某个位置的人，而非事务、原则或者规则。当个人忠诚与其他的忠诚发生冲突时，家庭主义原则把鉴别引向不同的对象，它重视的是对人而非对规则的认同，它重视的是对自己人的承诺和责任，而非对公共秩序的承诺和责任"（张静，2011）。

就中国改革开放以来的情形而言，改革开放后发生的新移民运动有以下四

个十分明显的特点。其一，移民具有自愿性；其二，移民主要受经济利益驱动；其三，新移民流动的方向主要是从农村流向城市；其四，新移民居住的时间具有暂时性。从政治学的角度看，大量农民迁入城镇所带来的最大挑战，是"公民身份"（citizenship，又译"公民资格""公民权利"等）的不平等。市场化、工业化、城市化和全球化都有助于公民身份的变迁。其中，市场化、工业化和城市化是大规模公民身份变迁的根本动因。市场化、工业化、城市化和全球化要求劳动力的自由流动和公民的自由迁徙，从而要求公民身份的变迁，但它们并不自发导致公民身份的平等和公民权利的实现。实现公民身份的平等、维护公民平等的政治和经济权利，关键是民主化的政治改革（俞可平，2010）。在当代中国农民政治参与动机之中，经济利益不再是唯一的因素，政治权利及公共意识正处于觉醒之中。经济理性的模型不能解释农民政治参与的主动性。投票中的物质刺激（如误工补贴）作用在减弱，60%的被访者表示，没有物质刺激也要参与投票选举。农民对公共秩序、公共福利的关心程度在增强，这种增强对农民的选举取向有直接的影响。狭隘的家族利益已不再是驱动农民政治参与的支配因素，农民的家族文化观念正在淡化中（郭正林，2003）。

传统中国人是一个由个人主义者组成的民族，他们只关心自己的家庭而不关心社会，而这种家庭意识不过是一种自私自利。同时，家庭教育将家庭与社会之间的空间关系放置在家庭关系这一前提之下（林语堂，1994：177－181）。在中国文化行为的"文法"规则中，每一方都期待另一方也会恪守这个观念，亦即是预期：在自己化为对方工具的同时，对方也变成自己的工具，是之谓"互助"。在如此安排下，到底都会成为"目的"呢？还是彼此结果都沦为"工具"呢？确是一个耐人寻味的问题（孙隆基，2005：290）。因此，中国人的生活方式更强调个人在群体中恰当的地位及其行为，可以称之为情境中心；美国人的生活方式则更偏重个人的偏好，可以称之为个人中心。同时，中国人更含蓄内敛，美国人则更多情绪外露（许烺光，2017：32）。

关于中国人社会关系的研究观点，以及当代中国农民参与政治意识的研究现状，都凸显出一个思路，即农民工家庭在当代中国乡村政治中扮演着重要的角色。笔者在北京郊区培训农民期间发现，每逢基层选举，镇里的工作人员都特别辛苦。他们总是起得很早，下班很晚，因为要配合有些外出打工的农民专门返乡投票。比如他们会打电话来要求一大早如凌晨四五点来投票，或者晚上十一二点来投票，这样不耽误打工的时间。显然，在投票这种行为中，他们是将经济利益放置在政治权利之后的。那么对于农民工家庭而言，在家庭空间与社会空间之间，他们更关注的是政治议题还是文化议题呢？

有学者认为，消费本身并不能创造出带有政治意义的社会空间，"许多人最初期望由消费革命创造的社会空间将会具有政治含义，现在看来这只是根据西方历史经验得来的一厢情愿而已。……除了消费伪劣产品所带来的危险以外，在消费领域似乎没有什么障碍会阻碍个体的崛起"（阎云翔，2012：27）。笔者认为，这个命题值得再反思，消费空间所制造的社会空间是否具有政治含义，需要对一个更为明确的群体进行研究，如农民工的更新换代，他们选择了更为自由的生活方式、职业方式和家庭方式。在这些选择的背后，消费已经逐渐趋向理性化，在理性化过程中，他们在反思中逐渐产生了独立性，或许不是以权利和义务的形式出现的。

本研究仅仅就农民工家庭的时空传播做了描述，并没有讨论家庭空间与社会空间的关系。笔者认为，从消费空间来透视家庭空间与社会空间的关系的思路，对于农民工家庭而言，是不恰当的。基于当代中国的消费运动，在互联网和移动传播终端的推动下，城市社会已然进入了过度丰腴和物质丰盛的阶段，人们的物质诉求与实际需求之间出现了巨大的过剩沟壑，网购带来的物质符号的刺激促使人们在符号化的物质世界里异化了自身的真正诉求，构成了富有特色的中国式物质消费时代，但这种中国式物质消费时代与农民工的家庭空间之间并无密切的关系。农民工家庭中多数还处在生存与梦想交织的状态。在这样的情形下笔者认为需要进一步拓展的研究问题如下：首先，对于农民工家庭而言，其家庭领域的私人空间是否开始包含了社会空间的公共议题？其次，在社会空间的公共议题中，他们参与的动机如何？能力如何？最后，农民工家庭关于私人空间和社会空间之间的关系是如何界定的？又或者说，对他们来说家庭空间与社会空间之间的关系，是以文化消费或者娱乐为主，还是以政治话题为主？这个问题在此后的研究中值得进一步细化。

三、家庭"危机"：个人主义还是家庭主义

如前所述，就西方而言，在基督教出现之前，家庭是最重要的经济交换和生产单位，其特征为家庭主义（familialism）（Zimmerman，1988）。基督教出现后，教会与家庭单位结合，出现了教会-家庭主义（church-familialism）。而伴随着民族国家对教会的胜利，教会-家庭主义走向衰落，国家-家庭主义

(state-familialism)兴起。二者的区别在于"当家庭陷入贫困或者为难时,前者更多体现的是教会对家庭生活的干预和扶助,而后者则以国家的干预和救助为主"(韩央迪,2014:22)。

19世纪以来,家庭在向着双重方向运动:一方面是家庭的私有化,人们对家庭成员之间的关系投入更大的注意力;另一方面是家庭群体的社会化。20世纪,家庭则成为这样一个空间,个人想在其中保护自己的个体性,同时要维持国家这个次要手段,因为正是国家在监督、帮助和规范家庭成员之间的关系(桑格利,2012:1)。1942年,奥地利经济学家熊彼特在其著作《资本主义、社会主义与民主》中分析资本主义解体的因素时指出,有三个原因会导致资本主义社会的解体,即财产实体的蒸发、资产阶级家庭的瓦解和消费财产瓦解。资产阶级家庭的瓦解缘由在于现在的婚姻家庭已经缺少了传统婚姻模式中至关重要的内容。这是资本主义生活方式全方位合理化的结果,在私人领域的合理化带来的就是对原有家庭观念和生活方式的直接冲击。"当资本主义过程由于它所创造的精神状态逐渐使家庭生活价值失去光辉,并拆除旧道德传统在趋向不同生活方式的道路上设置的良心障碍时,它同时补充了新的爱好与兴趣。……至于生活方式,资本主义的发展减少了资产阶级家庭的称心如意,为资产阶级家庭提供可供选择的替代物。……家这个名词所概括的种种安排被具有资产阶级地位的普通男女作为当然之事相应地接受下来,正如他们把婚姻和子女——建立家庭——看作当然之事一样。"(熊彼特,1999:243-246)

吉登斯则认为,现代制度的早期发展促进了人的解放(emancipatory)观念,这种促进首先是要将人从传统和宗教的教条专制中解放出来。人们以为依靠理性的力量在科学技术及其社会生活中的运用,可以将人们从过去的种种束缚中解脱出来。所谓解放有两种含义:一是从传统中解脱出来,面向未来的改造态度;二是一些个人或者群体试图从某些个人或者群体的非合法性统治中摆脱出来。其核心还是借助了权力的概念,而当这种解放落脚在个体或者群体的生活方式上时,生活也成为一种政治,即生活政治。"生活政治是一种由反思而调动起来的秩序,……在一种反思性秩序的环境中,它是一种自我实现的政治,在那里这种反思性把自我和身体与全球范围的系统连接在一起。在这一活动领域中,权力是一种产生式的而不是等级式的。"(吉登斯,1998:251-252)"生活关涉的是来自后传统背景下,在自我实现过程中所引发的政治问题,在那里,全球化的影响深深地侵入到自我的反思性投射中,反过来自我实现的过程又会影响到全球化的策略。"(吉登斯，1998：252)如何衡量一个人的现代化程度？或者说，何种意义上才可以将某人称为现代人？仅仅从经济与政治的目的或者功能进行论述，按照物质诉求，比如物质消费、生活品质等来衡量现代性的话，依然是不完整的。因为物质上的满足无法取代精神上的焦灼感。"一个人如果不能摒弃巫术思维来思考人类事务，就不能被称作是现代人。事实上，如果在精神层面无法获得自由，那么他在物质层面所获得（或者即将获得的）自由都将徒劳无功，人类将会走入一个无休止的怪圈：毁灭——重建——更大规模的毁灭和更大规模的重建。"(许烺光，2017：19)。换言之，成为一个现代人的前提是以自由意志为前提的物质和精神方面的均衡自由。

就中国家庭变迁而言，"家庭纽带向外延伸到家族，再向外延伸到社会，形成关系，即趣味相投、休戚与共的个人关系网"（亨廷顿、哈里森，2010：364）。这种个人关系网的导向是个人利益的，是沿着个人关系扩散的，"通过血缘、族缘或地缘关系获得伸展，它可能扩展成局部的整体利益——家庭、家族和地方利益，但形不成能超越这些界限的公共利益"（张静，2005）。因为中国人依旧是处在一个人际关系网络中的关系个体，自我处于分裂状态，为自己而活的理想"在中国文化中很难获得充分的道德合法性"，并将其称之为社会自我主义（阎云翔，2017：13）。就家庭价值观念而言，20世纪初期以来，家庭的价值观念经历了三个阶段的变化：第一阶段是20世纪初期，家庭的政治性被解构；第二个阶段是新中国成立初期，家庭的日常地位被消解；第三个阶段是改革开放初期，家庭的核心价值被侵蚀（李树茁、王欢，2016）。

笔者认为，一方面，家庭的私有化和家庭的社会化，作为两个发展趋势，呈现在中国当代家庭变迁中。私有化和社会化在笔者上面所论述的家庭时空传播中涉及了一部分，但并不充分。针对中国农村社会的研究，关于家庭现代化的问题，阎云翔认为是家庭现代化导致了初步的大众消费浪潮，各种用来维护个体地位的努力及其表现成为这种消费浪潮的推动力，消费者权利保护运动的兴起则是生活方式转变的另一个方面。但可惜的是，作为一种社会运动的消费者权利保护最终被纳入国家体制中，没有成为一种独立的力量，其对手是市场而不是国家。"尽管在改革前和改革后的不同时期，国家所采用的方式和发展的方向有所不同，但它在塑造个体时所发挥的强大作用却始终如一。个体通过应对这些制度变迁而崛起，而不是通过自下而上的方法追求不可剥夺的权利。结果，当个体利用总体上符合年轻人和女性利益的新法律、国家政策和制度变迁时,他们已经接受了国家所施加的种种限制,并且内化了国家设定的社会主义框架下的个人主义发展方向。这整个过程可以被称为'国家管理下的个体化'。"(阎云翔,2012:20)"国家管理下的个体化",是以消费主义这种方式开启的:"即通过消费建构社会区隔与通过个体行为保护消费者的权利。"(阎云翔,2012:26)

上述研究仅仅依靠消费来完成私人生活空间的拓展来论证中国式个人主义的兴起。就笔者所获得的农民工家庭资料而言,结论与此不尽相同。农民进入城市之后,脱离了原有乡村社会的整体系统,这个系统中无论是国家的因素还是乡村社会的传统规制因素,都在迁移中暂时性地消散了。来到城市的农民工家庭,就第一代而言,基本维持了原来的格局,第二代则大部分依据父辈的家庭模式在延续,但有部分青年农民工,通过打工完成跨地区婚姻或者通过"闪婚"组成家庭。有学者对农民工的"闪婚"现象进行解释,认为共同体"苦痛"的记忆经由关涉婚姻的地方感与行动主体婚姻实践的结合引发了对当地婚姻规范的动态建构,致使当地婚恋模式的变迁和"闪婚"模式的映现,而这种被行动主体建构出的新的婚姻模式和婚姻规范又在规制着当地村民的婚姻实践(施磊磊,2014)。这种解释似乎也有所牵强,"闪婚"在调研中,占据很少的比例,并不足以构成一个普遍的现象进行概念化和理论化。

随着家庭观念的变化,家庭结构也出现了多样化的情形,有学者提出了家庭危机以及应对的策略。出现危机的原因有三个要素:一是个体所赖以生存的经济活动主要发生在家庭之外;二是个体选择的多样化为个体脱离传统家庭提供了客观前提;三是全球化时代的生产方式和市场特点需要自由流动的个体和自由的消费者,社会价值观念的重心从家庭转移到个体身上。传统家庭所承担的养育子女和经济合作两大功能,受到了削弱(汪幼枫、陈舒,2017)。诚然,在家庭生活中,经济利益与情感之间的平衡,始终对家庭生活的稳定性有重大影响。家庭在迁移中,这种稳定性遭遇的挑战更大,挑战之一是:何种家庭才是"正常的"家庭,或者说什么是"合适的"婚姻,以及什么是所谓的"好父亲"和"好母亲"?对此,我们无法给出一个集体性的定义。因为"家庭的观念意识是作为理想的生活方式被提供的"(切尔,2005:89)。换言之,家庭"危机"无法给出一个普遍认同的定义来。在外出打工的过程中,农民工的婚育观念因为流动的因素也发生了变化。研究指出,农民工的婚姻存在着一些问题。这些问题有婚姻不稳定、局部地区性别比失衡加剧、婚前性行为导致生殖健康风险提高和妇女儿童权益受到威胁等(宋月萍等,2012)。此外,因户籍制度引发的城乡男女通婚羁绊、婚姻不和谐、感情受挫及农民工婚姻家庭非常态化、离婚率居高不下、婚外情等不良婚姻现象时有发生（李铁，2016）。流动性是导致青年农民工婚姻"现代化"的重要因素（吴银涛、胡珍，2007），制度体制的疏隔是农民工婚姻行为变迁的基本因素（疏仁华，2009）。

同时，研究表明，新生代农民工多数人在流动中完成了婚姻大事，夫妇共同流动比例较高，初婚年龄逐渐上升；其通婚圈日益扩展，跨省婚姻逐渐增多；新生代农民工夫妻双方的年龄差异模式有所变化，婚育间隔缩小；其婚前同居、先孕后婚的比例较高（宋月萍等，2012）。这种变迁体现了通婚圈的扩展和"户籍对应"的婚配模式并存、"闪婚"的出现、传统观与现代交织的生育观和两地的分隔家庭模式等多方面的特点（吴新慧，2011）。有学者对这种变迁持悲观态度，认为成长中家庭功能的"弱化"与成年后婚配模式的"催化"成为新生代农民工无法超越的历史命运。从"弱化"到"催化"的快速转型，不仅在理论上隐藏着社会化断裂、角色冲突失败等悖论与矛盾，也造成客观现实中的适应障碍、认同困境乃至家庭解组等后果。在增加青年农民工个体社会化挫折的同时，亦加剧社会风险与管理成本，在相当一段历史时期内会成为城市化与现代转型进程中的顽疾（陈雯，2014）。同时，农民工大规模流入城市"找工谋生"，增加了家族成员的游离性，对根深蒂固的宗法制度是一个强有力的冲击，大家族制度渐趋瓦解，小家庭日渐普遍；早婚多产的传统生育观被打破，晚婚少育的观念逐渐被农民工认同、接受；随着工业化、城市化进程的加快，大批妇女走出家庭，家庭关系随之发生变化，尤其是"新型的妻子"的出现表明婚姻家庭关系由传统的"功能性"家庭向现代的"情感性"家庭转变（池子华，2010）。就家庭经济性质而言，在城市打工的农民工家庭，多处在非正规经济领域中，也即基本处在正规的法律制度和法律实践之外。其中，家庭关系十分关键，因为国家正式的劳动法律多来自国外，而且是以个人为基本单位的，而非正规经济的实践多以家庭为基本单位，这就导致城镇中以个体户为形式的农民工家庭更像是家庭农场。而在"非正规-家庭主义"和"正规-个人主义"之间存在着一个充满张力的中间地带，其中间状态还是未知数（黄宗智，2011：92-93）。

此外，在农民工家庭的变迁中，中国传统文化对家庭形态起着决定性作用。"中国传统文化对家庭形态起着决定性影响，不管居住方式如何改变，也不会变成像西方以夫妻为主轴和以夫妻情感为主要考量的核心家庭形态，而保持具有中国特色的直系家庭形态。"(聂洪辉，2017)其他学者则将这种变化归为国家的力量，"在过去半个世纪里，国家在家庭变迁中起到了最为关键的作用。这一过程推动私人生活的转型，并由此出现了近年来自我中心式的个人主义的急剧发展。这种家庭文化之下的新型个人在最大限度追求个人权利的同时，却忽视了他们对社会或者他人的道德责任"(阎云翔，2006：239)。林语堂很早指出，中国的任何一个家庭都是一个共产主义的单位，互助是其核心的因素，并且认为，"中国式的共产主义孕育了中国的个人主义"(林语堂，1994：187)。20世纪80年代的学者研究认为，密切的亲属关系是影响现代化的消极因素，传统的亲缘关系会随着现代化的进程迅速衰落下去(王思斌，1987；边燕杰，1986)。

贺美德、鲁纳在其编著的《"自我"中国：现代中国社会中个体的崛起》一书中，将现代性划分为四类模式：

第一类：欧洲式现代化——管制资本主义或协商资本主义；成熟的民主政治；制度化的个体化过程(福利国家)；后世俗的社会。

第二类：美国式现代化——自由资本主义或无协商的资本主义；成熟的民主政治；制度化的个体化过程；后世俗的宗教性。

第三类：中国式现代性——国家管制资本主义；后传统的权威国家；被删减的制度化个体化过程以及多元宗教社会。

第四类：伊斯兰教式现代化——管制资本主义；传统权威政府；禁止个体化过程；单一宗教社会(贺美德、鲁纳，2011：4-5)。

值得注意的是，与欧洲相比，中国的个体化路径是在以一种与众不同，甚至是相反的、受时间限制的顺序发展的(贺美德、鲁纳，2011：7-8)。早在19世纪，涂尔干就指出劳动分工将人们聚合在一起。而个人主义只有在现代最核心的社会制度如家庭、经济以及国家的支持下，才能得以保障(涂尔干，2017)。这便意味着，所有个人主义者都拥有清晰的利己主义，并聚集起来以达成公共利益(克里南伯格，2015：15)。

无论从家庭现代化视角、父权制的家庭制度出发，还是从消费主义、传统文化、国家管理等视角出发，对家庭制度变迁的研究基本上围绕着两个核心：一个是在社会变迁中，中国家庭，尤其是农民家庭和农民工家庭依靠什么因素在延续，又依靠什么因素在变迁？二是延续的动因是什么？变迁的趋势又是什么？家庭"危机"在笔者看来有点耸人听闻，家庭结构的变迁或者说家庭制度的改变，对于中国农民工家庭而言是必然的。这种改变是在信息充盈、市场开放的局面下逐渐自发形成的,国家在这个过程中始终是处于缺席和在场交织的状态。农民工家庭的成员们,其行为选择一方面是个人主义的,因为在自由市场中的选择依靠的必须是个人,另一方面又是家庭的,因为在陌生城市中的陌生选择需要来自血缘、地缘的支撑和互助。至于说这种个人主义与家庭主义在何处会逐渐分道扬镳,在何处又会盘根错节、相互勾连,则需要更多的观察和持续的研究。而家庭"危机"这一命题对农民工家庭而言,似乎还为时过早。

参考文献

中文文献

图书

安德森. 想象的共同体：民族主义的起源与散布 [M]. 吴叡人，译. 上海：上海人民出版社，2005.

鲍曼. 流动的现代性 [M]. 欧阳景根，译. 上海：上海三联书店，2002.

贝克尔. 家庭论 [M]. 王献生，王宇，译. 北京：商务印书馆，2011.

比尔基埃，克拉比什-朱伯尔，雪伽兰，等. 家庭史：遥远的世界 古老的世界：第1卷：上下册 [M]. 袁树仁，姚静，肖桂，译. 北京：三联书店，1998a.

比尔基埃，克拉比什-朱伯尔，雪伽兰，等. 家庭史：遥远的世界 古老的世界：第2卷 [M]. 袁树仁，姚静，肖桂，译. 北京：三联书店，1998b.

比尔基埃，克拉比什-朱伯尔，雪伽兰，等. 家庭史：现代化的冲击：第3卷 [M]. 袁树仁，赵克非，邵济源，等译. 北京：三联书店，1998c.

布迪厄. 单身者舞会 [M]. 姜志辉，译. 上海：上海译文出版社，2009.

布迪厄. 区分：判断力的社会批判 [M]. 刘晖，译. 北京：商务印书馆，2015.

布迪厄. 实践感 [M]. 蒋梓骅，译. 南京：译林出版社，2012.

范芝芬. 流动中国：迁移、国家和家庭 [M]. 邱幼云，黄河，译. 北京：社会科学文献出版社，2013.

福塞尔. 格调：社会等级与生活品味 [M]. 梁丽真，乐涛，石涛，译. 修订第三版. 北京：世界图书出版公司北京公司，2011.

格尔茨. 地方知识：阐释人类学文集 [M]. 杨德睿，译. 北京：商务印书馆，2016.

格罗塞. 身份认同的困境 [M]. 王鲲，译. 北京：社会科学文献出版社，2010.

古德. 家庭[M]. 魏章玲, 译. 北京: 社会科学文献出版社, 1986.

古尔维奇. 社会时间的谱系[M]. 朱洪文, 高宁, 范璐璐, 译. 北京: 北京师范大学出版社, 2010.

哈贝马斯. 公共领域的结构转型[M]. 曹卫东, 王晓珏, 刘北城, 等译. 上海: 学林出版社, 1999.

哈萨德. 时间社会学[M]. 朱红文, 李捷, 译. 北京: 北京师范大学出版社, 2009.

哈耶克. 自由秩序原理[M]. 邓正来, 译. 北京: 三联书店, 1997.

贺美德, 鲁纳. "自我"中国: 现代中国社会中个体的崛起[M]. 许烨芳, 译. 上海: 译文出版社, 2011.

赫特尔. 变动中的家庭: 跨文化透视[M]. 宋践, 李茹, 等编译. 杭州: 浙江人民出版社, 1988.

亨廷顿, 哈里森. 文化的重要作用: 价值观如何影响人类进步[M]. 程克雄, 译. 北京: 新华出版社, 2010.

惠普, 亚当, 萨伯里斯. 建构时间: 现代组织中的时间与管理[M]. 冯周卓, 译. 北京: 北京师范大学出版社, 2009.

霍尔. 无声的语言[M]. 何道宽, 译. 北京: 北京大学出版社, 2010.

吉登斯. 现代性的后果[M]. 田禾, 译. 南京: 译林出版社, 2000.

吉登斯. 现代性与自我认同[M]. 赵旭东, 方文, 译. 北京: 三联书店, 1998.

科尔曼. 社会理论的基础[M]. 邓方, 译. 北京: 社会科学文献出版社, 2008.

克里南伯格. 单身社会[M]. 沈开喜, 译. 上海: 上海文艺出版社, 2015.

列维-斯特劳斯. 野性的思维[M]. 李幼蒸, 译. 北京: 商务印书馆, 1987.

林语堂. 中国人[M]. 郝志东, 沈益洪, 译. 上海: 学林出版社, 1994.

洛克. 政府论: 论政府的真正起源、范围和目的: 下册[M]. 叶启芳, 瞿菊农, 译. 北京: 商务印书馆, 1964.

梅因. 古代法[M]. 沈景一, 译. 北京: 商务印书馆, 2015.

孟德拉斯. 农民的终结[M]. 李培林, 译. 北京: 社会科学文献出版社, 2005.

孟文理. 罗马法史[M]. 迟颖, 周梅, 译. 北京: 商务印书馆, 2016.

摩尔. 专制与民主的社会起源[M]. 王茁, 顾洁, 译. 上海: 上海译文出版社, 2012.

奈. 百年流水线: 一部工业技术进步史[M]. 史雷, 译. 北京: 机械工业出版社, 2017.

诺沃特尼. 时间: 现代与后现代经验[M]. 金梦兰, 张网成, 译. 北京: 北京师范大学出版社, 2011.

佩尔尼奥拉. 仪式思维[M]. 周宽, 高建平, 吕捷, 译. 北京: 商务印书馆, 2006.

普里查德. 努尔人[M]. 褚建芳, 译. 北京: 商务印书馆, 2017.

切尔. 家庭生活的社会学 [M]. 彭钢旋, 译. 北京:中华书局, 2005.

茹科夫斯基. 家庭中世代间的照顾:关于过去和将来的老人 [M]. 董璐, 译. 哈尔滨:黑龙江教育出版社, 2015.

萨拜因. 政治学说史:城邦与世界社会 [M]:第4版. 邓正来, 译. 上海:上海人民出版社, 2015.

萨克. 社会思想中的空间观:一种地理学的视角 [M]. 黄春芳, 译. 北京:北京师范大学出版社, 2010.

桑格利. 当代家庭社会学 [M]. 房萱, 译. 天津:天津人民出版社, 2012.

上野千鹤子. 近代家庭的形成和终结 [M]. 吴咏梅, 译. 北京:商务印书馆, 2004.

斯凯恩. 阶级 [M]. 雷玉琼, 译. 长春:吉林人民出版社, 2005.

斯密. 国富论 [M]. 郭大力, 王亚南, 译. 北京:商务印书馆, 2015.

汤普森. 意识形态与现代文化 [M]. 高铦, 文涓, 高戈, 等译. 南京:译林出版社, 2019.

汤普森. 英国工人阶级的形成 [M]. 钱乘旦, 译. 南京:译林出版社, 2001.

涂尔干. 社会分工论 [M]. 渠敬东, 译. 北京:三联书店, 2017.

涂尔干. 宗教生活的基本形式 [M]. 渠敬东, 译. 北京:商务印书馆, 2011.

熊彼特. 资本主义、社会主义与民主 [M]. 吴良健, 译. 北京:商务印书馆, 1999.

许烺光. 美国人与中国人 [M]. 沈彩艺, 译. 杭州:浙江人民出版社, 2017.

许烺光. 祖荫下:中国乡村的亲属、人格与社会流动 [M]. 王芃, 徐隆德, 译. 台北:南天书局, 2001.

亚当. 时间与社会理论 [M]. 金梦兰, 译. 北京:北京师范大学出版社, 2009.

阎云翔. 私人生活的变革:一个村庄里的爱情、家庭与亲密关系 [M]. 龚小夏, 译. 上海:上海书店出版社, 2006.

阎云翔. 中国社会的个体化 [M]. 陆洋, 等译. 上海:上海译文出版社, 2012.

约翰逊. 电视与乡村社会变迁:对印度两村庄的民族志考察 [M]. 展明辉, 张金玺, 译. 北京:中国人民大学出版社, 2005.

朱爱岚. 中国北方村落的社会性别与权力 [M]. 胡玉坤, 译. 南京:江苏人民出版社, 2021.

詹姆斯. 心理学原理 [M]. 唐钺, 译. 北京:北京大学出版社, 2012.

杜正胜. 编户齐民:传统政治社会结构之形成 [M]. 台北:联经出版事业公司, 1990.

杜鹰, 白南生. 走出乡村:中国农村劳动力流动实证研究 [M]. 北京:经济科学出版社, 1997.

费孝通. 生育制度 [M]. 北京:北京大学出版社, 1984.

费孝通. 乡土中国 生育制度 [M]. 北京:北京大学出版社, 1998.

高丙中. 民间文化与公民社会：中国现代历程的文化研究［M］. 北京：北京大学出版社，2008.

瞿同祖. 中国法律与中国社会［M］. 北京：商务印书馆，2010.

李红艳. 电视内外：作为文化阶层的服务业农民工研究［M］. 北京：中国农业大学出版社，2015.

李红艳. 观看与被看　凝视与权力：改革开放以来农民工与媒介关系研究［M］. 北京：中国言实出版社，2016.

李红艳. 乡村传播视角下的城乡一体化：北京市民与农民工传播关系之实证研究［M］. 北京：社会科学文献出版社，2009.

陆学艺. 当代中国社会阶层研究报告［M］. 北京：社会科学文献出版社，2002.

潘光旦. 潘光旦文集［M］. 北京：北京大学出版社，1993.

孙隆基. 中国文化的深层结构［M］. 桂林：广西师范大学出版社，2005.

沈奕斐. 个体家庭 iFamily：中国城市现代化进程中的个体、家庭与国家［M］. 上海：上海三联书店，2013.

孙帅. 自然与团契：奥古斯丁婚姻家庭学说研究［M］. 上海：上海三联出版社，2014.

王加华. 被结构的时间：农事节律与传统中国乡村民众年度时间生活：以江南地区为中心的研究［M］. 上海：上海古籍出版社，2015.

王金玲. 女性社会学的本土经验与研究［M］. 上海：上海人民出版社，2002.

王跃生. 中国当代家庭结构变动分析：立足于社会变革时代的农村［M］. 北京：中国社会科学出版社，2009.

魏礼群. 中国民工调研报告［M］. 北京：中国言实出版社，2006.

叶敬忠，吴惠芳. 阡陌独舞［M］. 北京：社会科学文献出版社，2014.

应星. 农户、集体与国家：国家与农民关系的六十年变迁［M］. 北京：中国社会科学出版社，2014.

张哲郎. 乡遂遗规：村社的结构［M］. 北京：三联书店，2011.

郑全红. 中国传统婚姻制度向近代的嬗变［M］. 天津：南开大学出版社，2015.

论文

白南生，何宇鹏. 回乡，还是进城？：中国农民外出劳动力回流研究［J］. 中国社会科学，2003（4）：149 - 159.

包蕾萍. 生命历程理论的时间观探析［J］. 社会学研究，2005（4）：120 - 133，244 -245.

边燕杰. 试析我国独生子女家庭生活方式的基本特征［J］. 中国社会科学，1986（1）：91 - 106.

布赖恩特，等．阶级：它的理论研究和经验研究［J］．国外社会科学，1987（2）：7-11．

苍翠．农民工家庭儿童入学前的家庭教育研究［J］．教育探索，2010（10）：25-27．

曹筱樱．论民工代际变迁及农村家庭模式的转变：新老农民工与家庭组织变化关系研究［J］．西华师范大学学报（哲学社会科学版），2007（2）：68-73．

陈独秀．东西民族根本思想之差异［M］//文化的道路．台北：唐山出版社，2001．

陈雯．从"弱化"到"催化"：新生代农民工家庭与婚配悖论研究［J］．中国青年研究，2014（3）：53-58．

池子华．近代城市化过程中农民工婚姻家庭的嬗变［J］．福建论坛（人文社会科学版），2010（2）：105-109．

崔传义．春运与农民工：三十年的回顾与展望［J］．人口研究，2009（1）：33-40．

崔烨，靳小怡．亲近还是疏离？乡城人口流动背景下农民工家庭的代际关系类型分析：来自深圳调查的发现［J］．人口研究，2015（3）：48-60．

刁松龄．城市化进程中外来农民工群体信息需求分析［J］．图书情报知识，2007（4）：44-46．

樊欢欢．家庭策略研究的方法论：中国城乡家庭的一个分析框架［J］．社会学研究，2000（5）：100-105．

方长春，风笑天．社会出身与教育获得：基于CGSS 70个年龄组数据的历史考察［J］．社会学研究，2018（2）：145-163，245．

费孝通．家庭结构变动中的老年赡养问题：再论中国家庭结构的变动［J］．北京大学学报（哲学社会科学版），1983（3）：6-15．

冯尔康．十八世纪以来中国家族的现代转向［J］．天津师范大学学报（社会科学版），2002（1）：42-50．

冯仕政，朱展仪．当代中国阶级阶层政策的转变与社会治理［J］．江苏行政学院学报，2018（3）：74-79．

傅崇辉．流动人口管理模式的回顾与思考：以深圳市为例［J］．中国人口科学，2008（5）：81-86，96．

甘宇．农民工家庭的返乡定居意愿：来自574个家庭的经验证据［J］．人口与经济，2015（3）：68-76．

高丙中．民族国家的时间管理：中国节假日制度的问题及其解决之道［J］．开放时代，2005（1）：73-82．

高健，孙战文，吴佩林．农民工家庭迁移状态的演进及其影响因素研究：基于山东省951户的调查数据［J］．统计与信息论坛，2014（8）：106-112．

高健，张东辉．个体迁移、家庭迁移与定居城市：农民工迁移模式的影响因素分析［J］．统计策，2016（4）：99-102．

管成云. 网吧里的农民工：新媒体时代新生代农民工城市融入中的新贫困问题研究[J]. 新闻记者, 2017 (5): 4-16.

郭虹. 亲子网络家庭：中国农村现代化变迁中的一种家庭类型[J]. 浙江学刊, 1994 (6): 72-75.

郭云涛. 家庭视角下的"农民工"回流行为研究[J]. 广西民族大学学报（哲学社会科学版）, 2011 (1): 36-41.

郭正林. 当代中国农民政治参与的程度、动机及社会效应[J]. 社会学研究, 2003 (3): 77-86.

韩央迪. 家庭主义、去家庭化和再家庭化：福利国家家庭政策的发展脉络与政策意涵[J]. 南京师范大学学报（社会科学版）, 2014 (6): 21-28.

何晶. 从网络聊天透视农民工子女的心理状态：基于与北京市青少年的比较[J]. 当代传播, 2010 (1): 45-49.

何志武, 吴瑶. 媒介情境论视角下新媒体对家庭互动的影响[J]. 编辑之友, 2015 (9): 9-14.

洪小良. 城市农民工的家庭迁移行为及影响因素研究：以北京市为例[J]. 中国人口科学, 2007 (6): 42-50, 96.

胡枫, 史宇鹏, 王其文. 中国的农民工汇款是利他的吗？：基于区间回归模型的分析[J]. 金融研究, 2008 (1): 175-190.

胡宏伟, 童玉林, 杨帆, 等. 母亲受教育水平与农民工子女学业成绩：基于农民工家庭的实证调查[J]. 江西农业大学学报（社会科学版）, 2012 (3): 54-61.

黄翠萍. 制度障碍与家庭维系：基于农民工家庭的多个案研究[J]. 中国青年研究, 2010 (11): 62-65.

黄辉祥. 情感联结再造：家户双向性的历史转型与乡村治理[J]. 华中师范大学学报（人文社会科学版）, 2018 (5): 17-30.

黄聚云, 晏妮. 家庭因素与农民工随迁子女学生问题行为的关系[J]. 中国学校卫生, 2016 (7): 1025-1028.

黄宗智. 中国被忽视的非正规经济：现实与理论[J]. 开放时代, 2009 (2): 51-73.

黄宗智. 中国的现代家庭：来自经济史和法律史的视角[J]. 开放时代, 2011 (5): 82-105.

黄宗智. 中国过去和现在的基本经济单位：家庭还是个人？[J]. 人民论坛·学术前沿, 2012 (1): 76-93.

黄宗智. 重新认识中国劳动人民：劳动法规的历史演变与当前的非正规经济[J]. 开放时代, 2013 (5): 56-73.

姜昕. 媒介接触行为对农村留守儿童社会化影响研究[D]. 武汉：华中农业大

学，2015.

金一虹. 流动的父权：流动农民家庭的变迁 [J]. 中国社会科学，2010 (4)：151-165，223.

靳小怡，任锋，任义科，等. 社会网络与农民工初婚：性别视角的研究 [J]. 人口学刊，2009 (4)：23-33.

靳小怡，张露，杨婷. 社会性别视角下农民工的"跨户籍婚姻"研究：基于深圳P区的调查发现 [J]. 妇女研究论丛，2016 (1)：30-38，52.

李成华，靳小怡. 夫妻相对资源和情感关系对农民工婚姻暴力的影响：基于性别视角的分析 [J]. 社会，2012 (1)：153-173.

李东坡. 我国农民工婚姻问题研究：以豫东地区为例 [J]. 兰州学刊，2012 (7)：169-173.

李国珍. 已婚农民工婚姻生活满意度研究 [J]. 兰州学刊，2012 (11)：163-168.

李慧娟，喻国明. 家庭场域的数字化重构：关于移动互联网时代生活空间的功能异化研究 [J]. 现代传播（中国传媒大学学报），2016 (3)：7-11.

李磊. 新生代农民工跨地区婚姻：法律、民俗与亲情的视角 [J]. 中国青年研究，2012 (11)：65-69.

李培林. 改革开放近40年来我国阶级阶层结构的变动、问题和对策 [J]. 中共中央党校学报，2017 (6)：5-16.

李强. 关于"农民工"家庭模式问题的研究 [J]. 浙江学刊，1996 (1)：77-81.

李强. 农民工举家迁移决策的理论分析及检验 [J]. 中国人口·资源与环境，2014 (6)：65-70.

李强. 中国大陆城市农民工的职业流动 [J]. 社会学研究，1999 (3)：93-101.

李强. 中国外出农民工及其汇款之研究 [J]. 社会学研究，2001 (4)：64-76.

李实. 农村妇女的就业与收入：基于山西若干样本村的实证分析 [J]. 中国社会科学，2001 (3)：56-69，205-206.

李树苗，王欢. 家庭变迁、家庭政策演进与中国家庭政策构建 [J]. 人口与经济，2016 (6)：1-9.

李铁. 户籍制度改革背景下我国农民工婚姻问题研究：以中原地区为例 [J]. 理论月刊，2016 (4)：151-155.

李亚军，李启洪. 农民工子女家校合作状况的调查研究：以贵阳市四所农民工子女学校学生家庭为例 [J]. 青年研究，2011 (4)：29-37，94.

梁宏. 生命历程视角下的"流动"与"留守"：第二代农民工特征的对比分析 [J]. 人口研究，2011 (4)：17-28.

林崇光，叶敏捷，张伟，等. 温州地区农民工家庭小学生个性特征与家庭环境状况调查

[J]. 医学与社会, 2008 (5): 46, 53.

林枫, 周裕琼, 李博. 同一个家庭不同的微信: 大学生 VS 父母的数字代沟研究 [J]. 新闻大学, 2017 (3): 99-106, 151.

刘成斌, 童芬燕. 陪伴、爱情与家庭: 青年农民工早婚现象研究 [J]. 中国青年研究, 2016 (6): 54-60.

刘庚常, 孙奎立, 张俊良. 我国家庭关系的变动特点及其影响 [J]. 东岳论丛, 2006 (2): 189-191.

刘剑斌, 章国平. 论农民工子女的家庭教育 [J]. 农业考古, 2006 (6): 370-373.

刘靖. 农民工家庭迁移模式与消费支出研究: 来自北京市的调查证据 [J]. 江汉论坛, 2013 (7): 98-103.

刘谦, 陈香茗. 微信中的生命时间: 对大学生和新生代农民工群体数字鸿沟研究的一个维度 [J]. 社会学评论, 2017 (2): 86-96.

刘谦, 冯跃, 生龙曲珍. 家庭教育与学校教育互动的文化机理初探: 基于对北京市农民工随迁子女教育活动的田野观察 [J]. 教育研究, 2012 (7): 22-28.

刘荣增. 西方现代城市公共空间问题研究述评 [J]. 城市问题, 2000 (5): 8-11.

刘雪梅. 新生代农民工工作家庭冲突对工作绩效的影响: 基于组织支持感的调节作用 [J]. 农业经济问题, 2012 (7): 84-90, 112.

刘燕. 新生代农民工家庭式迁移城市意愿影响因素研究: 以西安市为例 [J]. 统计与信息论坛, 2013 (11): 105-111.

卢海阳, 钱文荣, 马志雄. 家庭式迁移女性农民工劳动供给行为研究 [J]. 统计与信息论坛, 2013 (9): 100-106.

卢海阳, 钱文荣. 农民工外出务工对婚姻关系的影响: 基于浙江 904 个农民工的计量分析 [J]. 西北人口, 2013 (2): 60-65.

陆学艺. 重新认识农民问题: 十年来中国农民的变化 [J]. 社会学研究, 1989 (6): 1-14.

罗小锋. 父权的延续: 基于对农民工家庭的质性研究 [J]. 青年研究, 2011 (2): 61-71, 95-96.

罗小锋. 制度变迁与家庭策略: 流动家庭的形成 [J]. 安徽农业大学学报 (社会科学版), 2010 (6): 73-78.

马春华. 20 世纪以来海外中国家庭研究述评 [M]//马春华. 家庭与性别评论. 北京: 社会科学文献出版社, 2013.

马洁. 外出务工人员的家庭关系研究 [D]. 济南: 山东大学, 2006.

马有才. 婚姻家庭研究十年概述 [J]. 社会学研究, 1989 (4): 63-75.

聂洪辉. 新生代农民工婚姻与农村家庭形态变迁 [J]. 中共福建省委党校学报, 2017

(8): 72-79.

聂早早. 当前农民工被欠薪及讨薪问题的调查分析: 以皖籍农民工为例 [J]. 法制与社会, 2008 (14): 203-204.

缪建东. 嬗变与创新: 基于媒介技术变迁的家庭教育发展 [J]. 南京师范大学学报 (社会科学版), 2011 (4): 69-76.

潘旦, 王新. 基于融合教育视角的农民工子女家庭教育研究 [J]. 社会科学战线, 2010 (4): 255-258.

彭希哲, 胡湛. 当代中国家庭变迁与家庭政策重构 [J]. 中国社会科学, 2015 (12): 113-132, 207.

钱文荣, 张黎莉. 家庭式迁移背景下农民工的工作—家庭关系: 对浙江省17位农民工的访谈研究 [J]. 南京农业大学学报 (社会科学版), 2008 (4): 61-69.

钱文荣, 张黎莉. 农民工的工作—家庭关系及其对工作满意度的影响: 基于家庭式迁移至杭州、宁波、温州三地农民工的实证研究 [J]. 中国农村经济, 2009 (5): 70-78.

沈茹. 城市农民工子女家庭教育问题及对策 [J]. 中国农业大学学报 (社会科学版), 2006 (3): 96-100.

盛洪. 论家庭主义 [J]. 天则经济研究所内部文稿, 2007 (2).

施磊磊, 王瑶. 在现代与传统之间: 青年农民工"闪婚"的行为框架: 以皖北Y村为个案 [J]. 南方人口, 2010 (2): 42-50.

施磊磊. "苦痛"的记忆与"闪婚"的促发: 对皖北Y村青年农民工婚姻实践的考察 [J]. 南方人口, 2014 (2): 18-26.

施芸卿. 当妈为何越来越难: 社会变迁视角下的"母亲" [J]. 文化纵横, 2018 (5): 102-109.

石智雷, 谭宇, 吴海涛. 返乡农民工家庭收入结构与创业意愿研究 [J]. 农业技术经济, 2010 (1) 13-23.

石智雷, 杨云彦. 家庭禀赋、农民工回流与创业参与: 来自湖北恩施州的经验证据 [J]. 经济管理, 2012 (3): 151-162.

史学斌, 熊洁. 家庭视角下的农民工城市融合及其影响因素研究 [J]. 人口与发展, 2014 (5): 42-51.

史学斌, 熊洁. 家庭视角下外来农民工身份认同的影响因素研究: 基于重庆的调查 [J]. 农村经济, 2015 (7): 120-124.

疏仁华. 结构性流动与青年农民工婚姻行为的变迁 [J]. 南通大学学报 (社会科学版), 2009 (5): 112-116.

宋锦, 李实. 农民工子女随迁决策的影响因素分析 [J]. 中国农村经济, 2014 (10): 48-61.

宋萍，郭桂梅. 新生代农民工工作—家庭冲突对主观幸福感的影响［J］. 西北农林科技大学学报（社会科学版），2016（1）：14-20.

宋月萍，张龙龙，段成荣. 传统、冲击与嬗变：新生代农民工婚育行为探析［J］. 人口与经济，2012（6）：8-15.

孙向晨. 论中国文化传统中"家的哲学"现代重生的可能性［J］. 复旦学报（社会科学版），2014（1）：55-64.

孙战文，杨学成. 市民化进程中农民工家庭迁移决策的静态分析：基于成本—收入的数理模型与实证检验［J］. 农业技术经济，2014（7）：36-48.

孙战文. 农民工家庭成员有序迁移与代际迁移分析：基于Cox比例风险模型［J］. 农业技术经济，2013（9）：76-85.

谭深. 家庭策略，还是个人自主？：农村劳动力外出决策模式的性别分析［J］. 浙江学刊，2004（5）：210-214.

谭深. 农村劳动力流动的性别差异［J］. 社会学研究，1997（1）：42-47.

唐灿，陈午晴. 中国城市家庭的亲属关系：基于五城市家庭结构与家庭关系调查［J］. 江苏社会科学，2012（2）：92-103.

唐灿. 家庭现代化理论及其发展的回顾与评述［J］. 社会学研究，2010（3）：199-222，246.

唐灿. 中国城乡社会家庭结构与功能的变迁［J］. 浙江学刊，2005（2）：201-208.

田艳平. 家庭化与非家庭化农民工的城市融入比较研究［J］. 农业经济问题，2014（12）：53-62，111.

田艳平. 农民工职业选择影响因素的代际差异［J］. 中国人口·资源与环境，2013（1）：81-88.

万广圣，晁钢令. 农民工家庭分居状态对消费结构的影响研究［J］. 消费经济，2014（3）：30-34，41.

汪国华. 城市农民工婚姻家庭的再造［J］. 南通大学学报（社会科学版），2006（5）：59-63.

汪幼枫，陈舒. 全球化时代传统婚姻家庭危机及其应对［J］. 江苏行政学院学报，2017（3）：77-83.

王春光. 农民工：一个正在崛起的新工人阶层［J］. 学习与探索，2005（1）：38-43.

王春光. 农民工的社会流动和社会地位的变化［J］. 江苏行政学院学报，2003（4）：51-56.

王春光. 新生代农村流动人口的社会认同与城乡融合的关系［J］. 社会学研究，2001（3）：63-76.

王建民. "逆家长制"是如何产生的：一个历时性的社会学分析［J］. 江海学刊，2012

（2）：110-115，239.

王杰. 同村婚姻：青年农民工婚姻新模式的诠释：以辛村为例 [J]. 青年研究，2007（11）：36-42.

王进鑫. 当代青年农民工婚姻现状考察：基于成都市服务行业青年农民工的调查 [J]. 西南交通大学学报（社会科学版），2012（5）：58-63.

王绍琛，周飞舟. 打工家庭与城镇化：一项内蒙古赤峰市的实地研究 [J]. 学术研究，2016（1）：69-76，177.

王圣卿. 外来务工人员随迁子女的家庭社会资本研究：基于上海市闵行区的个案研究 [D]. 上海：华东师范大学，2013.

王思斌. 经济体制改革对农村社会关系的影响 [J]. 北京大学学报（哲学社会科学版），1987（3）：26-34.

王学义，廖煜娟. 迁移模式对已婚农民工家庭功能的影响：基于家庭亲密度与适应性的视角 [J]. 城市问题，2013（6）：90-98.

魏晨. 农村留守儿童心理问题研究：以徐州地区为例 [J]. 社会工作，2006（11）：27-30.

魏亦军，高智军. 农民工子女心理健康与家庭教育调查研究 [J]. 中国教育学刊，2014（7）：19-23.

温兴祥. 失业、失业风险与农民工家庭消费 [J]. 南开经济研究，2015（6）：110-128.

吴帆. 中国流动人口家庭的迁移序列及其政策涵义 [J]. 南开学报（哲学社会科学版），2016（4）：103-110.

吴国平. 半流动农民工家庭婚姻问题及其解决对策研究 [J]. 法治研究，2014（4）：63-71.

吴炜华，龙慧蕊. 传播情境的重构与技术赋权：远距家庭微信的使用与信息互动 [J]. 当代传播，2016（5）：95-98.

吴新慧. 传统与现代之间：新生代农民工的恋爱与婚姻 [J]. 中国青年研究，2011（1）：15-18，77.

吴银涛，胡珍. 三角结构视域下的青年农民工婚姻维持研究：基于成都市服务行业青年农民工的实证调查 [J]. 青年研究，2007（8）：14-21.

奚建武. "农民农"：城镇化进程中一个新的问题域：以上海郊区为例 [J]. 华东理工大学学报（社会科学版），2011（3）：84-90.

肖和平，胡珍. 青年农民工婚姻家庭状况研究报告：基于成都市服务行业的调查 [J]. 中国青年研究，2008（6）：46-49.

谢龙华. 农民工子女家庭教育存在的问题及对策研究 [J]. 东北师范大学学报（哲学社会科学版），2013（6）：194-197.

熊景维, 钟涨宝. 农民工家庭化迁移中的社会理性 [J]. 中国农村观察, 2016 (4): 40-55, 95-96.

徐伟明. 我国城市流动人口管理模式的演变与展望 [J]. 南京人口管理干部学院学报, 2009 (3): 34-38, 61.

徐志旻. 进城农民工家庭的城市适应性: 对福州市五区 132 户进城农民工家庭的调查分析与思考 [J]. 福州大学学报（哲学社会科学版）, 2004 (1): 106-111.

许传新, 高红莉. 徘徊于传统与现代之间: 新生代农民工婚姻家庭观研究 [J]. 理论导刊, 2014 (3): 73-77.

许传新, 王俊丹. 新生代农民工工作—家庭关系及其对离职倾向的影响 [J]. 人口与经济, 2014 (2): 22-29.

许传新, 杨川. 新生代农民工工作家庭冲突及影响因素分析 [J]. 中国青年研究, 2015 (4): 54-59, 53.

许传新. 农民工的进城方式与职业流动: 两代农民工的比较分析 [J]. 青年研究, 2010 (3): 1-12, 94.

阎云翔, 杨雯琦. 社会自我主义: 中国式亲密关系: 中国北方农村的代际亲密关系与下行式家庭主义 [J]. 探索与争鸣, 2017 (7): 4-15.

杨靖. 媒介暴力对农村留守儿童的影响 [J]. 当代传播, 2012 (4): 59-61, 64.

杨黎源. 权利回归: 改革开放以来农民进城就业政策嬗变及启示 [J]. 中共浙江省委党校学报, 2013 (4): 106-111.

杨佩. 浅析新媒体背景下的家庭境遇 [J]. 今传媒, 2014 (8): 65-66.

杨善华, 刘小京. 近期中国农村家族研究的若干理论问题 [J]. 中国社会科学, 2000 (5): 83-90, 205.

杨善华. 改革以来中国农村家庭三十年: 一个社会学的视角 [J]. 江苏社会科学, 2009 (2): 72-77.

杨文飞. 农民工家庭生态系统研究: 农民工问题研究的新视角 [J]. 东南学术, 2007 (4): 102-110.

尹子文. 第二代农民工婚姻家庭问题探析 [J]. 中国农村观察, 2010 (3): 13-23.

于洁. 进城农民工家庭教育支出决策行为分析: 基于山东省青岛市的实地调查 [J]. 教育学术月刊, 2015 (2): 56-61.

俞可平. 新移民运动、公民身份与制度变迁: 对改革开放以来大规模农民工进城的一种政治学解释 [J]. 经济社会体制比较, 2010 (1): 1-11.

泽鲁巴维尔. 私人时间与公共时间 [M]//哈萨德. 时间社会学. 朱红文, 李捷, 译. 北京: 北京师范大学出版社, 2009.

张传红, 李小云. 流动家庭性别关系满意度变化研究: 以北京市农民工流动家庭为例

[J]. 妇女研究论丛，2011（4）：37-43.

张静. 公共性与家庭主义：社会建设的基础性原则辨析［J］. 北京工业大学学报（社会科学版），2011（3）：1-4，10.

张静. 私人与公共：两种关系的混合变形［J］. 华中师范大学学报（人文社会科学版），2005（3）：43-52.

张黎莉. 家庭式迁移农民工工作特征和家庭特征的量表开发及其应用：基于浙江省的调研［J］. 财贸研究，2011（2）：42-50.

张丽琼，朱宇，林李月. 家庭因素对农民工回流意愿的影响［J］. 人口与社会，2016（3）：58-66.

张林江. 我国社会阶层的新变化与政策调适［J］. 中国党政干部论坛，2015（4）：65-71.

张敏杰. 中国的婚姻家庭问题研究：一个世纪的回顾［J］. 社会科学研究，2001（3）：112-116.

张苹，胡琪. 农民工子女人际交往与家庭支持［J］. 当代青年研究，2015（5）：99-104.

张永健. 家庭与社会变迁：当代西方家庭史研究的新动向［J］. 社会学研究，1993（2）：97-103，96.

张煜麟. 社交媒体时代的亲职监督与家庭凝聚［J］. 青年研究，2015（3）：48-57，95.

张展新，侯亚非. 流动家庭的团聚：以北京为例［J］. 北京行政学院学报，2010（6）：77-83.

赵丽丽. 城市女性婚姻移民的社会适应及其影响因素研究：对上海市"外来媳妇"的调查［J］. 上海交通大学学报（哲学社会科学版），2008（3）：34-41，70.

赵莹，柴彦威，Martin，等. 家空间与家庭关系的活动—移动行为透视：基于国际比较的视角［J］. 地理研究，2013（6）：1068-1076.

郑丹丹. 家庭中的阶层并置与社会融合：对兄弟姐妹关系的个案分析［J］. 中国人民大学学报，2017（4）：129-136.

郑素侠. 参与式传播在农村留守儿童媒介素养教育中的应用：基于河南省原阳县留守流动儿童学校的案例研究［J］. 新闻与传播研究，2014（4）：79-88，127.

郑素侠. 农村留守儿童的媒介素养教育：参与式行动的视角［J］. 现代传播（中国传媒大学学报），2013（4）：125-130.

周葆华，吕舒宁. 上海市新生代农民工新媒体使用与评价的实证研究［J］. 新闻大学，2011（2）：145-150.

周蕾，李放. 农民工城镇化意愿分层：代际与婚姻的视角［J］. 财贸研究，2012（4）：40-48.

周序. 文化资本与学业成绩：农民工家庭文化资本对子女学业成绩的影响［J］. 国家教

育行政学院学报，2007（2）：73-77.

周裕琼. 数字代沟与文化反哺：对家庭内"静悄悄的革命"的量化考察［J］. 现代传播（中国传媒大学学报），2014（2）：117-123.

周运清，王培刚. 农民工进城方式选择及职业流动特点研究［J］. 青年研究，2002（9）：44-49.

朱明芬. 农民工家庭人口迁移模式及影响因素分析［J］. 中国农村经济，2009（2）：67-76，93.

英文文献

Anderson D, Subramanyam R. The new digital American family: understanding family dynamics, media, and purchasing behavior trends［M］. New York: The Nielson Company, 2011.

Baldwin M W. Relational schemas and the processing of social information［J］. Psychological Bulletin, 1992, 112（3）：461-484.

Bargh J A, Mckenna K Y. The Internet and social life［J］. Annual Review of Psychology, 2004, 55（55）：573-590.

Barrett M, McIntosh M. The anti-social family［M］. 2nd ed. London: Verso, 1991.

Beach B. Integrating work and family life: the home-working family［M］. New York: State University of New York Press, 1989.

Berger P, Kellner H. Marriage and the construction of reality［J］. Diogenes, 1964, 12（45）：1-25.

Blau P M, Duncan O D. The American occupational structure.［J］. American Journal of Sociology, 1967, 33（2）：296.

Child J T, Duck A R, Andrews L A, Butauski M, Petronio S. Young adults' management of privacy on Facebook with multiple generations of family members［J］. Journal of Family Communication, 2015, 15（4）：349-367.

Clark L S. Digital media and the generation gap［J］. Information, Communication & Society, 2009, 12（3）：388-407.

Clark L S. Parental mediation theory for the digital age［J］. Communication Theory, 2011（21），323-343.

Cohen M L. Developmental process in the Chinese domestic group［M］//Maurice F. Family and kinship in Chinese society. Stanford: Stanford University Press, 1970.

Coleman J S. Foundations of social theory［M］. Cambridge, MA: Harvard University

Press, 1990.

Coleman J S. Social theory, social research, and a theory of action [J]. American Journal of Sociology, 1986, 91 (6): 1309-1335.

Correa T. Acquiring a new technology at home: a parent-child study about youths' influence on digital media adoption in a family [J]. Journal of Broadcasting & Electronic Media, 2016, 60 (1): 123-139.

Correa T. Bottom-up technology transmission within families: exploring how youths influence their parents' digital media use with dyadic data [J]. Journal of Communication, 2014, 64 (1): 22.

De Mol J, Lemmens G, Verhofstadt L, Kuczynski L. Intergenerational transmission in a bidirectional context [J]. Psychologica Belgica, 2013, 53 (3): 7.

Dyuvendak W. The politics of home [M]. Great Britain: Palgrave, 2011.

Elder G H Jr. The life course and human development [M]//Damon W, Lerner R M. Handbook of child psychology: Vol. 1: theoretical models of human development. New York: Wiley, 1998.

Eliade M. Cosmos and history: the myth of the eternal return [M]. Princeton University Press, 2005.

Fitzpatrick M A, Ritchie L D. Communication schemata within the family: multiple perspectives on family interaction [J]. Human Communication Research, 2010, 20 (3): 275-301.

Fitzpatrick M A, Ritchie L D. Communication theory and the family [M]//Boss P G, Doherty W J, LaRossa R, Schumm W R, Steinmetz S K. Sourcebook of family theories and methods. London: Macmillan, 1981.

Giddens A. A contemporary critique of historical materialism: power, property and the state. Macmillan, 1981.

Hannum E. Political change and the urban-rural gap in basic education in China, 1949—1990 [J]. Comparative Education Review, 1999, 43 (2): 193-211.

Howard P N, Hussain M M. The role of digital media [J]. Journal of Democracy, 2011, 22 (3): 35-48.

Ito M, Horst H A, Bittanti M, Boyd D, et al. Living and learning with new media: summary of findings from the digital youth project [M]. Cambridge, MA: The MIT Press, 2009.

Janet F. Family obligations and social change. Oxford: Polity Press, 1989.

Jeffrey T C, Westermann D A. Let's be Facebook friends: exploring parental Facebook friend requests from a communication privacy management (CPM) perspective [J]. Journal of Family Communication, 2013, 13 (1): 46-59.

Jennings N. Media and families: looking ahead [J]. Journal of Family Communication, 2017, 17 (3): 203-207.

Kanter M, Afifi T, Robbins S. The impact of parents "friending" their young adult child on Facebook on perceptions of parental privacy invasions and parent-child relationship quality [J]. Journal of Communication, 2012, 62 (5): 900-917.

Koerner A F, Cvancara K E. The influence of conformity orientation on communication patterns in family conversations [J]. The Journal of Family Communication, 2002 (2): 132-152.

Koerner A F, Fitzpatrick M A. Nonverbal communication and marital adjustment and satisfaction: the role of decoding relationship relevant and relationship irrelevant affect [J]. Communication Monographs, 2002 (69): 33-51.

Koerner A F, Fitzpatrick M A. Toward a theory of family communication [J]. Communication Theory, 2010, 12 (1): 70-91.

Koerner A F, Fitzpatrick M A. You never leave your family in a fight: the impact of families of origins on conflict-behavior in romantic relationships [J]. Communication Studies, 2002 (53): 234-251.

Koerner F A, Anne F M. Understanding family communication patterns and family functioning: the roles of conversation orientation and conformity orientation [J]. Annals of the International Communication Association, 2002, 26 (1): 36-68.

Laslett B. The family as a public and private institution: an historical perspective [J]. Journal of Marriage & Family, 1973, 35 (3): 480-492.

Lee S J, Chae Y G. Children's Internet use in a family context: influence on family relationships and parental mediation [J]. Cyberpsychology & Behavior, 2007, 10 (5): 640-644.

Livingstone S. Youthful experts [M]//Livingstone S. Children and the Internet. Malden, MA: Polity Press, 2009.

Madianou M, Miller D. Mobile phone parenting: reconfiguring relationships between filipina migrant mothers and their left-behind children [J]. New Media & Society, 2011, 13 (3): 457-470.

Maeda D, Nakatani Y. Family care of the elderly in Japan [M]//Kendig H, Hashimoto A, Coppard L. Family support for the elderly. Oxford: Oxford University Press, 1992.

Mccloskey D W, Igbaria M. A review of the empirical research on telecommuting and directions for future research, the virtual workplace. IGI Publishing, 1998.

Moore W E, Gurvitch G. Man, time, and society [J]. Journal of Philosophy, 1965, 62 (14): 374-378.

Murdock G P. Social structure [M]. New York: The Macmilan Company, 1936.

Murray C. Losing ground: American social policy, 1950—1980 [M]. A division of Harper-Collins publishers, 1984.

Nelissen S, Bulck J V D. When digital natives instruct digital immigrants: active guidance of parental media use by children and conflict in the family [J]. Information, Communication & Society, 2018, 21 (3): 375-387.

Nippert-Eng C E. Home and work: negotiating boundaries through everyday life [J]. Contemporary Sociology, 1998, 75 (4): 153-154.

Nippert-Eng C. Calendars and keys: the classification of "home" and "work" [J]. Sociological Forum, 1996, 11 (3): 563-582.

O'Keeffe G S, Clarkepearson K. The impact of social media on children, adolescents, and families [J]. Pediatrics, 2011, 127 (4): 800-804.

Parr J. Homeworkers in global perspective [J]. Feminist Studies, 1999, 25 (1): 227-235.

Parsons T. The kinship system of the contemporary united states [J]. American Anthropologist, 1943 (45): 22-28.

Parsons T. The normal American family [M] //Meyer B, Sourby A. Marriage and the family: a comparative analysis of contemporary problems. New York: Random House, 1970.

Prensky M. Digital natives, digital immigrants part 1 [J]. On the Horizon, 2001, 9 (5): 1-6.

Rothenbuhler E W. Ritual communication. Sage Publications, Inc, 1998.

Roy D F. "Banana time": job satisfaction and informal interaction [J]. Human Organization, 1959, 18 (4): 158-168.

Silver H. The demand for homework: evidence from the U. S. Census [M] //Boris E, Daniels C. Homework: historical and contemporary perspectives on paid labor at home. Urbana: University of Illinois Press, 1989.

Sorokin P A, Merton R A. Social-time: a methodological and functional analysis [J]. American Journal of Sociology, 1937, 42 (5): 615-629.

Thompson E P. Time, work-discipline, and industrial capitalism [J]. Past & Present, 1967, 38 (1): 56-97.

Thompson J. The media and modernity [M]. Stanford University Press, 1995.

Turow J. Family boundaries, commercialism, and the Internet: a framework for research

[J]. Journal of Applied Developmental Psychology, 2001, 22 (1): 73 - 86.

Williams A L, Merten M J. iFamily: Internet and social media technology in the family context [J]. Family & Consumer Sciences Research Journal, 2011, 40 (2): 150 - 170.

Yan Y. The Chinese path to individualization [J]. British Journal of Sociology, 2010, 61 (3): 489 - 512.

Yan Y. The triumph of conjugality: structural transformation of family relations in a Chinese village [J]. Ethnology, 1997, 36 (3): 191 - 212.

Zerubavel E. Private time and public time: the temporal structure of social accessibility and professional commitments [J]. Social Forces: A Scientific Medium of Social Study and Interpretation, 1979, 58 (1): 38 - 58.

Zimmerman S L. Understanding family policy [M]. London: Sage Publications, 1988.

后　记

> 我的朋友，热血震动着我的心
> 这片刻之间献身的非凡勇气
> 是一个谨慎的时代永远不能收回的
> 就凭这一点，也只有这一点，我们是存在了
> 这是我们的讣告里找不到的
> 不会在慈祥的蛛网披盖着的回忆里
> 也不会在瘦瘦的律师拆开的密封下
> 在我们空空的屋子里
>
> ——艾略特《荒原》，赵萝蕤译

这是一个充满张力的时代，也是一个荡漾希望的时代。
这是一个个性凸显的时代，也是一个社会合作的时代。
这是一个发奋向上的时代，也是一个安居乐业的时代。
这是一个充溢风险的时代，也是一个寻找机缘的时代。
我们，该如何，给这个时代留下印记呢？
唯有一腔看似无足轻重但却非凡无比的勇气！
是的，是勇气。
在我看来，每种真正的写作都是带着勇气的一种展示过程，而这些呈现出来的文字既包含了血和泪，也包含了情和爱，更是人与人之间信任的一种佐证。
从一开始的反复思量、处在写作的兴奋状态到最后眼看着交稿日期临近的疲倦不堪与力不从心的焦灼感，再到冷静之后的修改与润色；这既是一个不断纠缠于理论质疑与实践认知的过程，也是一段充满了自我审视与自我反

思的生活故事展开的过程。在这个过程中，一切喜怒哀乐，似乎都成了淡淡的文字。文字是最无情的，也是最有情的。文字的无情背后便是深厚的情感印记。

写作从来都是不完满的。

一定意义上，这些文字也只能是作者此时此地的心态与认知。一旦将这些文字搁置起来后重新再面对时，文字与作者之间的距离便被悬置起来了，作者也往往会陷入自我指责与自我忏悔的状态中。因此，在写作和修改中，作者一方面常常是充满激情地修改书稿，另一方面是面对改完之后的文字充满了孤芳自赏之情；同时又设想着如果再次修改，则会出现怎样的场景！或者幻想着再次写作的话，文字会呈现出怎样的状态。

的确，个人写作一方面是私人化的过程，另一方面却是一个公共化的过程，一旦书稿交付，作者只能做一个旁观者，看着这些文字在作者缺席的世界里飘荡。

研究者就像是在沙漠中的探寻者，总是在茫茫大漠中寻找绿洲，但绿洲在哪里？一开始是无迹可寻的，只能是在行走中、在烈日下不断寻觅。或者会因为饥渴而放弃，或者会因为太孤独而弃置，又或者因为坚守中迷茫而走了歧路，甚至也可能因为其他不可抗拒的因素，或丢盔卸甲，或狼狈返回，或转换角色。而一个抵达绿洲的研究者，或许抵达的并不是绿洲，而是对绿洲的幻想，或许只是绿洲的一部分，或许仅仅是站在绿洲边缘，当研究者试图向前探视的时候，往往会发现力不从心，只能到此为止。当然，我希望，上述这些表述不会被误认为是借口。

此外，本书中依然有很多可做的研究议题值得继续探究，但是我必须返回到起点。那些力所不及的问题，可以给后来者提供线索；那些资料不及者，可以给后来者提供继续探索的路径，也可以成为研究者自身继续研究下去的动力。

最后，希望这些文字，可以给我始终关注的农民工兄弟，带去一点他们并不知晓的莫名安慰。

希望这些文字，可以给我所关注的、至今留守在农村的农民群体，带去一点也许他们也不十分明晰的微小希望。

希望这些文字，能够将我们这个时代的宽慰留给后人，当历史逐渐远离当下的时候，我们的后人或许能从这些文字中寻找到一点点时代的印记。

最后以我喜欢的埃文思·普里查德《努尔人》中的一段话作为结尾，与各位同仁共勉：

  我们觉得自己好像是一个给养已经用完的沙漠中的探险者。他看到前面有大片大片的土地，知道该如何去穿越它们，但他必须返回，希望自己所获得的一点点知识能够使别人进行更为成功的旅游，以此自慰。

作者
2018 年 7 月 30 日草稿于北京
2020 年 8 月 28 日修改于北京

图书在版编目（CIP）数据

流动的边界：基于 100 个家庭的媒介社会学研究 / 李红艳著. -- 北京：中国人民大学出版社，2022.9
（新闻传播学文库）
ISBN 978-7-300-30981-1

Ⅰ.①流… Ⅱ.①李… Ⅲ.①家庭社会学－研究 Ⅳ.①C913.11

中国版本图书馆 CIP 数据核字（2022）第 164163 号

新闻传播学文库
流动的边界
基于 100 个家庭的媒介社会学研究
李红艳　著
Liudong de Bianjie

出版发行	中国人民大学出版社	
社　　址	北京中关村大街 31 号	邮政编码　100080
电　　话	010-62511242（总编室）	010-62511770（质管部）
	010-82501766（邮购部）	010-62514148（门市部）
	010-62515195（发行公司）	010-62515275（盗版举报）
网　　址	http://www.crup.com.cn	
经　　销	新华书店	
印　　刷	北京宏伟双华印刷有限公司	
规　　格	170 mm×240 mm　16 开本	版　次　2022 年 9 月第 1 版
印　　张	14.75 插页 2	印　次　2022 年 9 月第 1 次印刷
字　　数	235 000	定　价　59.80 元

版权所有　侵权必究　印装差错　负责调换